本书获得国家社会科学基金项目（批准号：11BJY048）支持

Zhongxinzhen Shiyu de
Chengxiang Yitihua
Liandong Jizhi yu Moshi Xuanze

中心镇视域的城乡一体化：

联动机制与模式选择

郑文哲 / 著

中国财经出版传媒集团
经济科学出版社
Economic Science Press

图书在版编目（CIP）数据

中心镇视域的城乡一体化：联动机制与模式选择/郑文哲著.
—北京：经济科学出版社，2016. 11
ISBN 978 - 7 - 5141 - 7576 - 9

Ⅰ. ①中…　Ⅱ. ①郑…　Ⅲ. ①城乡一体化 - 研究 - 中国
Ⅳ. ①F299. 2

中国版本图书馆 CIP 数据核字（2016）第 306557 号

责任编辑：李　雪　李　建
责任校对：隗立娜
责任印制：邱　天

中心镇视域的城乡一体化：联动机制与模式选择
郑文哲　著
经济科学出版社出版、发行　新华书店经销
社址：北京市海淀区阜成路甲 28 号　邮编：100142
总编部电话：010 - 88191217　发行部电话：010 - 88191522
网址：www. esp. com. cn
电子邮件：esp@ esp. com. cn
天猫网店：经济科学出版社旗舰店
网址：http：//jjkxcbs. tmall. com
北京汉德鼎印刷有限公司印刷
三河市华玉装订厂装订
787 × 1092　16 开　19 印张　300000 字
2016 年 12 月第 1 版　2016 年 12 月第 1 次印刷
ISBN 978 - 7 - 5141 - 7576 - 9　定价：58. 00 元
（图书出现印装问题，本社负责调换。电话：010 - 88191510）

前　言

改革开放30多年以来，中国演绎了波澜壮阔的城镇化史诗，也有力地支撑了中国经济增长的奇迹。然而，中国城镇化的绝对发展水平虽然已有了显著的提高，但国内一些地区仍未摆脱重视大城市发展而忽视小城镇发展的传统城镇化路径依赖，大城市病与农村产业空心化的现实，迫切需要推进以"人的城镇化"和城乡统筹发展为核心内容的城乡一体化。基于此，全面推进以城乡一体化为导向的城镇化，仍将是中国经济结构转型和经济增长动力优化的重要战略，探索与新型城镇化相适应的城乡一体化模式已成为当前理论研究和实践发展的重点之一。而中心镇作为推进新型城镇化的重要力量与载体，是大中小城市、中心镇、新型农村社区协调发展、互促共进的历史过程与结果，势必成为推动中国城乡一体化发展的战略节点和新引擎。

然而，已有的理论研究仍存在以下几个方面的不足。首先，虽然已有的多数研究对新型城镇化和城乡一体化二者进行了深入的专门研究，但缺少从城市体系结构优化的视角下考察中心镇改革与发展问题。其次，虽然有部分研究开始关注中心镇发展和城乡一体化可能存在的相互影响关系，但仍缺乏在城乡一体化的背景下对中心镇发展的战略定位、发展模式，整合机制、产业集聚、人口集聚、新兴产业培育、资源要素整合及新型主体培育等方面进行专题研究，也尚未深入研究中心镇作为城乡一体化战略节点的历史必然性及重大现实意义。最后，已有研究多以单案例研究或共性研究为主，忽视了不同地区中心镇发展阶段与发展模式的差异性与多样性，从而所提出的中心镇的相关制度设计与发展策略大多缺乏针对性和可操作性。

基于此，本书运用城镇化、城乡一体化、城乡统筹、小城镇及中心镇等研究成果，通过对浙江典型中心镇的跨案例比较分析和问卷实地调研，研究中心镇对城乡一体化、融合互动发展的特殊意义，揭示中心镇对城乡一体化发展的战略节点作用，分析中心镇战略节点的内涵、目标定位、表现方式、影响因素以及发展阶段转化的实现路径，从而为制定符合我国实际的中心镇和城乡一体化决策提供参考。本书包括以下6个方面的主要内容：(1) 通过对我国近年来中心镇建设的总结，全面揭示中心镇发展与城乡一体化之间的关系及其表现形态，澄清城乡二元分割与城乡一体化不同体制下的中心镇发展的异质性。(2) 通过借鉴国内外城镇化经验，以及对近年来浙江省中心镇发展历程、特色、成效、问题的实地调研，论证中心镇作为城乡一体化战略节点和实施平台的历史必然性。(3) 结合问卷调研，揭示中心镇在城乡一体化进程中的发展目标、发展条件、动力机制、影响因素，重点分析中心镇建设的区域差异性和空间分布特征，探索不同类型中心镇的产业集聚、人口集中、要素集约与功能集成模式。(4) 依据产业特色、资源优势、现有基础、空间结构、功能、人口规模等，提出不同类型中心镇的产业人口集聚模式、新兴产业培育模式，以及城乡土地资源利用整合方式和空间重组模式，进而探索中心镇差异化发展的路径与对策。(5) 在实地调研的基础上，按照"功能—产业—空间"分析框架及案例分析，提出中心镇的整合模式，揭示区域性中心镇组团建设进而助推城乡一体化的可行性及实现路径。(6) 从中心镇视域探讨实现城乡一体化发展的模式，提出城乡一体化进程中促进我国中心镇发展的体制机制创新路径，构建城乡一体化视角下的中心镇发展所需的政策支持体系与管理模式。

本书的理论贡献在于：通过对中心镇作为城乡一体化战略节点功能的历史和实现分析，初步构建了中心镇与城乡一体化关系的理论分析框架，从而实现了区别于传统城镇化及城乡一体化研究的理论创新；通过对浙江省中心镇改革发展具体实践的跨案例分析，初步提炼形成了中心镇改革发展及其推动城乡一体化发展的模式，从而实现了新型城镇化背景下城乡一体化发展的实践路径创新；通过深入分析中心镇在城乡一体化和新型城镇化中的战略地位及功能演进模式，初步形成了有关中心镇与城乡一体化关系模式，从而实现了与传统看法不一样的观点创新；通过对中心镇改革发展的成就、历史贡献及存在的问题的剖析，提出了进一步改革创新中心镇体制机制与政策的路径，从而实现了推进城乡一体化发展的政策创新。尽管本书得到了一些有意义的结论，但仍存在诸多局限性。例如，未将中心镇发展与新型城镇化、县域经济发展进行更彻底的实证分析，有关人口集中模式与产业集聚模式的匹配方式、评价标准及相关机制模型研究仍有待进一步深化与实证检验等。本书的局限性为本领域的未来研究提供了研究空间，也期望能为未来的研究提供需要有所突破的方向。

本书是笔者主持的国家社会科学基金项目（批准号：11BJY048）的研究成果，在项目研究、成果撰写和修改完善的过程中，得到了全国哲学社会科学规划办和浙江省哲学社会科学规划办领导的指导与支持，项目成果的匿名鉴定专家也提出了许多宝贵的意见，在此表示衷心的感谢！本书的顺利出版也得益于经济科学出版社的诸位老师，特别是李雪老师，她为本书的质量倾注了大量的时间和精力，在此深表感谢！本书是项目组集体的劳动成果及智慧的结晶，在研究的过程中，项目组成员葛深渭教授、郑小碧博士、李杰义博士、郭金喜博士、范鹏翔硕士和郎海蕾硕士全程参与了理论研究和实地调研，我们一同体验着扎根于实践进行学术研究的艰辛和乐趣。其中，郑小碧博士参与了绪论、第三章、第十章、第十一章和第十六章书稿撰写，李杰义博士参与了第一章、第二章、第五章和第六章书稿撰写，葛深渭教授参与了第七章、第十二章、第十三章和第十四章书稿撰写，郭金喜博士参与了第八章和第十五章书稿撰写，硕士研究生范鹏翔参与了第四章和第九章书稿撰写，在此一并表示谢意。

在我们对浙江省典型中心镇及小城市试点中心镇调研时，得到了许多部门和领导的大力支持，尤其是浙江省发展和改革委员会蔡和处长、杭州市发展和改革委员会吕萍处长、嘉兴市食品药品监督管理局王根良局长、宁波市发展和改革委员会王善根处长、奉化市人民政府党组成员蒋国宝、奉化市发展和改革局吴望星副局长、建德市发展和改革局王志平科长等，在此谨向各位领导、各位专家表示由衷的感谢！真诚地感谢浙江师范大学领导一直以来给予的关心和指导！城镇化和城乡一体化仍将是未来很长时期内中国最大的潜在内需、持久增长的动力源泉和经济发展的最大机遇，而今浙江特色小镇建设作为新常态下区域经济转型升级的一种新现象和供给侧结构性改革的重大战略举措正受到越来越多学者的关注，这些都需要我们继续扎根于区域经济实践的热潮中去“田野调查”、去审视、去探索。本书是笔者多年区域经济学研究的一个阶段性总结，我们将继续跟踪浙江省中心镇和特色小镇建设中的新情况、新问题，认真研究我国推进新型城镇化与城乡一体化的典型做法与发展政策。

郑文哲

2016年11月16日

目　录

第二篇　理论与机理

第三篇　实践与经验

第四篇　案例与启示

绪　论

改革开放30多年以来，中国城市化进程加速推进，2015年中国常住人口城市化率达56.1%，比改革开放初上升了38.2个百分点，中国的城市化取得了举世瞩目的成就。然而，尽管中国城市化进程在数量上取得了很多成就，城乡的绝对发展水平都得到了显著提高，但在发展的质量上，中国的城市化过程也存在着许多不容忽视的问题，城乡二元结构仍未消除，很多地区并未从根本上摆脱重视大城市、忽视小城市，重视城市发展而忽视小城镇发展的传统城市化道路。大城市病与农村产业空心化的现实，迫切需要推进和实现以城乡统筹发展为核心内容的城乡一体化，而中心镇势必成为推进我国新型城镇化和城乡一体化的重要载体和战略节点。

第一节　研究背景

一、传统城镇化道路存在的问题

改革开放30多年以来，伴随着工业化进程的加速，我国城镇化经历了一个起点低、速度快的发展过程，城镇化极大地推动了经济发展，也带来了社会结构的巨变和城乡居民生活水平的全面提升。然而，从历史发展进程及经济社会发展的内在需要来看，我国过去走的仍然是一条传统的城镇化道路，这一城镇化发展模式存在诸多与我国经济社会发展不适应的方面。

（1）大量农业转移人口难以有效融入城市。在过去较长的一段时间内，我国的大量农村剩余人口在工业化的推动下，逐步向城市非农产业转移，农村剩余劳动力的城乡转移促进了城市发展，也推进了农村现代化进程。然而，在此过程中，大量进入城市务工的农村劳动力，仍未从根本上改变自身的经济社会身份。与城市居民相比，这部分实现劳动力转移的农村劳动者在教育、卫生、社会保障等方面与城市居民尚未实现同等的国民待遇，大量农村转移人口尚未真正融入城市。

（2）人口城镇化严重滞后于土地城镇化，城乡生产要素市场割裂。一些城市“摊大饼”式扩张，过分追求宽马路、大广场，新城新区、开发区和工业园区占地过大，致使大量农村建设用地被迫成为城市工业或商业用地。与此同时，被征地农民却没有从土地城市化中获取应得的产业发展利益，农村土地市场与城市土地市场分割，土地资源价格扭曲，导致城乡发展差距尚未出现根本性的扭转。

（3）城镇空间结构不合理，中小城镇功能亟需优化。在传统工业化及传统城市化发展战略的推动下，我国部分特大城市主城区人口压力偏大，与综合承载能力之间的矛盾加剧。与此同时，我国的许多中小城市集聚产业和人口不足，潜力没有得到充分发挥，包括中心镇在内的小城镇数量多、规模小、服务功能弱，它们尚未有效发挥作为推进城乡一体化发展的战略性节点的作用。

（4）城市病与农村空心化现象并存，城乡二元结构未根本消除。大量农村人口及各类人才向大中城市的集聚以及城市管理水平的落后，导致部分城市空间无序开发，人口过度集聚，城市交通拥堵严重，公共安全事件频发，城市污水和垃圾处理能力不足，大气、水、土壤等环境污染加剧，“城市病”现象日益严重。与此同时，部分农村的生产与生活却日益凋敝，大量农村青壮年劳动力转移至城市，农民承包地大量抛荒，建设资金严重不足，导致农村出现生产要素与产业空心化。由此，城乡之间的发展差距并没有随着工业化与城市化进程缩小，城乡一体化发展面临不小的障碍。

二、中心镇与城乡一体化

中心镇是县域经济发展的战略性支点，是通过科学培育、规划推动、市场、社会与政府协调推动形成的区域经济发展极，中心镇的改革与发展是通过将中心镇培育建设成为人口集中的新主体、产业集聚的新高地、功能集成的新平台、要素集约的新载体、改革创新的新阵地而使其发挥城乡一体化战略性节点功能的过程及结果。在此意义上，中心镇在城乡一体化发展中具有十分重要的战略地位和作用，中心镇的改革与发展为城市产业梯度转移以及带动农村发展创造了新的战略空间，从而为消除城乡二元结构提供新的战略支点。

（1）通过将中心镇建设成为人口集中的新主体，实现城乡人口合理分布。如前所述，我国传统城镇化道路存在土地城镇化明显快于人口城镇化的问题，这一方面与我国的土地管理制度、户籍制度有很大关系，同时也与我们长期以来过度发展大中城市，而忽视小城镇有关。人口主要集中于大城市必然导致城市发展空间向外扩张，从而产生严重的土地城市化的现象，而与此同时，城市又不具备承载农村人口转移至城市以后的巨大的城市管理、社会保障等方面压力的能力，进而导致城市病显现。为此，通过将一部分人口转移至那些县域或大城市周边的小城镇，通过将这些小城镇培育发展成为对区域经济具有较强带动能力的中心镇，一方面可以为城市减轻压力，另一方面有利于农村转移人口在小城镇获得更多更好的发展空间，从而实现人口在城镇层面的市民化。

（2）通过将中心镇建设成为产业集聚的新高地，推动城乡产业共同发展。人口集中的前提是产业支撑，因此推进中心镇的产业集中是有效发挥中心镇集聚各类人口的基础。与传统城镇化道路不同，中心镇的改革与发展将为大中小城市的产业发展储备合适的发展空间，为大城市需要向外转移的产业提供足够大的资源要素空间。同时，中心镇政府、企业等通过建设工业发展平台，有利于促进县域产业集聚发展和跨区域合作，促进部分农村劳动力就近向中心镇转移，避免出现部分地区由于劳动力过多向外转移而出现的要素瓶颈问题，从而有利于促进城乡产业共同发展，为城乡一体化发展奠定牢固的产业发展基础。

（3）通过将中心镇建设成为功能集成的新平台，实现城乡均衡发展。人口的跨区域或行业转移，其动力机制在于比较利益差异。传统城镇化道路注重优化升级大城市经济社会发展功能，在基础设施与公共服务等方面城乡差距较为明显，这必然导致包括农村转移人口在内的各类人口要素集中向大中小城市转移，从而导致城乡要素分布不均衡，城乡产业发展失衡和农村产业空心化现象，进而使得城乡一体化发展缺乏现实的要素与产业基础。通过重视和推动中心镇的改革与发展，让原先集中于大城市的生活生产功能分散到部分中心镇，促进中心镇城市功能集成，从而有利于城市产业与人口向中心镇集聚，分散城市压力，同时使得部分农村转移人口在比较利益原则指引下就近生产与生活，实现城乡均衡发展。

（4）通过将中心镇建设成为要素集约的新载体，提升城乡要素使用效率。不同市场主体公平参与、各类资源要素自由流动的统一开放市场是城乡一体化发展的基础与条件。在这一要素市场上，包括劳动力、资金、信息、技术等在内的各类生产要素自由流动，它们争相流往报酬最高的行业与空间。通过建设中心镇与优化中心镇的发展环境，大城市越来越小的发展空间以及农村产业基础设施的相对凋敝都使得发展空间更大的中心镇成为各类要素提升自身使用效率的新载体。在中心镇集聚发展的过程中，各类生产要素向特定产业发展平台合理集聚，有利于优化配置区域资源要素，并从总体上提升区域内城乡资源要素使用效率。在传统城市化道路上，大城市的规模效应日渐被规模不经济取代，这迫切需要转移各类生产要素去周边小城镇，从而提升要素的边际报酬。与此同时，农村的劳动力资源也需要继续向非农产业转移，而大量集聚各类产业的中心镇，无论在经济上还是在文化风俗上，都是一个集聚剩余农业劳动力的有效载体。

（5）通过将中心镇发展成为改革创新的新阵地，释放改革新活力。当前，改革已进入攻坚期和深水区，其难度日益加大。自改革开放以来，我国的经济政治体制改革分别经历了从农村到城市的发展历程，其中包括了农村联产承包责任制向城市股份制改革的演进路径，因此，在这一过程中，我国在改革的地理空间上恰恰出现了一个盲点——镇。在此意义上，为了进一步推进我国改革开放，迫切需要一个新的改革阵地，进而将城乡生产关系改革进行一体化连接。在区域经济发展范围内，随着部分中心镇的发展和崛起，它们已经基本上能够承担这一历史任务，中心镇发展一方面需要自身在管理体制等方面进行改革，同时中心镇的改革将在我国国土上催生出新的改革阵地，从而将改革的动力、活力及红利更好的释放出来，推动我国城乡一体化发展。

综上所述，在城乡分割的历史背景下，要想进一步推进城乡一体化发展，从根本上消除城乡二元结构，就迫切需要发挥中心镇作为推进城乡一体化战略性节点的重要作用，而中心镇本身就已具备承担此项改革创新重任的能力。

第二节　研究框架

本书将城乡一体化视为新型城镇化的重要组成部分，人口的城镇化是新型城镇化的核心，而实现城乡一体化发展应是人口城镇化的题中应有之义。如前所述，中心镇作为城乡一体化的战略性节点，它对于推进城乡人口合理分布、产业共建、公共服务均等化发展以及要素的集约使用都具有十分重要的作用。中心镇的发展是我国城镇化发展到一定阶段的产物，也是推动未来城乡有序发展的重要路径。基于此种考虑，本书以中心镇的改革发展为突破口，从历史与轨迹、理论与机理、实践与经验、案例与比较以及对策与前瞻全面而系统地回顾了我国城镇化的发展历程，科学界定了中心镇的战略定位及其功能，深入分析了中心镇推进城乡一体化的路径及模式，并提出了进一步推进中心镇改革发展的相关对策建议。

第一篇　历史与轨迹。主要对国内外有关城镇化和城乡一体化的理论文献进行回顾和分析，系统总结我国自新中国成立以来，尤其是改革开放以来，城镇化以及城乡一体化的历史实践过程及主要经验，从而为本书奠定理论和问题基础，回答为什么我国要走新型城镇化和发挥中心镇战略节点作用这一核心问题。本篇包括两章内容：第一章，首先对国内外城乡一体化的研究成果进行了全面综述，并作出评价。在文献研究的基础上，从历史分析的视角，全面回顾了我国城乡一体化的发展历程，并从中提炼出了我国城乡一体化过程中的成功经验和做法，深刻剖析了存在的主要问题，从而为后续分析奠定理论和问题基础；第二章，主要围绕城镇化问题展开文献综述及历史分析。在系统地梳理了国内外有关城镇化方面的理论文献之后，本书总结回顾了我国城镇化的发展进程，分析了我国城镇化发展所呈现的由小城镇向中心镇进而到小城市的演进历程及规律，提出了中心镇作为推进城乡融合发展和新型城镇化战略节点的历史命题。

第二篇　理论与机理。主要从理论上阐述中心镇与城乡一体化之间的战略关系，揭示中心镇与“四化同步”之间的内在影响关系，阐释中心镇推进城乡一体化的路径与模式，从理论上回答中心镇如何发挥城乡一体化战略节点功能。本篇包括四章：第三章，在总结提炼传统城镇化道路及城乡一体化发展存在的问题的基础上，深入分析中心镇作为城乡一体化战略节点的必要性、可行性，深刻阐释中心镇改革发展的历史地位、战略意义及功能定位，并从理论上揭示了中心镇推进城乡一体化发展的时空演进模式，给出了中心镇在区域经济空间重组中的作用方式及模式；第四章，在分析了工业化、信息化、城镇化、农业现代化分离不同步的历史原因，剖析我国“四化”发展中的具体问题，由此提出中心镇推进“四化同步”的现实可能性及路径选择；第五章，主要围绕中心镇推进城乡一体化的路径与模式展开讨论，分别从产业集聚、人口集中、要素集约、功能集成以及改革创新五个方面揭示了中心镇推进城乡一体化发展的机制与模式，从而给出了将中心镇建设成为人口集中的新主体、产业集聚的新高地、功能集成的新平台、要素集约的新载体、改革创新的新阵地的路径选择；第六章，通过理论分析与案例解剖的方式，揭示中心镇协调推进新型城镇化与新农村建设的路径及模式，并对两者协调推进的未来趋势作出科学研判，从而最终回答了中心镇作为城乡一体化战略节点的功能定位。

第三篇　实践与经验。主要对我国及浙江省城乡一体化的实践进行总结分析，概括中心镇推动城乡一体化的战略目标及存在的主要问题，揭示中心镇建成小城市的发展前景及具体路径。本章包括三章：第七章，通过对国外小城镇建设经验的梳理分析，提炼小城镇发展的一般路径，并结合我国发展实际，分析我国小城镇建设及城乡一体化发展的主要成就和经验，归纳其中存在的主要问题；第八章，主要围绕我国中心镇改革发展的战略目标，提出中心镇发展的战略重点，系统阐述将中心镇建设发展成为人口集中新主体、产业集聚新高地、功能集成新平台、要素集约新载体、改革创新新阵地的战略环节、战略步骤及重点措施；第九章，以在全国中心镇建设走在前列的浙江省为例，定量与定性地分析了浙江省在城乡一体化和中心镇建设方面的具体实践，评估了浙江所处的发展阶段，阐释了浙江省改革发展中心镇建设小城市的战略布局及重点，最后也全面梳理了浙江在改革发展中心镇及推进城乡一体化方面存在的主要问题。

第四篇　案例与启示。这一篇是本书的跨案例比较分析，主要在前述理论与实践分析的基础上，结合浙江省改革发展中心镇的具体案例，深入总结提炼浙江发展中心镇的模式及特色化路径，从而为全国其他地区的中心镇改革发展，进而推进新型城镇化提供可资参考的做法与经验。本篇包括五章：第十章，以萧山区瓜沥镇为例，总结了瓜沥镇发展历程及经验，提炼出了瓜沥镇的发展模式、特色，分析了瓜沥镇与杭州城市组团之间的内在关系，剖析了城乡全面融合下的“去中心化”小城市培育试点的基本经验与模式化特征；第十一章分析了建德市寿昌镇的发展模式及特征，总结了处于工业化与城镇化协同发展阶段的中心镇建设的独特路径与经验，为我国大多数处于这一发展阶段的小城镇建设提供参考；第十二章，分析了以产业集群空间重组为基本特征的温州柳市镇的发展特色，总结了柳市镇的发展历程及其发展模式，从而一般性地揭示了中心镇与产业集群空间重组中间的内在相互影响关系；第十三章，以拥有丰富文化资源为特色的浙江省乌镇镇为例，深入分析了乌镇镇的发展路径，总结了文化特色镇的改革创新与城乡一体化之间的关系特征，揭示了文化特色镇推动城乡一体化发展的独特方式与模式，从而为我国大量文化特色镇推动城乡一体化提供相关借鉴；第十四章，以嘉兴市姚庄镇为例，主要分析了推动中心镇改革发展进而城乡一体化发展的动力机制，提出内外源互动型中心镇改革发展模式，并在此基础上，揭示了此类中心镇推动城乡一体化发展的模式与路径。

第五篇　改革与对策。在前述历史分析、理论建构、实践解剖和案例比较的基础上，围绕新型城镇化和“四化同步”，以城乡一体化发展为战略目标，提出了进一步推进中心镇改革发展的体制机制创新及政策设计。

本篇包括两章：第十五章，先在一般性地分析以中心镇为战略节点的城乡一体化发展的政策设计的基础上，从中心镇改革发展的五大战略定位的视角，全面而系统地给出了推进中心镇改革与发展的政策设计，具体分为人口集中的新主体、产业集聚的新高地、功能集成的新平台、要素集约的新载体、改革创新的新阵地五个方面的政策设计；第十六章，从中央政府各部委、省级部门到地方各级政府部门的视角，系统分析了中心镇改革发展与不同层级部门之间的政策协调方式及关系，重点揭示了中心镇改革发展与小城市培育以及城乡一体化发展之间的互动协调关系，最后给出了进一步推进中心镇改革发展进而有效发挥中心镇作为城乡一体化战略节点功能的体制机制改革措施。

第三节　内容提要与创新价值

一、本书的主要观点

（1）中心镇是推进城乡一体化发展的战略节点。传统的城镇化道路不仅无法从根本上消融我国城乡二元结构，反而带来了城市化的主导力量失衡、城乡之间发展不平衡、大城市病和农村空心化等新问题。之所以产生这类问题，与我们在推进城乡一体化发展的过程中，缺乏一个有效的支点有很大关系。因此，在城乡融合发展的新阶段，迫切需要转变城乡发展的理念、机制与模式，迫切需要在城市和乡村之间找到一个能实现两者融合或一体化发展的战略节点与载体，这一重任历史地落到了中心镇身上。为什么是战略节点？为什么中心镇发展与城乡一体化关系密切？中心镇发展表现为：亦城亦乡、亦工亦农、亦现代亦传统、亦生产亦生活的特征。中心镇的投资回报率高，而大城市的投入是泥牛入海，农村的投入过于分散。中心镇可更多更有效更持久地实现人口的集聚，这种集聚可以是多向度的。而城市的人口集聚不仅有承载力的问题，高成本的问题，还有高流动性问题。乡村则更多地是人口的流失。中心镇为城乡一体化发展或城乡融合发展提供了历史、地理和产业等优势。之所以成为中心镇而区别于一般乡镇，往往是该中心镇的历史悠久、有底蕴和文化、有连接城乡的区位优势和独特的产业优势等。

（2）中心镇是信息化、新型工业化、新型城镇化、农业现代化同步发展的突破点。通过发展中心镇，建设各类具有特色的产业发展平台，协力推进中心镇功能集成与城镇建设，强化中心镇及周边乡村地区的产业支撑以及增强中心镇吸纳人口就业的能力，有利于形成中心镇带动县域工业化与城镇化的强大驱动力。与此同时，通过中心镇的改革与发展，有利于推动城乡基础设施共建共享、社会保障衔接、基本公共服务均等化发展，促进基础设施和公共服务向乡村延伸与倾斜，进一步推进城乡资源均衡配置，从而为加快农业农村现代化提供良好环境。此外，中心镇为城市信息网络建设向乡村的拓展与延伸提供了空间与平台，为农村的信息化建设提供了信息网络设施的集成平台和载体。

（3）中心镇是新型城镇化和城乡一体化发展背景下人口集中的新主体、产业集聚的新高地、功能集成的新平台、要素集约的新载体、改革创新的新阵地。首先，中心镇可以通过农民入镇的人口“上移”模式、市民入镇的人口“下移”模式以及域外劳动力入镇的人口“内移”模式三种模式推进人口集中。其次，产业平台是推进城乡一体化的有效机制，中心镇改革发展有利于进一步优化产业体系的规模结构、空间结构、职能结构，从而推进城乡一体化发展。再次，中心镇的农村宅基地置换是改造传统的小农生活方式，推动农民城市化，缓解经济发展过程中的土地资源紧张的政策实践。通过农村宅基地置换，可提高土地利用的集约度，置换出更多的用地指标，推动新型城镇化建设。再次，中心镇可以推动政府职能由“行政管理”向“公共服务”转变，建立服务型乡镇政府。最后，中心镇可以以户籍、土地、产业、金融、财政、社会管理等体制机制创新等方式推进城乡一体化，推进形成新的改革创新阵地。

（4）中心镇推进城乡一体化发展存在三阶段的产业发展平台集散驱动型和城镇功能优化带动型的时空演进模式。推进新型城镇化和城乡协调发展，从而促进城乡一体化，是中心镇改革发展的必然结果。处于不同地区和具有不同发展资源的中心镇在推进城乡一体化发展过程中的地位、作用各不相同，中心镇推进城乡一体化具有很明显的时间和空间演化特征。本研究表明，中心镇推进城乡一体化要经历初始建设阶段、成长发展阶段和成熟成型三个发展阶段，在不同的发展阶段，中心镇的产业结构、基础设施发展水平，进而政府的政策重点等存在显著差异，从而决定了中心镇推进城乡一体化的过程是一个非线性的内生发展能力与外部因素协同作用的过程。此外，从空间生产力作用形态来看，中心镇推进城乡一体化的空间模式或主导力量主要包括产业发展平台集散驱动型和城镇功能优化带动型两种，它们由中心镇本身的发展阶段、资源要素结构、外部环境等综合决定。

（5）中心镇的空间重组存在乡镇合并、县辖区、县辖市、中心镇功能区、中心镇共同体五种模式，政府和市场的力量对比推动了中心镇空间重组经历政府主导、中间过渡和市场主导期三个发展阶段。中心镇的体制改革、空间重组与经济社会发展将成为我国区域经济科学发展的新引擎。针对近年来我国（尤其是东部沿海发达地区）中心镇的空间、产业及功能布局不合理而导致资源配置效率降低，从而部分发展较早的中心镇遭遇发展瓶颈的客观现实，本书将分析的视角指向了中心镇产业、空间与功能的重组问题。研究发现，中心镇的产业、空间、功能重组具有模式特征，不同类型的中心镇重组可以有一种或多种重组模式，而模式的选择则与中心镇本身的产业特色、区位优势、资源条件、文化资源禀赋等条件所共同决定。本书的分析发现，当前存在乡镇合并、县辖区、县辖市、中心镇功能区、中心镇共同体五种重组模式；中心镇重组是一个由政府主导与市场化力量此消彼长的阶段性演替过程，政府和市场的力量对比推动中心镇重组发展经历了初期、中期和成熟期三个发展阶段，阶段之间能否实现顺利转换和跃迁决定了中心镇重组发展的成败。

（6）浙江省中心镇改革发展走在全国前列，浙江中心镇改革发展模式是具有中国特色、浙江特点的城乡区域协调发展模式。20 世纪末以来，浙江省逐步跨入了以新型城镇化、城乡统筹与全面融合发展为指引，以深化行政管理体制机制改革为动力，以提升中心镇集聚辐射能力和强化公共服务功能为重点，不断推进人口集中、产业集聚、功能集成、要素集约与人民生活水平提高的新的发展阶段，包括杭州萧山瓜沥镇等在内的中心镇正日益成为浙江城乡统筹与全面融合发展的战略节点、区域经济社会发展中心。本书的案例研究表明，当前浙江中心镇改革发展主要存在以萧山瓜沥镇为代表的城乡全面融合下“去中心化”小城市培育型、以建德寿昌镇为代表的城镇化与工业化双轮驱动的平台型、以温州柳市镇为代表的空间重组下产业集群型、以嘉兴乌镇镇为代表的特色文化发展型和以嘉兴姚庄镇为代表的推进城乡一体化发展内外源互动型五种模式。

（7）中心镇改革发展需要中央部委、省、市之间的有效协调，共同推进中心镇的体制机制创新与政策优化。中心镇的改革发展是一项系统的经济社会改革工程，需要各个层面的改革利益相关主体协调各方利益，突破利益阻隔藩篱，协调推进有利于中心镇改革发展的体制机制创新，优化中心镇改革发展的政策组合，协同推进中心镇改革发展，从而真正使中心镇切实成为推进城乡一体化的战略节点。为此，一方面，中心镇要推进改革实践的过程，从实践中积累经验，并不断上升到各级政府的政策，另一方面，中央、省级与市级政府应注重对中心镇改革实践的调查研究，协力推进中心镇在行政管理体制、户籍管理制度、就业和社会保障制度、土地利用制度、投融资体制、财政体制、社会管理体制和考核体系等方面的改革创新，增强中心镇改革发展的内在动力，进而可持续地推进城乡一体化。

二、本书的主要理论创新

（1）通过对中心镇作为城乡一体化战略节点功能的历史和实现分析，初步构建了中心镇与城乡一体化关系理论分析框架，从而实现了区别于传统城乡一体化研究的理论创新。中心镇作为推动城乡一体化发展的新引擎，它的改革发展有利于推进以人的城镇化为核心的新型城镇化，这也是大中小城市、中心镇、新型农村社区协调发展、互促共进的历史过程与结果。本书运用历史学、城市经济学、演化经济学、发展经济学、新制度经济学等跨学科理论与方法，深入揭示了中心镇与城乡一体化关系的内涵、特征及战略定位、互动发展模式及机制，从而构建形成了中国特色城乡一体化发展理论。

（2）通过对浙江省中心镇改革发展具体实践的跨案例分析，初步提炼形成了中心镇改革发展及其推动城乡一体化发展的模式，从而实现了新型城镇化背景下城乡一体化发展的实践路径创新。21 世纪以来，浙江坚持把培育发展中心镇作为推进新型城市化的重要方向和战略节点，以中心镇建设与发展带动和促进城乡一体化发展，浙江中心镇改革发展的具体模式、路径等对全国其他省（市、区）新型城镇化具有很强的实践启示。如上所述，浙江以杭州瓜沥镇为代表的城乡全面融合下“去中心化”小城市培育型、以建德寿昌镇为代表的城镇化与工业化双轮驱动的平台型、以温州柳市镇为代表的空间重组下产业集群型、以嘉兴乌镇镇为代表的特色文化发展型和以嘉兴姚庄镇为代表的推进城乡一体化发展内外源互动型五种模式是我国其他地区发展小城镇、培育小城市，进而推动城乡一体化发展可以借鉴的发展模式。

（3）通过深入分析中心镇在城乡一体化和新型城镇化中的战略地位及功能演进模式，初步形成了有关中心镇与城乡一体化关系模式，从而实现了与传统理论不一样的研究视角创新。如前所述，传统的城镇化道路不仅无法从根本上消融我国城乡二元结构，反而带来了城市化的主导力量失衡、城乡之间发展不平衡、大城市病、农村空心化等新问题。之所以形成这类问题，与我们在推进城乡一体化发展的过程中，缺乏一个有效的支点有很大关系。本书认为，中心镇是联系城市与农村的纽带，是新型城市化的生长点，是推进信息化、工业化、城镇化、农业现代化同步发展的突破点，是城乡基础设施共建和公共服务均等化的着力点，是城乡统筹发展的战略节点，这一战略定位是对传统城市化理论将小城镇仅仅看成是一个功能性节点观点的突破，从而确立了从中心镇这一战略节点研究城乡一体化发展的研究进路和视角。

（4）通过对中心镇改革发展的成就、历史贡献及存在的问题的剖析，提出了进一步改革创新中心镇体制机制与政策的路径，从而实现了推进城乡一体化发展的政策创新。中心镇建设是一项长期而重大的工程，在国家新的城镇化发展思路指导下，中心镇建设正迎来历史性的发展机遇。因此，应通过政府推动、政策扶持、体制创新、市场运作之间的相互协调，努力将中心镇建设成集布局合理、特色明显、经济发达、功能齐全、环境优美、生活富裕、辐射能力强、带动效应好、集聚集约水平高为一体的新产业空间。与传统仅仅关注城市和农村发展的视角不同，本书从推进中心镇行政管理体制、户籍管理制度、就业和社会保障制度、土地利用制度、投融资体制、财政体制、社会管理体制和考核体系改革创新的视角，为推进城乡一体化和新型城镇化提供了一条中间道路和新的发展路径。

三、本书的主要实践价值

本书从城乡一体化和区域协调发展的双重视角提供了可供各级政府、产业界及科研机构参考的启示价值。

(1) 突出中心镇改革发展的战略地位，将中心镇培育成为推进城乡一体化发展的战略节点。过去发展的历程告诉我们，我国城乡二元结构尚未发生根本性改变，须选择有发展前景的中心镇来加以培育，由此辐射带动农村发展，推进城乡一体化。在此背景下，通过培育中心镇，不但有利于实现大中小城市和小城镇协调发展，更有利于推进新型城镇化的战略选择，是统筹城乡发展、促进城乡一体化的重要载体。为此，推进以中心镇为战略节点的城乡一体化，就要着力推进中心镇基础设施、服务设施和综合保障设施等建设，不断推进中心镇管理体制机制创新，释放中心镇改革活力，不断增强综合承载和配套能力，最终将中心镇建设成为统筹城乡发展的战略节点。

(2) 突出中心镇集聚发展的战略定位，将中心镇培育成为推进区域协调发展的战略支点。中心镇是区域中心，中心镇的发展承载着促进区域和城乡协调发展的历史重任。加快中心镇改革与发展对推进农村现代化具有重要的战略意义，这既可以加快农村经济社会发展，又有利于实现土地集约利用和要素集成；中心镇是农村劳动力合理流动的主要空间，也是改善农村生态环境的有效方式；同时，中心镇也是弘扬地域文化、塑造地域特色的积极途径。此外，中心镇有人口多、基础设施条件较好、经济实力较强、区位优势明显等特点，因而集聚功能、经济带动、辐射功能和吸纳农村富余劳动力、带动农民增收这4方面的作用特别强，通过集聚发展中心镇，发挥其作为区域经济增长极的功能，集聚区域资源，有助于带动区域发展，从而实现区域协调发展。

（3）突出中心镇转型发展的战略功能，将中心镇培育成为推进新型城镇化的战略抓手。合理发展大中小城市，建立协调的城镇规模体系，推进以人的城镇化为核心的新型城镇化是新时期我国城市化发展的必由之路。在此过程中，建设规模合理、结构优化的中心镇则有利于推进大中小城市和小城镇之间功能互补，带动周边地区和农村发展，从而也将有序地协助推进各类生产要素合理流向特大城市、大城市、中等城市及小城市与中心镇，进而形成相对合理的城市规模结构，促进城市规模的递次升级，因此中心镇作为承接大城市部分功能的节点，有利于克服大城市病，同时通过户籍制度创新引导乡村农民在中心镇及附近区域实现就业和定居，从而有利于解决乡村产业空心化现象，促进人的城镇化、空间城镇化和社会城镇化的和谐统一。

第一篇　历史与轨迹

第一章

城乡一体化理论与实践回顾

经过30多年的改革开放，我国总体上进入了加快改造传统农业、破除城乡二元结构、形成城乡经济社会发展一体化新格局的重要时期。但从总体上来说，我国城乡发展水平还很低，仍存在一些需要解决的重大问题。从分析我国城乡一体化的理论发展与实践历程，可以发现，中心镇是区域城乡一体化和新型城镇化的重要节点与载体，可以中心镇作为政府决策突破口与关键切入点，找到推进城乡一体化的基本规律与对策措施。

第一节　国内外城乡一体化理论综述

城乡一体化理论源于城乡偏向发展理论，现已基本上形成了一个完整的城乡一体化理论构体系。但同时，实践发展中出现的各种问题对于城乡一体化理论形成了挑战，因此，为加快我国城乡一体化的全面深入实践，未来的研究仍需要不断推进城乡一体化理论创新、制度创新和工作创新。

一、国外城乡一体化理论综述

1. 城乡偏向发展理论

国外城乡一体化理论源于城乡偏向发展理论。而城乡偏向发展理论可追溯到刘易斯（Lewis，1954）的二元经济理论模型，二元经济理论模型认为，发展中国家消除二元结构、实现经济增长的主要途径是促使农业剩余劳动力向现代工业部门转移。此理论随后演变成为城市偏向发展理论和乡村偏向发展理论。

城市偏向发展理论以佩鲁的增长极理论为代表，该理论认为，消除发展中国家的二元结构的关键在于培育以城市或主导产业为主、具有成长和空间集聚意义的增长极，以带动农村地区经济的增长。赫希曼（1958）的空间极化发展理论认为，一国经济要提高其国民收入水平，必须首先发展其内部一个或几个地区中心（核心地区）的经济力量，核心地区给其他地区带来走向增长的压力、拉力和强制力，既有利于缩小农村与城市的发展差距，又会扩大城乡间既有的发展差距。此外，缪尔达尔的循环积累因果理论、弗里德曼的核心—外围理论和输出基础理论等均强调城乡一体化发展过程中中心城市的带动作用，通过中心城市的资本、创新等要素的输出辐射效应，带动中心城市周边农村地区社会经济的发展。

乡村偏向发展观理论以选择性空间封闭发展理论为代表，该理论认为，政府有选择性地削弱极化效应并增强扩散效应，培育具有自主成长能力和更高自主权的乡村，可以有效地缩小城乡差距。20 世纪 80 年代以来，城乡偏向发展理论遭到了批评，学者普遍认为，城乡偏向发展理论无法指导城乡可持续发展的实践。

2. 城乡一体化发展理论

经济学鼻祖斯密最早研究了城乡一体化问题，斯密认为，乡村向城市供应生活资料和制造业所用的原料，城市向乡村居民送回一部分制成品作为回报，而且遵循自然进程并保持一定比例的城乡关系才是良性的合理的。杜能（1826）在《孤立国》中指出，城市郊区合理的农业经济活动和农业布局应该是以城市为中心，围绕城市呈向心环状分布。因此，城乡一体化发展理论早于城乡偏向发展理论，但直至 20 世纪 80 年代，城乡偏向发展研究一直是城乡关系研究的主流。

马克思（1858）首次提出了“乡村城市化”的理论，而恩格斯最早提出了“城乡融合”概念，恩格斯精辟地分析了城市和乡村由分离、对立走向融合、一体化发展的必然趋势。霍华德把乡村和城市的改进作为一个统一的问题来处理（刘易斯，1990），他主张建立许多新的城市中心，重建城乡之间的平衡，形成一个更大的区域统一体。赖特和斯坦因主张通过建立整体化的区域交通网络，交通网络的交叉点形成城镇集聚，构成多中心城镇功能以及相对集中的空地系统。

麦基（McGee，1989）的研究表明，在亚洲的一些发展中国家城乡关系演变过程中，存在着城市辐射扩散的外在拉力和乡村非农化的内在推力，二者的交互作用使得农业活动和非农业活动之间的联系日益紧密、城市和乡村界限日益模糊，这种独特发展模式被称之为Desakota模型。Desakota模型是城乡一体化推进过程中的必然现象。道格拉斯（Douglass，1998）发展了麦基的Desakota模型，提出了区域网络发展模型，认为在城乡关系演变过程中，乡村的内在推力主要是通过一系列的“流”与城市的外在辐射扩散力相交合，并从中获得更强程度的网络功能效应，促成城乡一体化目标的实现。进入21世纪以来，大量的理论研究和实证分析表明，实现城乡一体化发展是经济社会发展的方向和目标。

二、国内城乡一体化理论综述

国内的城乡一体化的提出与发展大致经历了三个时期：改革开放后到20世纪80年代中后期是城乡一体化理论的提出与探索阶段；20世纪80年代末期到20世纪90年代初期开始对城乡边缘区理论进行研究；20世纪90年代中期至今是城乡一体化理论体系开始建立的阶段。20世纪90年代中期以来，国内学者在对我国城乡关系现状进行分析的基础上，提出了改善我国城乡关系、实现城乡一体化的动力机制、实现条件、指标、模式、路径或措施。

国内学者对城乡一体化理论的最初研究集中在城乡经济一体化，而现今学者们已将城乡一体化发展的研究领域扩展到政治、经济、生态环境、文化、空间等各个方面，认为城市与乡村最终将成为一个互相依托、互相促进的统一体（石忆邵，2003）。顾益康（2003）认为，城乡统筹就是要促进城乡分割的传统“二元经济社会结构”向城乡一体化的现代“一元经济社会结构”转变。蔡昉（2003）将中国的城乡收入差距纳入制度经济学的分析框架，考察了城乡收入差距变化的几个临界点。顾益康（2006）认为，城市和乡村应当是一个整体，统筹城乡发展是全面推进社会主义新农村建设的重大举措。洪银兴（2007）从宏观背景的角度说明了城乡协调发展的必要性。刘亭（2009）提出，浙江等沿海发达地区应该走大中小城市和小城镇协调发展，城乡一体化的新型城市化之路。陈建军、陈国亮和崔春梅（2010）等认为，在“十二五”期间，浙江首先要将杭州都市圈打造为浙江经济的增长极，将杭州打造成为国际高端要素的集聚中心。

三、简要的评述

综上所述，国内外学者从不同角度对本项目的相关主题进行了深入研究，城乡一体化的研究内容日趋丰富、研究方法也在不断创新，这对丰富现有理论体系的研究理论及推动城乡一体化发展是十分有益的。但仍存在以下几个方面的不足：

（1）目前的研究仍然是在解释政策，为政策寻找理论合理性，缺乏对城乡一体化发展机理的研究，更缺乏从动态视角关注和分析促进城乡一体化发展的对策。如何把政策问题探索与理性研究更好地区别和结合，值得进一步研究；如何将城乡一体化发展理论切实转化到政策的调整和制定中，仍需要给予进一步的重视。

（2）城乡一体化是现代城乡关系发展的必然趋势，但在实践发展中出现的各种问题对于理论形成了挑战。例如，在实现城乡一体化的过程中，如何将城市与农村看作一个区域整体，如何发挥城市与农村各自的优势，如何保持原本的农村风格与原生态，如何建立一种能够协调和维持城乡发展的文化单元，如何解决好大量人口流动和生产生活方式转变带来的社会问题和社会需求等等，都要求我们应该不断发展和完善我们的理论，从而进一步促进我国城乡一体化的发展。

（3）我国各地区的城乡一体化水平存在很大的阶段性差异和地域性差异，为增强研究成果的实践可操作性，需要加强针对我国各类区域条件的、多元的城乡一体化战略研究。

（4）国外的理论研究和实践经验对中国城乡一体化发展的研究很有参考价值，仅停留于中国自身的城乡一体化研究不能很好揭示制度不同的效应，因此，应重视关于我国与其他国家城乡一体化的比较性研究和跨国研究。同时，国外的理论研究和实践经验不能直接应用到中国城乡一体化发展的实践中来。发达国家城乡关系的研究大多是以城市为中心研究社会发展问题，没有将城乡一体化发展纳入明确的分析框架，没有跳出城市的局限进而站在更加广阔的视野下研究城乡关系。

当今，城乡一体化理论基本上形成了一个完整的框架结构体系，但同时，在实践发展中出现的各种问题对于理论的形成具有挑战性。多数研究往往重视研究城乡存在的关系形态，而没有找到一个中介点用于双向联结城乡互动发展的战略节点或阵地。如何突破传统的以城市为核心的经济组织方式，强调城乡在经济发展机会和地位上的平等，将乡村纳入城市经济发展的轨道，促进城乡经济协调发展；如何确定大、中、小城市和小城镇之间的发展比例关系，在数量、体系结构、空间布局等方面形成科学、高效的城镇体系，从而带动区域的整体发展等等，都存在许多悬而未解的研究课题。因此，未来的研究需要不断推进理论创新、制度创新和工作创新，为加快我国城乡一体化的全面深入实践做出新的更大贡献。本书基于中心镇的研究视角，就是试图找寻这样的战略节点，并在此基础上对城乡一体化的机理和对策进行实证分析。

第二节　我国城乡一体化的实践历程

正确认识城乡关系和正确反思我国城乡一体化的实践历程，始终是我国现代化进程中具有全局和战略意义的重大课题。新中国成立以来的城乡一体化，经历了新中国成立后至改革开放前的城市偏向发展阶段、城乡一体化发展停滞阶段、改革开放以来至20世纪90年代中期的小城镇主导的城乡一体化阶段、城市偏向政策下的城乡一体化阶段，以及2010年以来的新型城镇化阶段。我国城乡关系的演变是针对当时国内外环境采取的应对措施的一种反映，梳理过去60多年来城乡一体化实践历程，对于当前进一步推进城乡一体化有重要启示意义。

一、城市偏向发展阶段（1949～1957年）

新中国成立前夕，中国经济社会因长期战争的创伤，已经处于崩溃的边缘：城市控制着农村却难以带动农村，农村依赖城市也阻碍着城市的发展。1949年新中国成立后，党的工作中心由农村转向城市，制定了优先发展重工业的城市偏向政策。第一个五年计划（1953～1957年）的基本任务是集中力量进行社会主义工业化的基础建设，1955年和1956年，国家逐步确立了控制大城市规模、积极发展中小城市的指导思想。经过第一个五年计划，中国城乡一体化取得了很大成绩，也初步形成了统购统销、人民公社和户籍制度三位一体的服务于城市工业的城乡二元结构。

二、城乡一体化停滞发展阶段（1958～1977年）

在统购统销、人民公社、户籍制度、土地管理、城市就业和社会福利等一系列制度安排下，城乡联系几乎被完全割断，城乡一体化发展进入下滑与停滞时期。这个阶段，主要通过压低城市人口规模、压低城市建设资金和农产品剪刀差为工业发展积累资金，城乡二元结构最终形成，城乡一体化处于停滞阶段。

三、小城镇主导城乡一体化阶段（1978～1991年）

1978年开始，城乡改革和对外开放促使农村人口不断向城市转移，标志着中国城乡一体化进入以小城镇化为中心的持续快速发展时期。农村家庭联产承包责任制改革创造了大量农业剩余劳动力，为城市工业化发展提供了保障，逐步缩小城乡差别、工农差别。1984年10月，党的十二届三中全会通过了《中共中央关于经济体制改革的决定》，城市劳动力市场进一步开放，户籍管理制度逐步改革。土地、就业、社会服务等制度也进行了改革，从而为城乡一体化发展提供了条件。

四、城市偏向政策下的城乡一体化阶段（1992～2009年）

1994年的《中华人民共和国劳动法》第一次以法律形式赋予进城务工农民与城镇居民在劳动力市场具有同等权利。1997年6月和1998年7月实施的《小城镇户籍管理制度改革试点方案》和《关于解决当前户口管理工作中几个突出问题意见的通知》，进一步放松了农民进入城镇的限制。以上重大决策，既稳固了农业发展的强劲势头，又大大增强了城市发展的动力。这个时期，资本、技术和人员更快向城市集中，城市发展迅速，但农村开始被边缘化，城乡发展逐渐失衡。

五、新型城镇化阶段（2010年至今）

全球第二次金融危机以来，加快转变经济发展方式更加迫切。因此，“十二五”规划建议提出，“要推进农业现代化、加快社会主义新农村建设”和“积极稳妥推进城镇化”。上述战略决策，试图通过促进城市产业结构调整和优化升级推动“三农”问题解决，实现城乡资源的进一步整合，最终推动城乡一体化更加深入发展。中国进入以新型城镇化推进城乡一体化的新时期。

第三节　我国城乡一体化的成功经验

上文梳理与分析了国内外的理论探索成果，总结了我国城乡一体化的实践历程。从各地推进城乡一体化的实践来看，推进城乡经济社会发展一体化是解决“三农”问题的根本之策，是保持经济社会全面协调可持续发展的客观要求，也成为各地经济社会发展的主要加速器。其主要经验有：

一、坚持以人为本，把民生作为推进城乡一体化的出发点

城乡一体化的主要矛盾是“三农”发展明显滞后，因此，应把统筹城乡一体化发展的着力点放到解决好“三农”问题上。按照统筹城乡兴“三农”思路，把推进新型工业化、新型城市化、信息化与新农村建设紧密结合起来，加快农业农村现代化建设的进程。政府应把解决“三农”问题的各项任务切实落实到组织领导、战略决策、发展规划、财政投入、工作部署和政绩考核上，形成政策合力，不断强化农业基础地位，不断加大惠农利农政策力度。

在具体的城乡一体化建设中，应从解决农民群众最直接、最关心、最现实的利益问题入手，把工作着力点放到充分发挥农民群众主体作用和保障农民群众平等权利上，营造有利于调动农民积极性和促进农民全面发展的良好环境，切实做到统筹城乡一体化发展的成果惠及农民群众。探索以人为本的新型城镇化，以注重和提高人的发展和幸福感为诉求，重点关注如何保证农村、农业和农民的观点得到表达。

二、统筹城乡规划，把中心镇作为推进城乡一体化的重要节点

规划是政府建设与管理区域的基本依据，实行城乡规划联动是推进和确保区域城乡一体化发展的重要手段。应以城乡一体化发展为目标，推进各个层次区域城乡规划之间的联动、同一区域各个部门规划之间的联动，在动态中保持城乡经济社会区域规划的衔接、协调与统一；同时，在区域城乡一体化进入到一定阶段时，政府要通过主动规划促进地方规划从相对独立到融入城镇体系。

中心镇是区域城镇体系和新型城镇化的战略性节点，应以作为城镇体系战略性节点的中心镇作为政府决策突破口与关键切入点，找到推进城乡一体化的基本规律与对策措施。以城乡一体化为目标，将中心镇作为区域城乡一体化和新型城镇化的重要节点与载体，不断促进大中小城市和小城镇的协调发展，推动城乡一体化向质量提升转变。

三、推进机制创新，把集聚集约发展作为推进城乡一体化的强大动力

统筹城乡发展推进城乡一体化是实现全面小康和现代化的必由之路，既是政府工作最重要的战略任务，也是广大人民群众创造幸福生活和美好家园的根本利益之所在。只有把政府对城乡统筹发展的主导作用转化为促进农民群众为自己的幸福生活而努力奋斗的主动性和积极性，并充分发挥市场机制在优化配置城乡资源要素上的基础作用，统筹城乡发展的各项建设实践，才有事半功倍的良好效果。只有把产业集聚、人口集中、要素集约、功能集成作为推进城乡一体化的强大动力，才能扎实有效地推进城乡一体化。

第一，培育非农产业要素，推进非农产业聚集发展，扩大城乡一体化建设资金的来源。第二，推进工业向园区集中、居住向社区集中、农业向规模经营集中，并以土地承包经营权置换城镇社会保障、以农村宅基地和农民住房置换城镇产权住房、以集体资产所有权置换股份合作社股权，实现城乡空间结构要素优化。第三，推进城镇人口聚居，使城镇产业经济效益随着其人口规模的增长而增加。第四，推进城乡综合配套改革与健全公共服务体系，加快转变政府职能，强化政府公共服务和社会管理集成，建立与城乡一体化相适应的政府管理和服务体系。

四、突破体制障碍，把体制改革作为推进城乡一体化的基本路径

对城乡区域发展模式路径的依赖是推进城乡一体化的最大障碍，只有改革才能破除路径依赖、创造新“改革红利”。制度创新是一个利益调整过程，推行城乡一体化的最大阻力是户籍和土地制度的制约，因此，应把城乡户籍和土地制度改革作为改革重点，通过积极稳妥的城乡户籍和土地制度改革，确保让农民能得到城镇化的净利益增量、享受公平的公共服务，推进土地城镇化向人口城镇化转型。

而且，城乡经济社会体制改革是一项系统工程，户籍与土地制度、行政与社会管理、投融资与财政体制等各项关键领域改革只有配套协调，才能形成一股推进城乡一体化的制度合力。城乡经济社会体制各个关键领域联动改革，是积极稳步推进城乡一体化的基本路径。

五、基于经济社会条件，积极探索各具特色的城乡一体化模式

不同的区域经济特点、发展目标以及发展阶段，决定了不同的城乡一体化发展模式特征。各地城乡一体化势必走特色发展、错位发展之路。第一，城乡一体化发展模式与路径是建立在区域经济社会发展基础之上的，是城乡一体化一般性发展规律与区域性特有发展条件相结合的产物。第二，与城乡一体化发展模式与路径关系最为紧密的就是地方经济基础，不同的区域经济特点、不同的产业成长阶段以及不同的区域发展目标，总是与不同的城乡一体化发展模式与路径密切相关的。第三，城乡一体化模式与路径的形成需要依循自身已具备的客观条件，但城乡一体化发展模式与路径则是可以选择的。鉴于城乡一体化发展受主观和客观双重因素制约，城乡一体化发展模式与路径的选择，应该是基于区域发展战略客观实际而做出的理性决策。

第四节　我国现阶段城乡一体化发展中的问题

城乡一体化是世界各国经济社会发展的必然结果。经过30多年的改革开放，我国总体上进入了“以工促农、以城带乡”的发展阶段，进入加快改造传统农业、破除城乡二元结构、形成城乡经济社会发展一体化新格局的重要时期。但应当清醒地看到，虽然我国城乡关系调整取得了重要进展且我国城乡一体化发展取得了较大的成绩，但从总体上来说发展水平还很低，存在一些需要解决的重大问题。

一、城乡发展中不协调的问题依然突出

城乡收入分配差距较大，农业稳定增产和农民持续增收存在困境，农田水利设施依然薄弱，农业现代化水平总体不高，农村基本公共服务水平进一步提高，群众多样化、多层次的公共服务需求与供给不足的矛盾日益突出，制约农村农业科学发展的体制机制障碍依然较多。

二、城市面临的人口资源环境矛盾日益突出

大城市面临的人口资源环境矛盾更加突出，城市人口规模过快增长给资源平衡、环境承载、公共服务和城市管理带来严峻挑战。大城市建设和运行管理的压力日益凸显，交通拥堵、垃圾治理、水资源短缺等困扰生产生活的问题更加突出，迫切要求从更广的区域范围加速推进城乡功能配置、空间布局和基础设施建设的统筹衔接。

三、社会建设相对滞后于经济发展

随着发展水平持续提升，多层次社会需求不断涌现，促使社会结构和形态深刻变化，人们思想观念的独立性、多样性和差异性明显增强，不同群体的价值取向和利益诉求日趋多元，多元利益诉求协调难度加大。如何顺应人民过上更好生活的新期待，促进不同群体利益的均衡与协调，有效引导社会和谐，对城乡社会管理创新提出了更高要求。

四、过快的土地城镇化引发的矛盾增多

违法征地拆迁引发的社会矛盾增多，2010 年内一些地方因征地拆迁屡发流血冲突的恶性事件，造成很多社会矛盾，恶化了政府与人民的关系。2010 年 5 月 15 日，国务院办公厅发出《关于进一步严格征地拆迁管理工作切实维护群众合法权益的紧急通知》，要求严格执行农村征地程序，

做好征地补偿工作，“征地涉及拆迁农民住房的，必须先安置后拆迁，妥善解决好被征地农户的居住问题，切实做到被征地拆迁农民原有生活水平不降低，长远生计有保障”。逐步提高征地补偿水平，应支付给被征地农民的补偿安置费，要直接支付给农民个人，并首次提出征地房屋拆迁补偿安置。

2010年12月27日国务院发布的《关于严格规范城乡建设用地增减挂钩试点切实做好农村土地整治工作的通知》，要求针对“少数地方片面追求增加城镇建设用地指标、擅自开展增减挂钩试点和扩大试点范围、突破周转指标、违背农民意愿强拆强建等一些亟需规范的问题”，采取有力措施，坚决予以纠正。

五、城镇化整体质量不高

各地都把加快城镇化当作一个重要目标，有的省份提出在2011～2015年城市化率要从45%提高到54%，到2020年达到64%左右，要求城镇化率每年提高2个百分点，远高于国家“十二五”期间年均提高0.8个百分点的规划目标。如果付诸实践，不仅有可能导致冒进城镇化、过度城镇化、虚假城镇化，而且有可能带来一系列社会、经济和环境问题，进一步加剧社会冲突和社会矛盾。

第二章

城镇化理论与实践回顾

中心镇的研究源于对小城镇理论的丰富和发展，现今的大多数国内学者认为，中心镇是新型城市化、新农村建设和城乡一体化的战略节点和互动枢纽。从我国城镇化的理论和实践看，传统的城镇化道路也无法从根本上消除城乡二元结构问题，反而造成了大城市病与农村产业空心化问题，因此，迫切需要推进和实现以新型城镇化为核心内容的城乡融合发展。

第一节　国内外城镇化理论综述

由于西方国家城镇化发展的特点和历史局限，以及学者们对中国城镇化的历史背景、国家特点、内在动力机制等基本情况缺乏了解与认识，难于直接运用于处于转型时期的中国的城镇群建设研究。而国内有关中心镇的研究源于对原有小城镇理论的丰富和发展，县城经济及其中心城镇发展成为了较为流行的理论主张。大多数国内学者认为，中心镇是新型城市化、新农村建设和城乡一体化的战略节点和互动枢纽。

一、国外城镇理论综述

1. 城镇化研究

城镇化与城市化的内涵是一致的，两者在英文中是一个词“Urbanization”，译成中文为城镇化、城市化、都市化。有关城镇发展的经典理论或模型包括佩鲁的增长极理论，缪尔达尔（Myrdal，1974）的“累积性因果循环”效应理论，赫希曼（1958）的“核心区—边缘区”理论，霍华德（Howard，1898）提出了田园城市的理论。萨特思韦特（Satterthwaite）提出了“城乡连续”的概念，强调中小城镇在乡村和区域发展以及缓解贫困中的作用。

国外学者对城镇化理论的研究涉及许多学科领域，可大致划分为区位理论、结构理论、人口迁移理论、非均衡增长理论、生态学派理论等。区位理论包括杜能（Thunen）的农村区位论、韦伯（Webber）的工业区位论、克里斯托勒（Christaller）和廖什（Losch）的城市区位论等。结构理论包括刘易斯（Lewis）的城乡二元结构理论、刘易斯 - 拉尼斯 - 费景汉二元结构模型、乔根森（Jorgenson）二元经济模型、托达罗（Todaro）劳动力迁徙与产生发展模型、舒尔茨（Schultz）农民学习模型、钱纳里（Chenery）等的就业结构转换理论。人口迁移理论以拉文斯坦（Ravenstein）的推 - 拉理论、泽林斯基（Zelinski）的人口迁移转变假说、配第 - 克拉克（Petty - Clark）定理为代表。非均衡增长的代表理论包括佩鲁（Perroux）的增长极理论、缪尔达尔（Mydal）的循环累积论、弗里德曼（Friedmann）的中心边缘理论、赫希曼（Hirsthman）的非均衡增长理论等。生态学派理论包括霍华德（Howard）的田园城市论、沙里宁（Saarinen）的有机疏散论等。

2. 城镇群研究

相近研究主要集中于城市群的相关理论探讨（Friedmann，1986；Kunzmanr & Wegener，1991；Venables，1996；Poncet，2005）。国外最早是对城市群体空间集合形式的研究，主要涉及城市与区域联系的功能组思想，如田园城市、集合城市、世界城市有机疏散思想、卫星城等，提倡运用城市—区域间的密集联系进行城市规划组织。随后，德国地理学经济学家廖什创立中心地理论，论述了城市与城市腹地市场等级功能联系规律。

法国地理学家戈特曼（1957）在考察了美国东北海岸的城市后指出，这一地区支配空间经济形式已不再仅仅是单一的大城市或都市区，是集聚了若干都市区并在人口和经济活动等方面密切联系而形成的一个巨大整体，他提出在世界各地区已形成或正在形成各种类型的大都市带，其中包括我国以上海为中心的长江三角洲地区。20 世纪 90 年代以后，对城市群的研究进入了全面发展时期，沃利斯（Wallis，1994）、富田和晓（1995）则系统的研究了大都市圈的空间结构演化机制及进程。加尔扎（Garza，1999）强调了联邦政府的城市体系构建政策机制对城市化及城市空间集聚产生的影响。

3. 简要的述评

西方国家城镇化是在工业化的推动下自发开始的，因此，西方学者对中国城镇化问题的研究主要侧重于城乡发展的制度选择和城镇化发展的滞后两个方面，研究重点较为分散。由于西方国家城镇化发展的特点和历史局限，以及学者们对中国城镇化的历史背景、国家特点、内在动力机制等基本情况缺乏了解与认识，导致他们的城镇化研究成果不一定对中国特色的城镇化具有普遍指导意义。

而且，西方学者关于城镇群的研究建立在较为成熟的市场经济基础之上，主要集中在中心城市的形成机制和产业的集聚和中心城市间的相互关系方面，难于直接运用于处于转型时期的中国的城镇群建设研究。以区域城镇群体空间结构为对象研究其多级中心城镇的培育与建设问题，以及中心城镇与周边城镇联系问题的文章更是不多见。

二、国内城镇理论综述

1. 城镇化研究

国内学者对城镇化问题的研究开始于 20 世纪 70 年代末，以 1979 年吴友仁的《关于中国社会主义城市化问题》一文为标志。国内学者早期研究主要集中于国外城镇化相关理论的介绍与探讨，以及其他国家在城镇化推进时的历史经验与教训总结，后期才逐渐深入到对中国城镇化相关制度问题的研究中。自 1980 年国家提出城镇化发展的方针后，学术界争论的焦点在于如何选择中国城市化的道路，并形成了“小城镇论”与“大城市论”两派：“小城镇论”以费孝通（1984）为代表，“大城市论”者以樊纲（2003）等为代表。费孝通（1984）分析总结了县域集镇五种类型及其级别，阐述了小城镇的作用。魏劲松和许宝健（1999）提出了将乡镇企业和农村产业相结合带动小城镇发展的“襄樊模式”，石忆邵（2000）的分析认为，“撤乡建镇”是行政因素而非经济因素导致了城镇人口的快速增长，是一种低水平的、粗放型数量扩张的城镇化。曹传新和董黎明（2005）认为，在经济全球化冲击下，小城镇被边缘化，应把小城镇纳入全球化的体系之中。

2. 新型城镇化研究

近年来，新型城市化道路（董嘉明，庞亚君，王琳，2008）的提法代表了城市化的最新方向，他们认为新型城市化包含了经济集约发展、社会和谐发展、环境友好发展、功能优化发展、城乡统筹发展的内容，林毅夫（2006）认为，新型城市化与新农村建设相辅相成，新农村建设为新型城市化道路提供必要准备。王发明和蔡宁（2008）针对浙江工业经济可持续发展存在的问题，并提出了推进环境、经济与社会三者协调发展的对策措施。陈锡文（2007）强调新农村建设对城镇化的作用。谢慧明和沈满洪（2011）通过实证研究表明，生态补偿机制和排污权有偿使用和交易制度是生态经济化的主导性制度安排。刘洁（2007）指出，应依靠城市工业化和城市化，推进新农村建设和新型城市化协调发展。陈鸿彬（2007）提出新农村建设和城镇化协调发展定量评价性指标体系的4个子系统，并设计出新农村建设和城镇化协调发展定量评价的差异系数和计算方法。李志强和雷海章（2006），运用模糊数学方法，对中东部地区各省（市）新农村建设和城镇化协调发展水平进行了比较分析。郑新立（2006）研究了新农村建设与新型城市化协调推进的对策。

3. 中心镇研究

国内有关中心镇的研究源于对原有小城镇理论的丰富和发展，发展县域经济和中心城镇成为了较为流行的理论主张。学者通过研究我国沿海发达地区的新型城市化道路，认为如何实现大中小城市与城镇、城市与农村有机互动，是城乡共同发展的问题。大多数学者认为，中心镇是新型城市化、新农村建设和城乡一体化的战略节点和互动枢纽。

近年来，国内对中心镇的研究不断增多，晏群（2008）和胡厚国（2008）从“地理—功能”视角认为中心镇是一个地理概念，是某一地区中周围若干个乡镇的中心，地理位置相对居中，在一个较长的时期内具有相对的稳定性，在周围地区中相比较而言其经济实力较强。林华桂（2008）把中心镇分为：大城市近郊的中心镇、经济发达及城镇密集区的中心镇、中西部农业地区的中心镇、作为物资集散地的中心镇、为能源工业或其它重工业配套的中心镇、具有历史文化特色和自然风光的中心镇等。袁中金等（2004）对我国17个省的1663个中心镇进行了统计分析，结果表明：人口规模越大，贫困人口比重越低。当中心镇区人口规模超过1万人时，贫困人口比重低于全国平均水平；大于2万人时，城镇化进入加速发展阶段；大于3万人时，外来人口比重增加极为明显；超过5万人时，则可以对周边若干镇的经济和社会发展起到明显的带动作用。杨宏翔（2007）、马骁（2008）认为，当前我国中心镇发展面临的问题有：规模偏小，规划缺乏稳定性和连续性，基础设施薄弱和配套功能不全，行政管理体制不顺，缺乏特色，产业与配套设施存在矛盾，经济发展与特色资源保护存在矛盾，资金、土地紧缺等。

第二节　我国城镇化的实践历程

梳理过去60多年来我国城镇化发展的历程与问题，对于我们客观认识当前城镇化发展战略、进一步推进城乡一体化有重要的意义。总结新中国成立以来我国城镇化发展进程，主要可分为以下几个阶段：新中国成立后至改革开放前的城镇化发展的起步阶段、剧烈波动阶段、停滞阶段，改革开放以来至20世纪90年代城镇化发展的复苏阶段、稳步增长阶段，以及2010年以来的高速发展阶段。

一、城镇化起步阶段（1949～1957年）

我国为快速推进工业化进程，建立了全面控制经济生活的计划经济体制，千方百计加快工业化的资本积累，把有限资源优先向工业部门配置和整合。这一时期，“一五”计划的顺利实施与完成，经济建设取得了较大进展，一大批以资源为主体的城市产生，城镇化水平得到提高。但城市和农村被分割为缺少市场联系的两个单元，城、乡独立发展，城市脱离乡村而快速发展。

二、城镇化剧烈波动阶段（1958～1977年）

“大跃进”（1958～1960年）期间，城镇化也出现了“大跃进”。工业项目的盲目上马致使农村人口大规模涌入城镇，工业在脱离了农业的基础上高速推进。1958年1月9日通过的《中华人民共和国户口登记条例》，确立了一整套严格的户口管理制度。三年调整期间（1961～1963年），相继停建或缓建了一大批工业项目，城镇化发展处于调整阶段。“文化大革命”（1966～1976年）导致城镇化发展进入了停滞、徘徊期，城镇青年学生、干部和知识分子到农村去劳动或安家落户，而“三线”建设又使基础设施建设与原有城镇发展脱节，导致了城镇建设大大滞后。

三、城镇化复苏阶段（1978～1991年）

1978年开始，农村家庭联产承包责任制改革创造了大量农业剩余劳动力，为城市工业化发展提供了保障，逐步缩小城乡差别、工农差别，城镇化开始步入正常发展的轨道。首先，制定了设镇标准（标准定为非农业人口2000人），并降低了设市标准（由原来的100000人降低为60000人），一些城市和城镇相继升级或成立。其次，允许农民自带口粮进城办第三产业，城镇暂住人口大量出现，城乡集贸市场和小城镇得到了发展。再次，约2000万的上山下乡知识青年和干部返城就业。最后，乡镇企业异军突起和以发展新城镇为主，沿海地区出现了以大量新兴小城镇为主组成的“工业化地区”，带动了小城镇的发展。

四、城镇化稳步增长阶段（1992～2009年）

1995年4月，由国家体改委、建设部、公安部、国家计委等11家单位联合下发的《小城镇综合改革试点指导意见》，确定了52个国家级试点小城镇进行小城镇综合改革试点。2000年6月，中共中央、国务院颁发《关于促进小城镇健康发展的若干意见》提出的“小城镇大战略”全面促进了小城镇的发展，并带动了小城镇周边农村的发展。这一时期，城乡之间、地区之间以及国内、国际的互动关系不断增强，并取得极大改善。

五、城镇化高速发展阶段（2010年至今）

目前，我国处于工业化发展的中期阶段，随着我国城镇化的不断发展，城、乡在资源、投入、能源、产业布局等方面存在较大竞争，城乡矛盾也随之而生，存在着城乡收入、城乡教育、城乡医疗、城乡就业以及城乡的消费和政府的公共投入等多方面的差别。“十二五”规划建议提出，“要推进农业现代化、加快社会主义新农村建设”和“积极稳妥推进城镇化”。这一时期正是城镇化发展的高速时期，形成了具有中国特色的城镇化局面。

第三节　城乡融合发展：从传统城市化到新型城市化

从历史发展进程及经济社会发展的内在需要来看，我国过去走的是一条传统的城镇化道路，传统的城镇化道路不仅无法从根本上消融我国城乡二元结构，反而带来了城市化的主导力量失衡、城乡之间发展不平衡、大城市病、农村空心化等新问题。大城市病与农村产业空心化的现实，迫切需要推进和实现以新型城市化为核心内容的城乡融合发展。

一、传统城市化与城乡割裂

经济高速发展与城镇化之间互为因果，中国经济的高速增长，很大程度上得益于城镇化产生的规模经济和范围经济，得益于城镇化产生的生产要素和商品的自由流动与聚集。1978～2012年，中国经济规模的复合增长率近10%，同期城镇化率由17.9%升至52.6%。然而，现实地看，尽管中国城市化进程在数量上取得了很多成就，城乡的绝对发展水平都得到了显著提高，但在发展的质量上，中国的城市化过程也存在着许多不容忽视的问题。面对一些大城市日益严重的城市病问题，我们不得不用一种新的眼光和思维方式，审视全球背景下的中国城市化进程。

就全国范围来看，城市化主要面临如下问题：城市建成区的扩大快于城市人口的急剧，土地利用的严重粗放，“摊大饼”式的扩张加大了基础设施供给的压力，导致了城镇成本的大幅度增加；农业转移人口不能享受与城市居民同样的社会福利，政府大量的短期行为，如大广场、大马路、大公园以及高档政府办公楼等，严重浪费了政府资源，而解决居民特别是外来人口公共服务的资金却严重不足；城镇居民的利益固化，农民不能分享土地增值收益，城镇的门槛过高，导致政府不愿意接纳外来人口进入城镇落户或享受与城镇居民同等的公共服务水平；大量进入城市务工的农村劳动力，未从根本上改变自身的经济社会身份，他们主要实现了工作场域的转移，但与城市居民相比，这部分实现劳动力转移的农村劳动者在教育、卫生、社会保障等方面与城市居民尚未实现同等的国民待遇；由于政绩工程的积累和对于土地财政的过度依赖，而城镇居民对改善公共服务供给的需求饥渴，又使得政府的资金需求越来越大。一旦土地供给链条出现断裂，城镇债务问题就可能爆发。

二、新型城市化与城乡融合

综上所述，传统城市化不符合经济逻辑，必须予以改变。从历史发展进程及经济社会发展的内在需要来看，我国过去走的仍然主要是一条传统的城镇化道路，传统的城镇化道路不仅无法从根本上消融我国城乡二元结构，反而带来了城市化的主导力量失衡、城乡之间发展不平衡、大城市病、农村空心化等新问题。大城市病与农村产业空心化的现实迫切需要推进和实现以新型城市化为核心内容的城乡融合发展。因此，党的十八大报告提出，“必须以改善需求结构、优化产业结构、促进区域协调发展、推进城镇化为重点，着力解决制约经济持续健康发展的重大结构性问题”。新型城镇化将成为推动中国经济社会发展的重要引擎，所谓新型城镇化，是以城乡统筹、城乡一体、产城互动、节约集约、生态宜居、和谐发展为基本特征的城镇化，是大中小城市、小城镇、新型农村社区协调发展、互促共进的城镇化。新型城市化与传统城市化在很多方面存在重大区别，见表 2－1。

表 2－1　　新型城市化与传统城市化的区别

	传统城市化	新型城市化
中心目标	片面追求经济增长	围绕经济、社会、环境协调发展
中心主题	片面追求工业化	围绕人的城镇化
主导力量	政府主导	市场运作
牵引力	外部需求	内外部需求
驱动力	依赖物质资本消耗	由创新要素驱动
主要内容	土地城镇化	产城互动
表现特点	规模扩张，高成本、低收益	内涵发展，低成本、高收益
结果	导致要素结构、产业结构失衡，城市病爆发	实现城乡融合、互补共赢，全面可持续发展

从马克思、恩格斯对城乡关系发展演变的趋势和规律、城乡对立的根源及弊端的分析可以看出，城乡对立是一个历史范畴，城乡融合才是未来社会的重要特征。从城乡融合的实现来看，它是要在生产力水平较高的条件下，通过充分发挥政府的主导作用，充分利用市场高效配置资源的作

用，充分调动全社会参与的积极性，以城带乡，以乡助城，互为接轨，相互渗透，实现城乡之间在经济、社会、文化、生态等诸方面的融合发展。

第四节　概念辨析：中心镇、小城市与特色小镇

新经济地理学认为，经济活动集聚所带来的规模效应是经济增长的重要推动力，经济活动和人口的集聚将获得至少来自分享、匹配和学习三个方面的规模经济效应。过度城市化又将导致巨大的城市管理、社会保障等方面的压力，进而导致城市病显现。实践证明，遍地开花、重点不明、均衡发展的城镇化模式并不是我国城乡一体化发展道路的理想选择。从小城镇、中心镇到小城市的历史演变过程，就是规模经济效应不断加强的过程，通过将一部分人口转移至县域或大城市周边的小城镇，通过将这些小城镇培育发展成为对区域经济具有较强带动能力的中心镇，有利于缩小中国的城乡与区域发展差距，推动城乡一体化发展。

一、中心镇

1979 年，党的十一届四中全会提出，“有计划地发展小城镇和加强城市对农村的支援，是逐步缩小城乡差别、工农差别的必由之路”。发展小城镇在 20 世纪 80 年代曾一度成为我国城镇体系建设的重点，以乡镇企业为主导的小城镇逐步走向兴盛。1998 年，党的十五届三中全会通过的进一步提出，“发展小城镇，是带动农村经济的一个大战略”。2000 年 10 月发布的《中共中央国务院关于促进小城镇健康发展的通知》将“小城镇、大战略”的发展方针进一步具体化，并在居民户籍制度、行政管理制度方面进行了改革。进入 20 世纪 90 年代中后期以后，伴随着全国乡镇企业发展步入低潮和城市经济活力增强，小城镇发展开始陷入停滞和减缓发展阶段。因此，国家在小城镇发展上，确立了优先发展和重点发展一批条件成熟的小城镇（即中心镇）策略。

20 世纪末，山东、浙江、江苏等省份较早提出培育中心镇的问题，

将具有较好区位优势、较强经济实力、较好基础设施、较大发展潜力、对周边地区具有一定辐射力的区域重点镇定位为中心镇，有重点地进行建设与培育。实践证明，遍地开花、重点不明、均衡发展的小城镇发展模式并不是我国城乡一体化发展道路的理想选择。所谓中心镇是县域经济发展的战略性支点，是通过科学培育、规划推动、市场、社会与政府协调推动形成的区域经济发展极。中心镇的改革与发展为城市产业梯度转移以及带动农村发展创造了新的战略空间，有利于培育农村的发展活力，提高城市对区域的带动作用，缩小城乡发展差距，推动城乡一体化发展。

二、小城市

2010 年 4 月 28 日，中央主管部门会议决定在浙江、广东、山东等省的 25 个经济发达镇开展行政管理体制改革试点工作，包括设置“镇级市”的试点。2010 年底，浙江省正式选定首批 27 个带动能力强的中心镇作为小城市培育试点，安徽在全省规划建设 6 个“镇级市”，山东省计划将 20 余个中心镇培育成小城市。国内众多从“镇”到“市”的蜕变正在从构想走向现实，这些小城市试点镇具有较强的实力和突出的产业特色，更好发挥人口和产业集聚作用，更能发挥城乡统筹和对周边地区的带动作用。

（1）人口集中方面。小城市比中心镇更能快速地吸纳农村富余劳动力，有序转移农民到城镇，还可以对大中城市就业群体进行及时、有序的分流，缓解大中城市就业压力，促进农村劳动力进行合理有序的流动。

（2）要素集约方面。小城市相对于中心镇有更严格的用地控制指标，更注重城市经济社会的综合协调发展和品质提升。择优培育小城市有利于实现土地资源的集约利用，有利于提高城镇基础设施建设的规模效益，促进产业集聚，减少和避免因小城镇遍地开花而造成乱占土地、重复建设、浪费资源、污染环境等问题。

（3）产业集聚方面。中心镇由于规模较小，金融、信息、技术等服务水平低，生产要素市场发育不足，在人才、项目引进、产品技术更新、产业升级等方面受到很大的限制，影响了城镇功能的发挥。而小城市经济功能全面，经济体制较为完善，对外交往活跃，产业结构比较合理，往往具有较为完善的产业集群，产业链结合比较紧密，第三产业发达。

（4）功能集成方面。中心镇基础设施和公共设施建设往往滞后于经济发展，缺乏相应的水、电、路、气和环卫等配套设施。功能区混杂现象较严重，建筑风格比较单调。而小城市基础设施与市政公用设施较齐备，有现代化程度较高的交通运输网络、通信信息网络和供水供电网络等防灾抗灾功能较强，建筑群体富有特色、绿化景观和谐。

三、特色小镇

国际城镇化主要有 Desakota 理论模式（McGee，1991）、城乡一体化模式（Douglass，1991）、城市化三维发展模型（Toppeta，2010）、智慧城市模式（Giffinger et al.，2007）等经验模式。而近些年，小城镇模式（Bajracharya，1995）逐渐演化为以某一产业为基础的“特色小镇”模式。综观中国小城镇发展历史，其小城镇建设大多数是经过历史的沉淀自然形成，具有一定的合理性。然而随着经济社会的发展，这些小城镇的发展逐渐面临产业升级、科技发展、人才引入、生态环境等方面的挑战。2014年，时任浙江省省长李强在云栖小镇举行的首场阿里云开发者大会上，首次提及“特色小镇”一词。2015 年和 2016 年，浙江省先后将 79 个小镇列入省级特色小镇创建名单。特色小镇是以某一特色产业为基础，汇聚相关组织、机构与人员，形成的具有特色与文化氛围的现代化群落。特色小镇是以信息经济、环保、健康、旅游、时尚、金融、高端装备制造等产业为基础，来打造具有特色的产业生态系统，以此带动当地的经济社会发展，并对周边地区产生一定的辐射作用，是区域经济发展的新动力和创新载体（卫龙宝，史新杰，2016）。

特色小镇建设现已成为浙江区域经济转型升级的一种新现象和供给侧结构性改革的重大战略举措，对浙江新兴产业发展、传统产业转型升级以及新型城镇化都起到积极的推进作用，也为新常态下的中国经济转型发展提供了有益的借鉴。浙江特色小镇建设重在产业培育功能、生态居住功能，旅游、度假功能，力求将特色小镇建设成“产、城、人、文”四位一体的新型社区（徐剑锋，2016）。特色小镇规划建设以已有产业或生态优势为基础，以城市化为依托，以汇聚、集成和统筹方式，打造融多种功能于一体的创新平台，从而进一步推进空间集聚、要素集约，设施集成，产业转型、创业创新以及进一步增强市场决定性作用（卓勇良，2016）。特色小镇作为特色产业、地域文化、优美环境和良好配套的交汇体，不同于传统工业园区的发展模式，是一种可持续创新的产业组织形态，是高端产业、新兴业态、优秀人才集聚的重要平台（马斌，2016）。浙江省特色小镇规划建设承袭了中心镇改革和小城市培育过程中促进人口集聚、要素集约、产业集聚、功能集成、改革创新的有益经验，是浙江政府重大公共政策供给的逻辑深化和新型城镇化的路径创新。

第二篇　理论与机理

第三章

中心镇发展与城乡一体化的战略关系

破除城乡二元结构，实现城乡一体化是统筹城乡发展的根本目的。长期以来，促进大中城市快速发展同时推动农村剩余劳动力向城市转移，是我国城市化道路的基本轨迹，也是解决我国城乡分割的重要路径。然而，实践证明，这一路径不仅无法从根本上消融城乡二元结构，反而催生了大城市病、农村空心化等新问题，并一定程度上加剧了城乡二元结构。在经济社会发展的新阶段，迫切需要转变城乡发展的理念、机制与模式，迫切需要在城市和乡村之间找到一个能实现两者融合或一体化发展的战略节点与载体。近年来的实践充分证明，作为新型城市化的生长点，作为工业化城镇化与农业现代化同步发展的突破点，作为城乡基础设施建设和公共服务均等化发展的着力点，中心镇已日益成为我国推进城乡一体化的战略节点。

第一节　城乡一体化的内涵与实现机制

传统城乡发展模式导致城乡割裂发展，生产要素、商品或服务向城镇集中，从而容易导致农村发展的空心化和生产衰退，城乡发展差距日益扩大。那么，在经济发展步入新常态的发展形势下，城乡一体化发展具有什么样的科学内涵，其实现机制是什么，值得学界深入研究。

一、城乡一体化：中心镇战略协同下的城乡统筹

本书认为，城乡一体化是一个由中心镇融合性介入，由中心镇发挥重要战略节点作用的城乡聚合过程，在此过程中，产业、市场、基础设施、生产要素等有序在城、镇和村之间合理布局，中心镇调剂资源配置与产业布局，从而实现中心镇战略协调下的城乡发展一体化格局。在由中心镇主导的城乡一体化发展过程中，中心镇的改革与发展本身就是城乡一体化发展的内容与实现路径。通过改革发展与建设中心镇，有利于推动城乡统筹发展，优化城乡产业空间布局，从而催生大中小城市和城镇协调发展的新型城市化的内在推进机制及格局。

首先，中心镇发展将从城镇数量和人口不断增加而农村人口相对减少的渠道优化城乡人口布局与结构，促进大中小城市富余人口和乡村人口向中心镇布局，为城乡一体化发展的生长提供要素基础；其次，中心镇发展将通过强化中心镇作为大都市组团经济圈的重要节点功能，形成大中小城市和镇有机融合与连绵成片的新型城市化空间体系，为城乡一体化发展的生长提供互为依托的空间基础；再次，中心镇发展将通过优化产业布局内生城乡经济一体发展，并通过优势产业平台的建设与拓展、特色产业的培育与壮大、部分城市产业的转移、城乡产业链的延伸对接、新兴产业业态的滋生，为城乡一体化发展的生长提供内生产业基础；最后，中心镇发展将通过城市文明与乡村文明的交汇融合，在凸显城市文明的同时，有利于传统乡村文化的传承与扬弃，形成现代城市文化与乡村文化共荣互融的基本格局，为城乡一体化发展的生长提供文化价值观基础。

二、城乡一体化的实现机制

如前所述，城乡一体化是一个由中心镇协同城乡空间、产业、市场、人口、要素、功能优化配置与集成的过程及结果，在中心镇发展的基础上，这一过程主要由中心镇的产业集聚机制、人口集中机制、要素集约机制、功能集成机制以及改革创新机制等五大实现机制推进。

(1) 中心镇的产业集聚机制。中心镇是县域经济发展的战略性支点，是通过科学培育、规划推动、市场、社会与政府协调推动形成的区域经济发展极。通过推动中心镇的改革与发展，让原先集中于大城市的生活生产功能分散到部分中心镇，各类产业集群就可以在城市、城镇和农村的空间范围内，得到不同等级的疏散和集聚，如促进管理总部、市场总部、商务中心、研发基地、生产性服务业等向中心镇集聚，可以分散大城市的空间压力，实现城乡均衡发展。同时，通过促进中心镇城市功能集成，推动农村本地的企业向园区集中、劳动力向就近的城镇转移、园区向中心镇集中，打造制造基地及相关配套区等产业集群，从而形成分工合理、功能错位、空间集约的不断优化的产业布局，实现城乡一体化发展。

(2) 中心镇的人口集中机制。中心镇的人口集中有利于双向调节城市与乡村的人口分布，从而一方面降低大城市的人口压力，另一方面促进农村人口向非农化转移。在此过程中，交通等公共设施是促进城乡统筹发展的关键因素之一，便利的交通能促进区域功能分区、优化空间资源的合理利用，也能推进人口和产业的合理布局，增强中心镇对周边区域的集聚与辐射功能。交通的便利也是可以实现“居住在中心镇、工作在别处”，可以吸引很多大都市的人口定居于此。无论是来中心镇打工的外来人口，还是来中心镇休闲度假的旅游者，中心镇便利的交通对于其集聚人口必将起着很大的推动作用。中心镇基础设施改善对于人口的集聚有着很大的作用，只有当城镇基础设施达到一定水平才具有吸纳更多人口的能力，更多的人口对于基础设施的建设的要求也会越来越高，进一步的扩大以及再进一步的吸纳，形成一种和谐共生的城乡生态系统。有些中心镇具备很好的山水环境以及旅游资源，人居环境非常适宜，大量的休闲度假人口的聚集也可以带动这些中心镇第三产业的发展，对城镇现代化与城乡一体化发展起到促进作用。此外，中心镇人口聚集会带来消费的需求，居民对于生活的品质要求也会越来越高，在一定程度上促进了中心镇的现代化进程，从而提高中心镇促进城乡统筹发展的现实能力。

(3) 中心镇的要素集约机制。在传统城市化道路上，大城市的规模效应日渐被规模不经济取代，这迫切需要转移各类生产要素去周边小城镇，从而提升要素的边际报酬。随着交通的快捷化、商务的网络化，越来越多的企业将不同的部门配置在不同的区域空间，总部建在大城市，放在中心城区，生产车间则配置在土地、劳动力成本较低的郊区、中小城市和中心镇。当中心镇具备承接产业转移的条件时，这些城市生产要素同样也会流向中心镇，并将促使中心镇的产业发展更多地融入城市的产业发展体系。城乡一体化是一个渐进的过程，农业企业、农业专业合作社是促进生产要素向中心镇流动最重要的内生因素。从提升中心镇内生能力的角度看，需要加大基础设施投入，尤其是解决交通和环保问题。只有规模化的农业才能更多地吸引、集聚生产要素，进而促使中心镇的产业发展更多地融入城市的产业发展体系。大量集聚各类产业的中心镇无论在经济上，还是在文化风俗上，都是一个集聚剩余农业劳动力的有效载体。因此，要增强中心镇集聚生产要素的能力，必须改革现行的土地政策，发挥土地特殊引力。

（4）中心镇的功能集成机制。中心镇通过生活生产环境的优化，有利于为促进城市功能向中心镇的延伸布局，同时也有利于乡村教育、文化、卫生等功能在中心镇的统一实现和供给，提高供给质量。然而，长期以来，镇人民政府的主要职能是执行本行政区域内的经济和社会发展计划、预算，管理本行政区域内的经济、教育、科学、文化、卫生、体育事业和民政、公安、司法、计划生育等行政工作。显而易见，这样的职能定位，使得乡镇政府实际成了一个全能型政府。在其操作运行过程中，工作方式具有很深的行政控制和群众运动的色彩，职能更多地表现为行政管理与命令。传统的乡镇政府职能已不适合新农村建设和构建和谐社会的要求，迫切需要其转变职能，由“行政管理”向“公共服务”转变，建立服务型镇政府。在此过程中，中心镇的角色与功能将更为突出，有效发挥中心镇的功能集成作用，就是促进城乡一体化发展的重要实现路径。

（5）中心镇的改革创新机制。战略节点上的改革创新，有利于向城市和乡村两个方向扩散创新成果，促进城乡行政管理制度、财政制度、社会保障制度等多方面的协同创新。例如，行政管理体制改革不仅是中心镇改革、发展、创新面临的首要制度性问题，更是推进改革和实施户籍、就业和社会保障、金融、财政、规划、国土、住房和社会管理等体制改革的组织基础和干部保障，对顺利推进中心镇其他各项事业有先导性的意义。

中心镇从一般的建制镇发展而来，随着产业规模、人口规模的不断放大，在很多方面与城市的特性相近但又不同于城市。传统的农村和农民生活方式和思想观念较根深蒂固，而日益扩大的镇区规模对城镇规划建设管理等又提出了更高要求，以原有农业、农村为主要管理对象的行政管理体制和机构设置已不适合它们的改革与发展。特别是条块关系不顺，管理权限过小、组织机构不健全，人员编制相对偏紧、政府功能不全等问题，已严重影响了中心镇的市政建设、社会服务与经济发展。为此，通过推动以中心镇为战略据点的制度体制改革，有利于释放推进城乡一体化发展的制度能量，从而有序推进城乡一体发展的制度框架建设。

第二节　中心镇在城乡一体化中的作用和定位

如前所述，传统的城镇化道路不仅无法从根本上消融我国城乡二元结构，反而带来了城市化的主导力量失衡、城乡之间发展不平衡、大城市病、农村空心化等新问题。之所以形成这类问题，与我们在推进城乡一体化发展的过程中，缺乏一个有效的支点有很大关系。因此，在城乡融合发展的新阶段，我们迫切需要转变城乡发展的理念、机制与模式，迫切需要在城市和乡村之间找到一个能实现两者融合或一体化发展的战略节点与载体。

一、中心镇发展的内涵及其在城乡一体化中的战略意义

中心镇发展是一个通过科学规划、试点培育、分类实施、分层推进，将其培育成为区域（县域）人口集中的新主体、产业集聚的新高地、功能集成的新平台、要素集约的新载体、改革创新的新阵地，并建设成为产业特色鲜明、生态环境优良、社会事业进步、功能设施完善的区域（县域）经济社会发展中心或副中心以及城乡全面融合发展战略节点的过程及其结果。

中心镇是新型工业化、新型城镇化、信息化与农业现代化同步发展的

突破点。在工业化、城镇化深入发展中同步推进农业现代化是党中央的重大战略部署，也是推进我国城乡区域统筹发展的历史性任务。实现这一历史任务，迫切需要找到若干突破点。中心镇的改革发展是推进上述“三化同步”的重要突破点。通过发展中心镇，建设各类具有特色的产业发展平台，协力推进中心镇功能集成与城镇建设，强化中心镇及周边乡村地区的产业支撑以及增强中心镇吸纳人口就业的能力，有利于形成中心镇带动县域工业化与城镇化的强大驱动力。与此同时，通过借助中心镇的改革与发展，有利于基础设施和公共服务向乡村延伸与倾斜，推动城乡基础设施共建共享、社会保障衔接、基本公共服务均等化发展，促进城乡资源均衡配置以及高端生产要素向农业农村流动，从而为加快农业农村现代化提供良好的要素环境和发展条件。

中心镇是城乡基础设施共建和公共服务均等化的着力点。推进城乡基础设施共建与公共服务均等化，需要从政策组合、空间融合、资金聚合等方面寻找一个切实可行的着力点，而中心镇恰恰能从政策、空间与资金等多重层面为城乡基础设施共建与公共服务均等化发展提供有效着力点。中心镇是城乡公共政策的连接点，较强的经济社会集聚辐射能力，有利于城市与乡镇政府在基础设施及公共服务共建共享等方面实现政策融通。乡村基础设施建设需求与公共服务需求首先通过中心镇得以有效集合，并由此为城市政府的相关政策制定提供需求参考；改革发展中心镇，有利于集中优势资源优化县域空间结构，中心镇的产业平台建设、城镇功能集成及特色资源或产业整合势必有利于推进城乡基础设施共建与公共服务向镇域和乡村的延伸；中心镇的改革建设与发展，有利于从城乡联动的视角推进政府、企业、社会与个人等多元化多向度的投资体制和机制创新，有利于充分发挥各级地方财政、企业资本、社会资金等联合创建基础设施建设基金，形成市政、镇域、村域等多维的基础设施建设启动资本，从而有效引导各级政府、各类社会投资主体直接投资和经营城乡公用事业和公共服务，确立不同县域联动推进的城乡基础设施共建与公共服务均等化发展的格局。

中心镇是城乡统筹发展的战略节点。中心镇是联系城市与农村的纽带。中心镇具有一定经济基础，公共设施较为配套，对大中城市的工业、技术扩散有一定承接力。同时，中心镇作为县域经济发展极，其较强的经济、文化、科技、人才等资源优势，有利于带动周边乡村经济社会发展。因此，改革发展中心镇，将有利于引导农民将投资转向中心镇，鼓励农民进入中心镇进而消化农村剩余劳动，由此也有利于减轻大中城市的压力，为城乡一体化发展创造新平台。在此意义上，中心镇已经并将继续推进城市产业向农村拓展、基础设施向农村延伸、公共服务向农村辐射、社会保障向农村覆盖、现代文明向农村传播、公共财政向农村倾斜以及乡村要素向中心镇集聚等，必将使其作为城乡一体化战略节点的重要作用进一步凸显。

二、中心镇在城乡一体化中的战略定位

加快中心镇的改革发展，是推进新型城市化的重大举措，是统筹城乡发展的战略选择，是中心镇自身发展壮大的内在要求，是推进我国新一轮经济发展方式转变的必然选择。今后及较长一段时期，要将中心镇改革发展建设成为人口集中的新主体、产业集聚的新高地、功能集成的新平台、要素集约的新载体、改革创新的新阵地。

（1）人口集中的新主体。首先，通过积极探索“上移”举措，吸引农民入镇。通过改善劳动与创业环境、社区管理服务、子女教育服务、医疗服务、养老服务等，引导农村人口向中心镇集中；其次，超前引导“下移”趋势，吸引市民入镇。以生活环境、生态环境、生活质量、文明水平的持续提升，吸引城市居民“下移”中心镇。最后，创新“内移”模式，吸引域外劳动力入镇。创新中心镇产业平台与各地之间的劳务合作方式，将劳动力集聚转化为长期的人口集聚，吸引区外人员向中心镇集聚。

（2）产业集聚的新高地。首先，将中心镇培育成为城市产业承接地。根据自身产业基础和发展条件，稳步引进与自身比较优势相符合的各类产业，吸引城市待转移产业向乡镇延伸，以产业集群推动高端人才和劳动力向中心镇集聚。其次，探索城乡产业融合新机制，促进中心镇新型产业业态生长。从中心镇比较优势出发，协同周边乡村，联合推进城乡产业融合，促进各类新型产业业态生长和农村原有产业转型升级。最后，有序推

动产业园区建设。在区、县（市）政府的指导下，明确产业发展方向，充分发挥自身资源优势，通过财政、金融等政策积极培育重点产业，不断扩大产业发展规模，引导企业向园区集中，以企业集群推动产业集聚，以园区产业集聚推动人口集中。

（3）功能集成的新平台。中心镇要充分运用现代网络信息技术和各类社会组织，推进服务型行政机构与社会体系建设，加快社区服务中心和中介服务组织建设，构建政府主导、社会参与、社区支持的中心镇综合服务功能体系，推动中心镇在现代农业、工业、商贸、物流、旅游、居住、教育、社会服务及生态环境保护等方面的功能集成。

（4）要素集约的新载体。制定相关政策激励生产要素增值、资源创造和经济主体的创业创新热情，让一切创造财富的源泉在中心镇充分涌流。充分运用各类政策手段和措施，探索土地、资本、劳动力等要素的集聚使用机制，积极引导土地、资本、人才等各类要素集聚和价值创造，着力鼓励引导市场主体参与到中心镇建设和发展的浪潮中，让所有的经济主体迸发出创业热情，让所有的创造者转化为真正的创新者，让所有的创新者获得应有的市场价值，使创业创新、建设活力城镇成为中心镇发展的活力之基、动力之源。

（5）改革创新的新阵地。中心镇能否在以上各个方面真正取得实效，在很大程度上取决于中心镇体制机制改革能否切实推进，从而在城市体制改革与农村体制改革之间生长出一片改革创新的新领域和新阵地。为此，包括城市政府在内的各级政府要从统筹城乡区域协调发展的大局出发，不失时机地推进中心镇在行政管理体制、户籍管理制度、就业和社会保障制度、土地利用制度、投融资体制、财政体制以及社会管理体制等方面的改革创新，进一步解放和发展中心镇生产力，为中心镇推进城乡一体化战略节点作用的充分发挥创造良好的体制环境。

第三节　中心镇推进城乡一体化的时空演进模式

中心镇对城乡一体化的推动作用根据中心镇所处地区不同，基础发展水平不同，中心镇产业结构特点不同又表现出不同的城乡一体化推动模式。综合来看，本书认为，从生产力空间布局特征来看，中心镇推进城乡一体化的空间模式主要包括产业平台驱动型、城镇化拉动型两种。

一、中心镇推进城乡一体化发展的模式

1. 产业平台驱动型模式

包括工业园区、功能区、专业市场等在内的产业发展平台是集聚商品、信息、技术、劳动力资源等的重要载体，是推进城乡一体的重要平台。作为要素和产业的空间载体，产业平台主要通过对劳动力资源、土地以及产业集散实现城乡资源一体化配置和融合发展（见图3－1）。

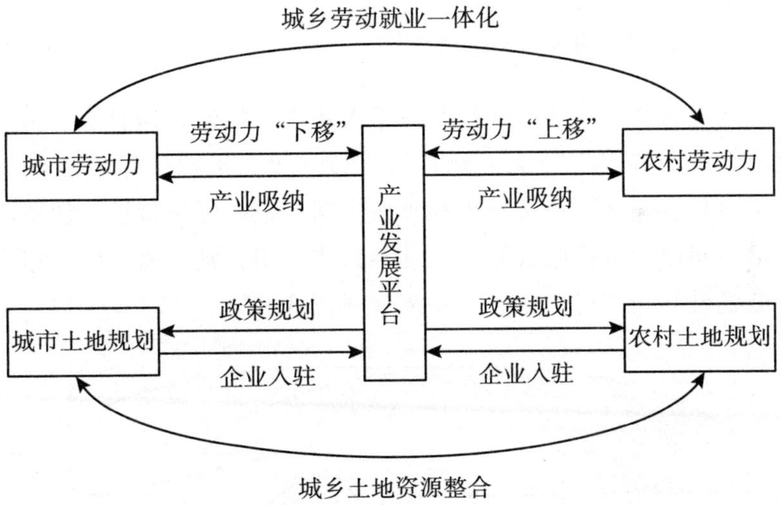

图3－1　中心镇推进城乡一体化的产业平台驱动型模式

（1）建设在中心镇的产业平台可以很大程度上吸纳农村剩余劳动力，工业企业的入驻，人口聚集，必然引来商业、基础设施的建设。城乡之间劳动与就业的重新分布加速了城乡一体化进程，中心镇在这个阶段通过鼓励富裕农民与农村个体工商户进入中心镇投资创业、购买住宅，吸引农村

人口“上移”到工业园区，城市居民“下移”到工业园区就业，加快城乡之间人才的流动。工业园区的建设加速了劳动就业的聚集，劳动就业的聚集又带来了人口对基础设施建设的更高要求，园区基础设施建设促进人口不断聚集，城乡一体化水平不断提高。

（2）通过科学的土地资源利用规划，将镇区内具有区位优势、交通便利的区域进行规划建设，对于占用的土地通过财政补贴的方式发放给农民，农民可支配收入提高，会增加对消费品的消费，工业园区的商贸便被带动起来。原来分散在中心镇周围的工业企业，入驻到工业园区，旧厂房通过改造或者置换留作他用，节约了土地占用面积，既提高了土地利用率，又整合的中心镇空间结构。此外，土地资源的合理分配将部分土地剩余出来为第三产业的发展提供空间资源。同时，土地的合理规划带动了城乡之间公共交通设施的建设，物流在城乡之间的交换变得更快捷、更灵活，由此将进一步整合城乡空间结构和推进产业分布一体化。

2. 城镇化拉动型模式

城乡之间的物质和信息交换取决于人才流、物流、信息流、资金流的自由流动。而这些“流”能否顺利的进行交换，取决于城乡之间的基础设施和渠道是否齐全。位于城市和农村中间地带的区位特性，使中心镇成为城乡物质和信息交换的载体，而这种载体作用，则需通过中心镇自身的城镇功能建设和完善得以更好的发挥（见图 3－2）。

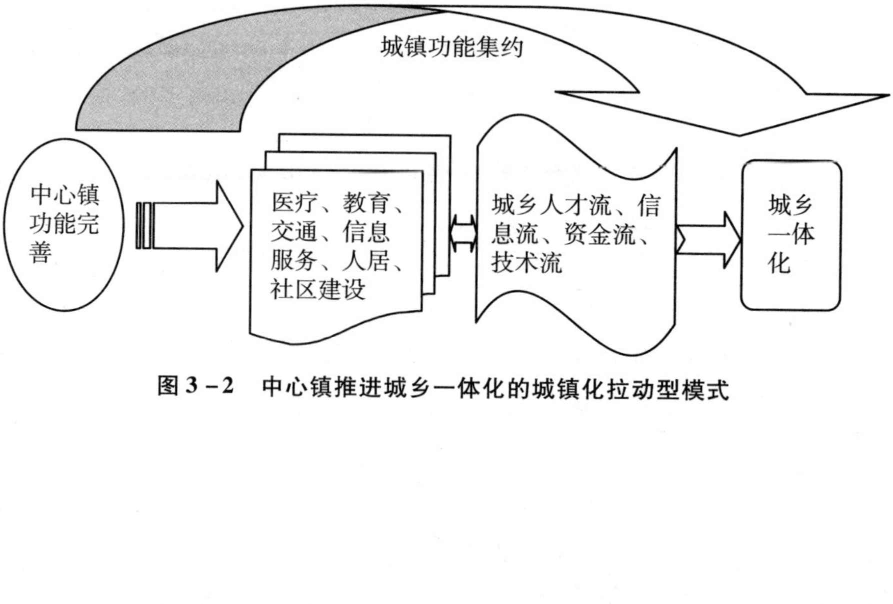

图 3－2　中心镇推进城乡一体化的城镇化拉动型模式

在城镇化的过程中，通过对中心镇的医疗、公共服务设施、社会保障水平、教育等方面的投资，极大地吸引了各类生产要素流入中心镇，促进产业、资源等在城乡之间的集散，从而促进城乡一体化水平的不断提升。例如，在此过程中，农村居民可以就近到中心镇享受医疗服务，城市居民也可以选择医疗水平较高，费用较低的中心镇医疗机构就医；此外，城镇功能的完善将加速中心镇的人口集聚，有利于解决农村学龄儿童上学问题，缩短城乡教育差距；与此同时，中心镇对公路交通设施的建设提高了城市的可达性，农村的农产品运输到城市更加便捷，农村居民收入增加，会有更多的农村居民选择到城市消费，推动了城乡经济的互动；社会网络的普及加速了城乡之间信息流的交换。中心镇对人居环境的重视可以引来更多的农村和城市人口选择到城镇定居购房。因此，中心镇城镇功能的不断完善将极大地拉动城乡产业一体化、城乡经济一体化、城乡交通一体化，进而全面地推进城乡一体化。

3. 中心镇专业市场带动下的城乡一体化模式

中心镇专业市场推动城乡一体化主要表现在两个方面：特色农业市场推动和旅游资源市场推动。特色农业市场主要指具有当地特色的农业产品的生产加工具有一定的产业规模，对当地经济发展水平具有一定的带动性。旅游资源市场主要是指具有丰富自然旅游资源的中心镇，通过大力发展旅游业，由旅游业带动的其他第三产业的发展所推动的城乡一体化模式。

（1）特色农产品市场。

特色农产品市场具有一定的地域性，对自然气候条件要求较高，只有具备了一定的农业发展自然条件才能较好的发展特色农业。具有特色农业的中心镇通过发展推进农业产业化、现代化，提高农业产值，增加农民收入，创造劳动就业岗位，才能加速城市与农村人口向中心镇集聚。特色农业产业化对中心镇基础设施的建设也具有一定的带动作用，农业产品需要通过城乡交通网络运往城市，供城市居民消费，城市居民对农产品的需求与农村居民发展特色农业，在中心镇区域内促进了城乡物流一体化。中心镇本地的消费市场对特色农产品的需求有助于农民在中心镇实现产供销一体化，提升产业结构，与城市产业形成互补，形成城乡产业有机整体。

（2）旅游资源市场。

旅游资源包括生态农业观光和自然环境景观。生态农业观光是以特色农业为基础发展起来的农业体验、观光产业，比如：农家乐、生态垂钓、农业采摘园等。这类产业的发展实现了农村产业的转型升级，将农业的发展同旅游业结合起来，农产品在当地实现产销一体化，降低了运输成本，增加了农产品的附加值。农村剩余劳动力可以就地转化，城市通过这种新型产业更加了解农村，带动了城乡居民之间文化水平的交流。城市居民对农村地区旅游业的需求带动了农村第三产业的发展，促进了城乡经济、社会、文化的交流。

二、案例：来自浙江省杭州市的实践

如前所述，浙江省中心镇改革发展走在全国前列，而浙江省杭州市在中心镇的改革与发展方面走在了全省的前列。截至目前，杭州共有 27 个中心镇，其中包括省级中心镇 23 个以及市级中心镇 4 个。2012 年以来，杭州相继出台了《关于加快发展中心镇培育小城市的若干意见》等文件，用以支持中心镇改革发展。在此，我们选择杭州 27 个中心镇里面的建德市大同镇、余杭区塘栖镇和淳安县姜家镇为例，以实证检验上述理论分析框架。

1. 初始阶段的大同镇城乡一体化：工业平台驱动模式

综合各类统计数据，大同镇现处于前文所述的中心镇改革发展的初期阶段，因此由政府主导的工业化是大同经济发展的重要力量。在此过程中，大同镇政府将工业园区建设定位为一号经济建设，采取各种措施大力推动工业大平台建设，建设大同工业功能区。截至 2012 年末，大同工业园区累积投入基础设施配套资金 6912 万元，平整土地 1607.6 亩，建成道路、排污、供水、电力等配套设施，有 37 家工业企业入驻，园区道路、电水管网配套设施、污水处理工程、标准厂房和热电等工程项目稳步推进建设。在工业园区的布局上，工业园区按照产业类别，对企业进行功能分区，初步形成以碳酸钙区、服装成衣区、皮革区、卫洁具区、现代农业精深加工区、金属制品区为主导的工业功能区，引导企业向对应区集聚。

经过几年的努力，2012 年与 2005 年相比，全镇生产总值增长 67%，年均增长 13.14%。财政总收入和地方财政收入分别增长 1.5 倍和 1.6 倍。工业总产值与销售产值实现翻番，工业生产性投入增长 2 倍。初步实现从农业大镇向工业重镇的转变。农业现价总产值增长 51%，农民人均纯收入增长 79%，年均增长 15.8%，城乡收入比从 2005 年的 3.2∶1 缩小为 2.6∶1，城乡一体化发展取得初步成效。

2. 成长—成熟过渡阶段的塘栖镇城乡一体化：工业化与城镇化联动模式

相比于大同镇，余杭区塘栖镇的发展水平较高，因此，其推进城乡一体化的发展阶段正处于成长阶段向成熟阶段的过渡，经济社会发展能力较强，在推进先进工业化的同时，已经开始注重城市功能建设与完善，因此，中心镇推进城乡一体化发展水平较高。

2007～2012 年，塘栖镇政府实施 86 个项目建设，总投资 90.7 亿元，其中政府性投资 52.5 亿元，占 58%；企业和社会投资 38.2 亿元，占 42%，这一比例明显低于大同镇，这与本书的理论分析框架相吻合。与此同时，塘栖镇 2010～2012 年完成基础设施投入 21.5 亿元，形成便捷畅通、运行安全的市政设施网络，提升新城承载与辐射能力。此外，塘栖镇投资 1300 万元，实施农村道路改造工程，完成公交通村率达 93%；实施农村二次改水工程，改造提升农村自来水管网。安排电信、移动、联通等综合通信管道，2010～2012 年投资 1000 万元，增加用户 3420 户，入户率达 61%。投资 800 万元，提高投资有线电视数字信号覆盖率，实现了数字电视双向网络覆盖面达到 82%，数字电视入户率达到 85%。总而言之，塘栖镇联合各类资本，不断加大对教育、卫生、文体、就业、社保等各项社会事业的投入，逐步形成了城乡统筹、结构合理、保障有力、普惠均衡的城乡一体化建设发展网络，城乡协调发展格局逐步完善。

3. 起步阶段的专业市场带动型：淳安姜家镇

姜家镇坐落在千岛湖西南湖畔，是千岛湖的西大门，千岛湖最大的原生态次生林带和广袤的湿地灌丛位于姜家镇镇域内，具有千年历史的原遂安县城—狮城先民徙居之地，传承了新安文化和遂安文脉，有着深厚的历史文化和丰富的地域风情。姜家镇的功能定位是“千岛湖西南旅游服务中心、影视文化风情小镇、特色旅游综合体。”姜家镇依托《姜家镇旅游规划》以“和谐、生态、可持续”为原则，实施“错位发展”、“创新竞争”与“区域协作”战略，接轨“三清山、黄山、武夷山”，定位长三角城市居民为旅游消费群体，推进以“运动、体验、度假”为主题的旅游项目建设，与中心及东南湖区形成错位发展，构建千岛湖旅游的新产品与新形象，成为千岛湖旅游经济发展新的增长极。

姜家镇立足本地资源特色，发展旅游业之外，积极发展生态农业建设，推动农业产业化经营，促进农村经济结构调整，引导“家庭经营+合作组织+市场”产供销一体化的农业经营模式。做大特色优势产业，巩固“郁川溪两岸茶桑，库区沿湖水果和小竹笋”的传统主导产业发展格局，优质桑园面积稳定在15000亩，茶园7000亩，水果6000亩，小竹笋面积3000亩。同时大力发展高山蔬菜、黑木耳、杨桐、中药材、特种养殖等特色产业共同形成姜家镇优势产业群。推动生态休闲观光农业发展，策划农业蔬果采摘等农家乐体验活动，使旅游、农业互促发展。政府对旅游业的投资，从2005年的1.2亿元到2012年3.9亿元，服务增加值从6.7亿元增加到14.2亿元。姜家镇的总收入和财政收入年均增长率分别达到25%和30%。2012年，城镇居民人均可支配收入近万元，农村居民人均纯收入8932元，城乡收入差距由2005年的1.91缩小到2012年的1.73。

三、三种模式的比较分析（见表3-1）

1. 模式主体不同

工业区推动和基础设施建设推动下的城乡一体化模式的主体是政府政策的引导，而专业市场带动下的城乡一体化模式是一种自发的，基于中心镇的资源环境特色，发挥优势产业，政府的作用发挥较小，主要依靠市场规律来进行资源的优化配置，利益最大化，从而推动城乡经济的共同发展。不同的主体对城乡一体化的推动力量是不同的，对城乡一体化推动方向也是不同的。工业园区驱动模式主要对中心镇产业进行合理有效的整合，而基础设施建设推动模式则能提升中心镇的服务功能。专业市场带动能增加农民收入，发挥市场作用，推动农业产业化、现代化。

2. 表现形式不同

工业园区驱动中心镇推动城乡一体化，是一种政府为主导的，依赖政策引导所进行的，可以概括为“自上而下”的城乡一体化发展模式。工业园区建设驱动模式主要特点是政府的政策指向性明显，具有强烈的政府意愿，通过政府强力组织。在中心镇工业发展水平处于中期时，有一定的工业基础，这时候选择工业园区建设，集中优势产业，优化产业结构，可以最大限度地发挥中心镇区域经济增长极的作用。工业区推动城乡一体化模式的优点在于能迅速地提升中心镇工业化水平，对农村腹地产业的结构的转换升级具有良好的带动作用，规模效应对土地资料的整合利用，减少了工业化过程中的土地资源浪费。不足点是集中搞工业化建设，容易造成环境污染，工业企业的废气、废水、废渣等的排放容易对中心镇的生态环境造成破坏，不利于城乡一体化的可持续发展。

基础设施建设推动下的城乡一体化也是一种“自上而下”的模式。通过财政拨款、民间融资等方式选择基础设施建设较为薄弱的中心镇进行投入建设。其优点是对中心镇的公共服务功能有一个很快速的提升，为将来发展小城市奠定物质基础，缺点在于大量资金用于基础设施建设，占用资金量大，经济产出效益小，很难在短时期内体现出城乡居民收入差距的缩小，对城乡一体化的推动作用是一个缓慢的过程。

专业市场带动下城乡一体化是一种“自下而上”推动模式，基于市场力量对农村地区特色资源进行整合，转型升级，创新新型产业，发展服务业，将第一、三产业进行有效整合，能充分利用农村自然资源，并且可以快速增加农民收入，加速了农业现代化、产业化建设，对城乡之间产业结构重组、整合利用资源，推动城乡物流、产业、文化一体化。专业市场带动模式的优势是在农村地区可以提高农业生产率，提升农产品附加值，有效解决了三农问题，也是新农村建设的保障因素。不足是专业市场推动对市场的依赖性强，这就需要产业要不断掌握新技术、新信息，运用现代科技手段对农村的经济发展做出合理调整。

表 3－1　　　　三种模式比较分析

模式	主体	表现形式	优势	不足
工业园区驱动	政府	“自上而下”	集中的工业化建设可以快速提升经济实力	容易造成工业化的过于集中，环境污染，资源浪费
基础设施推动	政府	“自上而下”	迅速提升中心镇服务功能，奠定城乡一体化物质基础	投资大，产出小，规模效应难以发挥，推动城乡一体化进程缓慢
专业市场带动	市场	“自下而上”	可以充分利用本地资源条件，发挥资源优势	市场依赖性强，需要不断创新，掌握新技术

3. *模式之间内在联系*

中心镇推动城乡一体化的各种模式之间并不是孤立存在的，而是相辅相成的有机整体。中心镇在推动城乡一体化过程中模式多种多样，并不仅仅局限在以上三种模式，模式之间又是相互交错进行。在现实中有些中心镇在工业园区模式推动下，又有专业市场推动，两种模式共同作用下带动了基础设施建设，基础设施又反过来推动另外两种模式的演进。三种模式分别在时间和空间维度不同程度的推动城乡一体化进程，工业园区为主的推动模式下，专业市场推动为辅，基础设施建设为城乡一体化载体。

四、中心镇推进城乡一体化的阶段性特征

在中心镇的不同成长阶段，政府对中心镇的投入支持力度不同，继而对城乡一体化进程的推动作用具有阶段性差异。在推进城乡一体化的过程中，中心镇经历初始阶段、成长阶段、成熟阶段三个发展阶段（见图 3－3 和表 3－2）。

表3－2　　　　中心镇改革发展的阶段性特征

发展阶段	工业化程度	服务业水平	基础设施	政策导向	推动城乡一体化的作用	城乡一体化程度
初始阶段	欠发达	较发达	较差	政策力量最大，对政府政策引导依赖性很强	逐步增强	较低
成长阶段	发达	发达	一般	政策引导，政府与中心镇协作，对政府依赖性较弱	较强	不断上升
成熟阶段	较发达	欠发达	较好	政府逐步退出中心镇的建设，政策导向在于克服市场失灵，中心镇内生能力较强	比较稳定	很高

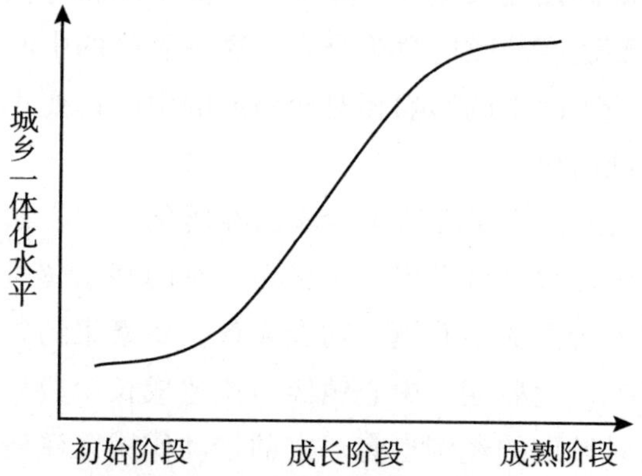

图3－3　中心镇发展阶段因素分析

初始阶段：处于初始阶段的中心镇发展水平较低，推动城乡一体化进程主要靠政府带动。政府对中心镇进行总体规划，对土地制度、户籍制度、社会保险制度、医疗、教育卫生事业的投入，以及基础设施的建设实行总体安排，是一种自上而下的城乡一体化模式。政府作为城乡一体化的投资者和组织者，按照城乡一体化目标要求，运用行政、政策手段集中各种要素，有计划地对中心镇实施投资建设。在这个阶段，中心镇的发展具有强烈的政府指向性，政府的力量要大于市场的力量。在这种情况下，优点是能快速地发展中心镇，从而对其他欠发达农村地区起到一个带头示范的作用，缺点是这种方式往往投资来源单一，政治、文化等力量优于经济因素，中心镇自身发展能力较弱，一旦政府退出，撤销投资，中心镇往往会陷入比较被动的境地，甚至出现经济倒退现象，从而严重影响城乡一体化发展。

成长阶段：处于成长期的中心镇，工业化和城镇化是带动其发展的双轮，中心镇处于快速增长阶段。在此阶段，政府的力量在中心镇建设规划中往往同市场保持一个互相协作的关系。政府和市场在推动经济发展的过程中同等重要，政府的重要作用在于避免中心镇快速发展过程中所带来的交通拥挤、环境污染、人口压力大等“城市病”现象。与此同时，此阶段的中心镇通过基础设施共建、产业共树、要素流动等快速推动城乡一体化，但此时也需要适度的政府政策介入。这一阶段的中心镇已逐渐发展起内生增长能力，外生因素的影响相对初始期的中心镇要小，因而必要时政府可以在某些领域退出。

成熟阶段：政府的力量在这个阶段已经弱化，中心镇的发展完全依赖内生增长机制。中心镇经济发展水平很高，有的甚至超过了城市的经济发展水平。处在这个阶段的中心镇，功能完备，要素集约，人口集中，产业集聚，往往处于工业化后期。中心镇经历快速成长阶段后，对农村经济的带动力量强大，对城市的经济也有一定的带动作用，政府对中心镇的规划调控基本已经完成，政府调控力量的退出基本不会影响中心镇自身的发展。这时候的中心镇发展带来的规模效益和集聚效应对城乡一体化进程起到关键性作用，对农村腹地的辐射效应也将有效的缩小城乡差距，从而能极大地推进城乡一体化发展。

需要说明的是，中心镇改革发展处于动态演化中，各因素发挥的作用不同，对城乡一体化的影响程度也不同。不同地区不同时期的中心镇，其推动城乡一体化作用是具有阶段性特征的。因此，各级政府应根据中心镇发展的阶段性特征制定差异化的中心镇改革发展战略及政策。

第四节 中心镇重组的模式选择

一、中心镇的重组模式

中心镇的重组是指中心镇之间的重新组合、整合，强调的是对中心镇体系的重新梳理、理顺关系和架构新的关系，从而实现中心镇体系的空间、产业及功能布局合理、结构自洽，最优化地配置和利用中心镇体系资源。根据产业、功能以及已有的经验和当前存在主要问题，当前中心镇重组主要有以下 5 种模式。

1. 乡镇合并模式

乡镇合并着眼于采用刚性的手段来扩大乡镇的空间范围，从而增强乡镇的实力。此种模式一般适用于城镇高度密集的区域，资金、用地指标、项目都向其倾斜，被合并弱镇的镇区可以作为集镇一级的社区行政服务中心、文化卫生服务中心来进行建设。此外，如果两个（或以上）的区域强镇镇区地理上比较接近，从而可以将它们整合成一个镇区，建设成为新市镇的中心区域。在现实中，也可以是上述两种情况的混合形式。

上述模式在中心镇的实际发展过程中也存在众多案例。例如，浙江省宁海县岔路镇、前童镇以及桑洲镇三镇，均位于宁海县西南部，其中岔路与前童两镇的镇区相距不到 4 千米。前童镇为国家级历史文化名镇，浙东民俗旅游基地和宁波市特色休闲重点镇。而就在毗邻的岔路镇则为宁波市中心镇、宁海县西南部中心和以现代工业为主导产业的生态城镇。与此同时，桑洲镇与岔路镇镇区也相距仅 6 千米，桑洲与前童镇相距仅 8 千米。目前，由于 3 镇规划编制各自为政，造成了各区的发展规划往往小而全、产业发展“低、小、散”，各类基础设施重复建设、资源配置效益低下等问题。此外，在管理体制上，除了市县两级行政主体外，还有三镇的开发建设管理机构，多重主体管理，使得空间被人为分割，事权重叠，工作相互干扰，使该区区域城乡统筹规划也较为困难。

由上分析可知，三镇基本符合合并条件。合并的目标空间布局为：三镇合并后作为宁县的一个新市镇，以前童和岔路作为组合镇域的中心，同时以甬临线和高速路形成的工业发展轴，以白溪和梁皇溪形成的旅游发展轴，以北部和西部山区形成的自然生态旅游片区和白溪南侧山区形成的山林特色农业区，构筑起岔路组合镇“一心、两轴、两片”的功能区划。在此模式中，岔路和前童镇区相向发展，逐步走向融合、从而适度控制桑洲的发展规模；此外，远期可以以高速公路为发展轴线，实现岔路和前童镇区的一体化发展，同时并以岔路、前童的现有镇区为核心，以白溪、上金、湖头、竹林、岭南和桑洲六个中心村为节点，构筑“一核六心”的村镇体系。

当然，上述合并乡镇是一种行之有效的、操作性较强的一种新市镇模式，但也要避免“形合貌不合”的局面，从而做到乡镇间发展空间的整合，产业发展空间和管理体制机制的整合。

2. 县辖区模式

县辖区模式是一种在中心镇重组区域成立县辖的区政府，原乡镇府成立街道办事处被由区政府统一领导的中心镇重组模式。此种模式下，县辖区政府具有部分县（市）具备的经济管理权限。例如，在行政审批方面，县（市）政府可以将项目审批、国土、工商登记、环保等市级审批权限尽可能下放到区政府，由区政府按照相关政府和权限进行审批，并报市相关职能部门备案；在行政执法方面，县（市）政府可以将建设局、行政执法局、环保局、劳保局、农林局等五个部门的检查权和部分行政处罚权，通过委托授权的方式下放给区政府，由区成立相关分局，各分局按照政策规定和程序行使相应权利；在财税政策方面，可以考虑实施差异化政策，加强向中心镇财税倾斜，增加财政投入和税收返还额度，同时可赋予区政府相对独立的财权，将区域内的土地出让净收益全部返还给县辖区。不难发现，这种模式一般适用于若干实力雄厚、相对均衡又各有所长的“弱中心”城镇群的重组。例如，温州乐清市的乐成、柳市、虹桥和北白象等镇。

乐清市的乐成、柳市、虹桥和北白象等镇位于市域中南部的平原地区。伴随着城镇化进程的推进，乐成、柳市、虹桥和北白象四镇沿着104国道、甬台温高速公路快速发展，彼此之间的空间距离越来越短，呈现出连绵发展的态势。例如，虹桥镇距离乐成镇15千米，柳市镇距离乐成镇9千米，北白象镇紧靠柳市镇的西南面。此外，从所处的空间地域来看，四镇的自然条件、交通区位也非常接近。然而，长期以来，四镇由于各自为政和特色产业发展使得它们成为了区域弱中心。例如，柳市镇以低压电器为特色产业，虹桥镇以电子元器件和仪表仪器为特色产业，乐成镇以机电产品为特色产业，而北白象镇以低压电器和体育用品为特色产业。通过这些特色产业集群的发展，四镇之间形成了各自的竞争优势，并通过不断扩大规模共同推动了区域工业化和城镇化进程。但上述各自为政的现实又严重制约了各镇规模效益和集聚效应的进一步发挥，限制了四镇的长远发展。因此，十分有必要通过新市镇管委会等模式推进空间重组，从而实现中心镇间的优势互补。

3. 中心镇功能区模式

中心镇功能区是对地理上相近、功能类似和规模相当的中心镇依据某一特定特征划分出来的小城镇组合区域。小城镇功能区组合模式考虑了各中心镇之间的相似性，彰显了中心镇所在区域的特征和特色，有利于区域内外之间的经济交流与合作，有利于促进中心镇所在区域的经济协调发展、产业分工协作和环境污染、基础设施等的共同治理与建设。宁波市鄞州区的瞻岐镇、咸祥镇、塘溪镇、横溪镇和云龙镇五镇比较适合此种模式进行整合。

上述鄞州区五镇区位条件优越，资源禀赋丰富、生态环境良好，在鄞州乃至宁波市都占有比较重要的战略地位。就目前来看，瞻岐镇、咸祥镇、塘溪镇三镇属于象山港区域的组成部分，是一个相对完整的经济地理空间单元。三镇地域相连、产业相近、人缘相亲、文化相融，区域合作具有良好的基础。相对而言，该三镇与云龙镇和横溪镇的经济联系较弱，发展水平和发展模式差异显著。但是，随着象山港大桥、沿海中线等重大项目的开工建设，五镇将日益成为一个整体，五镇之间将呈现协同发展的基本格局。然而，针对它们该区的产业特色和经济地理空间特征，新市镇模式可能不利于有效重组该区域，所以，小城镇功能区模式更为可行。在此过程中，由政府主导和市场化运作，按照经济社会协调发展、生产要素集聚、行政效能提高和基础设施共享以及资源合理配置等原则，形成“象山港大桥经济功能区”，考虑将咸祥镇建设成为滨海小城市，瞻岐镇、塘溪镇、横溪镇建设为特色镇，而云龙建设成为特色功能区，从而形成“小城市—特色镇—特色功能区”三位一体的中心镇功能区。

4. 中心镇共同体模式

与前述3种模式不同，中心镇共同体模式是一种基于共同利益和共同特色的多个中心镇组合而成的利益联盟，它既可以实现同一个县（市、区）内的中心镇重组，又能实现跨县（市、区）中心镇之间的重组，因此，共同体模式与前述3种模式在空间范围上是一种拓展。这种共同体模式基于两大原则建立。一是因地制宜。中心镇共同体的建立应根据各中心镇相应的自然条件、历史文化、产业特色、交通和区位条件，选择具有类似特征的中心镇作为共同体建设的对象；二是自愿加盟原则。与前3种模式不同，共同体模式是建立在自愿互利基础上的利益联盟。

中心镇共同体的管理机制可以为协作联席会议。该会议由参加共同体的中心镇各自派一名镇长或专门负责此事的副镇长作为代表出席。联席会议是共同体最高议事机构，专门负责起草章程、制定规划、决定共同体的重大事物。联席会议可以定期轮流在各中心镇召开。同时，为更有效地协调各中心镇之间的行为，可以由上级政府派相关负责人参加协作联席会议。

显而易见，共同体模式能够突破县（市、区）的行政管理体制、财政体制的制约，整合具有共同发展特征和发展问题或机遇的中心镇相关资源，协调合作解决改革发展过程中的重大问题，从而给参加共同体的中心镇带来更大的规模效益和集聚效益。例如，嘉兴市秀洲区的洪合镇和桐乡市的濮院镇都是全国闻名遐迩的羊毛衫市场大镇，毗邻的海宁许村镇和桐乡市大麻镇都是“被面装饰布之乡”。如果四镇能够基于各自优势，取长补短而实现重组，显然能够产生合作剩余，共同解决改革发展中的共同问题。

因此，上述基于共同利益的中心镇共同体模式，通过协作联席会议和统一协商编制共同发展规划，有利于避免对中心城市、各中心镇的行政等级定位依赖，以空间拓展、利益共享等方式实现空间布局优化和优势互补，从而为今后中心镇跨县（市、区）合作提供基本合作思路和空间。

5. 县辖市模式

县辖市模式是一种通过体制创新，从根本上解决新市镇建设体制问题的中心镇功能提升模式。其具有以下四大特征：（1）县辖市下新市镇的隶属关系不变，仍归属县领导，由县统筹；（2）县辖市下新市镇的空间范围适度，不搞“切块设立新市镇”，从而实行“城乡合一”，因此其范围大体为经过调整的各乡镇范围；（3）县辖市下新市镇的名称不与县同名；（4）县辖市下新市镇的建成区人口集聚规模随着经济发展水平、产业集聚能力等动态变化。此种模式与学界经常提到的“镇级市”相类似。镇级市模式目前仅存在于我国台湾地区，比如台北县就有板桥、三重、中历等县辖市。然而，随着中国大陆东部发达地区县域经济的发展，建立县辖市的呼声早在民间高涨，但正式出现在官方文件中，温州是第一个。因此，在一些实力强大的中心镇建立县辖市管理模式是城镇管理体制改革发展的必然趋势。

由于县辖市中心镇重组模式将给予新市镇县级市管理权限，因此，这种模式一般适用于实力较强的中心镇。例如，浙江各地出现的不少强镇，玉环珠港、苍南龙港、苍南灵溪、临海杜桥、慈溪观海卫、桐乡崇福和濮院、路桥金清、温岭泽国、乐清柳市等都是实力雄厚的中心镇，它们具有十分强大的集聚和辐射能力。但是由于受到体制和机制的制约，这些大镇的城镇管理、经济发展等方面也存在较为严重的问题，迫切需要通过空间优化和体制创新释放发展能量，而“县辖市”模式则可率先在这些中心镇实施和推广。

二、中心镇重组的政府与市场互动阶段分析

鉴于现阶段我国市场经济体制尚不健全，以及政府在城市建设中的主导地位，本书认为，上述中心镇改革发展过程中的重组必然也是一个政府主导与市场互动不断交替进行的过程。政府与市场在城镇建设中并没有泾

渭分明的界线，而是表现为机制的融合和动态变化过程中的不同侧重（王玉梅；2005；李萍等，2005；马力宏，2008）。对此，本节提供一个互动演变模式，如图 3 –4 所示。

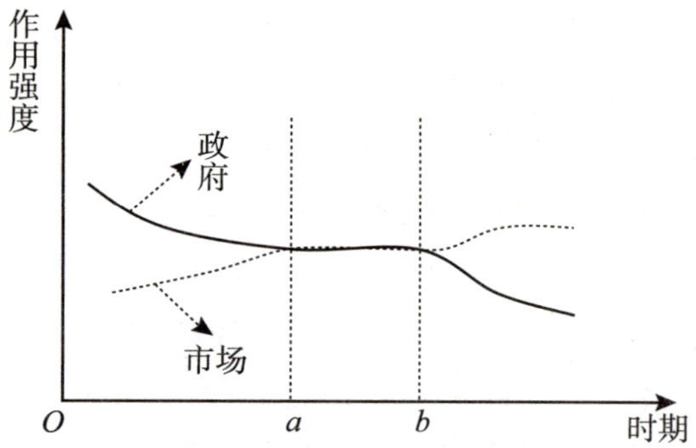

图 3 –4　中心镇重组的政府与市场互动演变过程

（1）第一阶段：政府主导期，如图 3 –4 所示的 *oa* 阶段。这一时期中心镇重组建设的主要特点是：政府在城市建设中担当主导者，对要素流动、资源配置等建设内容具有较强的诱导性和调控性。在这一时期，市场较多地影响企业决策，而对其他领域缺乏影响力。*oa* 阶段的长短取决于市场体制在中心镇重组建设中的作用力度。通常来讲，该阶段持续时间较长。合理安排 *oa* 段期限，是实现中心镇重组成败的关键。随着重组进程的推进，市场作用力不断增强，政府调控力度应适当降低。但市场只是较多地充当政府制定政策的客观标尺和获取建设信息的重要途径。因此，应高度重视政府制度创新和决策制定，充分发挥政府作用，以政府这只“有为之手”来弥补“看不见的手”所缺失的重组动力。

（2）第二阶段：过渡期，如图 3 –4 所示的 *ab* 阶段。这一时期政府和市场对中心镇重组建设具有同等作用效力。就 *ab* 段来看，中心镇重组进程中，包括企业、产业的自发集聚等市场力量将发挥越来越重要的作用，政府主导与市场化力量的互动与合作成为重组的合作性力量。跨越点 *a* 是中心镇重组的重要一步，此时决定着企业、生产要素等能否成为中心镇重组的重要力量。从经济学角度分析，*ab* 阶段不应持续太长，应继续加强对市场的培育，通过进一步增强市场作用促使政府逐渐从“越位”中退出，最终实现中心镇改革发展的合理化和市场化协调推进。因此，就中心镇重组建设的目标来看，应不断推进这一阶段向更为高级的第三阶段演进和跃迁，以带动企业集群、市场化主体、农村区域的协调发展。

（3）第三阶段：市场主导期，即图 3－4 所示 b 点右侧阶段。在这一阶段，市场成为推动中心镇之间资源优化配置最为有效的方式，而政府仅起到辅助作用。以市场机制推动中心镇重组改革与建设，不仅有利于促进要素集聚、节约成本，而且提高了效率。经过前两阶段的对中心镇体制机制进行市场化取向的改革，使得市场在中心镇重组建设中的主体地位得以确立，市场的作用扩散至中心镇改革与发展的各个领域，政府主导作用逐步弱化，“越位”现象基本消失。值得指出的是，政府的主导作用不再存在，但并不是说政府可以无所作为。相反，政府应该在促进中心镇统一市场建设、产业要素充分流动、功能优化等方面进行政策创新，从而从外部环境优化角度支持中心镇改革发展与重组。

通过以上三阶段分析，本节认为中心镇重组建设应实行政府主导与市场合作相互交替模式。在重组初期，政府主导力量是不可获缺的，政府通过发展规划、发展战略、政策调整等协调各中心镇经济社会发展进程，优化区域中心镇空间布局和产业配置；然而，在重组的中期，随着企业、市场主体等力量的增强，市场推进产业、人口集中或转移的机制逐步形成，从而市场力量与政府作用并驾齐驱，中心镇改革发展在政府和市场协调互动下得以推进；在重组后期，政府在产业发展、市场建设、要素集中等环节的主导力开始减弱，大企业、产业联合体、专业市场集群、乡村发展综合体等主体的力量已然成为主导力量，中心镇重组，进而改革发展开始走入以政策创新与环境优化为主要特征和任务的高级阶段。

三、案例：浙江省义乌市佛堂镇“县辖市”模式的初步实践①

义乌市佛堂镇是全国 25 个“经济发达镇行政管理体制改革试点镇”

① 资料来源：陆立军．强镇扩权与小城市建设——以义乌市佛堂镇为例（研究报告），2012 年．

和浙江省 27 个“小城市培育试点镇”之一。全镇区域面积 134.1 平方千米，户籍人口 8.03 万，常住人口 18.3 万。佛堂镇历史悠久，享有“千年古镇、清风商埠、佛教圣地”的美誉。2011 年实现地区生产总值 55.6 亿元，工农业总产值 201.47 亿元，财政总收入 5.8 亿元，城镇居民人均可支配收入 34250 元，农民人均纯收入 19251 元。

1. 政府管理体制创新推动“县辖市”建设

县辖市的实质是赋予经济强镇权力，让镇级政府承担起建设城市的职能，由镇级政府承担起县级管理的能力，推动城镇向城市转型。近年来，义乌市政府向佛堂镇下放了包括村庄建设、规划审批、婚姻登记等在内的 112 项县级社会事业管理权限，激发了镇发展的活力。通过创新“条块结合、以块为主”的“大综合”行政执法管理模式，解决了镇政府“看的见，管不着”、“管的着，看不见”的弊端，以及多头执法、权责交叉、执法机构重复设置等问题。

2. 政府主导的市场化建设模式

如前分析，在中心镇重组建设初期是一个由政府主导、市场辅助的发展阶段。考察佛堂镇建设发展历程，其在推进县辖市建设的过程中，无论是从城市规划设计到具体建设实施，还是从政策制定到监督执行，佛堂镇党委、政府都发挥了主导性作用，而市场为“县辖市”建设提供了动力支撑。

（1）政府主导小城市建设。

佛堂建设“县辖市”的经验表明，政府是建设的主动力，对推动经济、社会发展发挥了主导作用。义乌市政府根据佛堂镇建设“县辖市”的需要，制定了《义乌市佛堂镇总体规划（2009～2020）》、《义乌市佛堂镇小城市试点（2011～2013 年）三年行动计划》，对“镇级市”建设的整体布局及各项内容提出了明确要求。例如水、电、气等基础设施的建设均由政府投资规划建设，环卫、医疗、教育等事业的发展也由政府出资推动。为使“县辖市”人口达到建设标准的要求，佛堂镇实施户籍制度改革，以及迁村并点工程，加快农民市民化进程。通过完善基础设施，优化工作环境，吸引劳动要素向城市流动。为实现企业的规模经济和产业的集聚发展，以及资源的集聚节约利用，政府对产业结构的调整给予了规划和指导，依托佛堂镇古镇历史及浓厚的佛教文化底蕴，大力开发旅游产业；通过工业园区建设实现企业的集聚生产；稳步推进土地整治，加快农村土地开发复垦工程和土地流转工程，建设现代农业生态园区，大力培育农业龙头企业，创建农业品牌。据统计，2011 年，佛堂镇共实施 56 项建设项目，其中工业经济类项目完成投资 13.24 亿元，商业住宅类项目完成投资 3.54 亿元，基础设施类项目完成投资 1.23 亿元，社会事业类项目完成投资 4418 万元，生态环境类项目完成投资 2780 万元，公务服务和体制创新类项目完成投资 3600 万元。

（2）市场提供动力支撑。

佛堂镇以市场作为获取建设动力的重要抓手，不断增强市场融资能力。一是鼓励市场融资，走出财政不足困境。财政资金不足是制约经济发达镇向小城市转型的主要瓶颈。佛堂镇民间资本雄厚，通过放宽民间资本准入门槛弥补财政紧缺困境。通过引进金融分支机构，鼓励民间融资，以筹集建设资金，增强市场融资能力。据统计，截至 2013 年，佛堂镇现已吸引工商银行、农业银行等 6 家金融机构在佛堂设立了营业网点。二是充分利用义乌市场优势，为小城市建设提供资金支持。佛堂镇发挥临近义乌国际商贸城的区位优势，并结合自身文化特色，建立购物旅游基地，发展休闲购物旅游产业。同时，加快推进饰品、无缝织造、工艺品、文体用品等文化旅游工艺品优势产业和特色产业。此外，以工业集聚区建设为抓手，着力打造先进制造业基地。以工业功能区为依托，重点提升原有产业，积极引导现有企业加大技术改造力度，不断提高产品科技含量和附加值，实现制造业基地整体发展层次渐进提升。

（3）政府与市场协同互动。

综上所述，在发挥政府主导作用的前提下，当前，佛堂镇充分利用发挥市场机制推进小城市建设，优化资源配置和产业、城镇空间布局，市场与政府实现了一种初级互动。不难发现，由于佛堂镇县辖市建设正处于起步期，政府起着主导作用，市场力量较多作用于经济领域，而对社会事业领域的影响力较弱。目前，政府与市场的互动尚未达到合理状态，互动的效应也远未实现最大化。客观而言，从长远角度来看，市场机制不健全对小城市的发展具有不利影响，因此，佛堂镇县辖市建设的政府与市场互动应从政府主导期向过渡期转变，从而使政府在“县辖市”建设中不断完善市场机制，合理安排政府主导的时间长度和力度。

第四章

中心镇与“四化同步”的关系模式

第一节 “四化”分离的原因及后果

一、“四化”分离的原因

党的十八大报告提出“促进工业化、信息化、城镇化、农业现代化同步发展”的“四化”内容，与之前的“三化同步”相比，信息化是“四化”中的新内容，表明信息化是和工业化、城镇化和农业现代化具有相同地位的国家战略。改革开放经历三十余年，我国的工业化率和城市化率已高于世界平均水平，根据《信息化蓝皮书》（2012）的介绍，我国的信息化水平也达到了中等发达国家水平，目前农业现代化是“四化同步”进程中的短板。造成“四化分离”的原因主要有以下5个方面。

（1）对“四化同步”认识不够深入。由于受到传统观念“重工轻农”思想的影响，几十年来我国对第二产业的重视程度较为明显，目前也有很多学者认为工业创造的效益要远高于农业，工业也能创造更多的就业机会，为政府提供更多的税收收入，工业的土地利用效率也更高，因此各地到目前还在大力发展工业，各色工业园区建设在全国各地热火朝天建设，丘陵、缓坡、滩涂湿地等土地均被地方政府开发为工业园区，农业的发展在很大程度上受到削弱。此外，很多人认为工业化水平提升了，其他“三化”自然就会发展起来。但是，事实往往没有简单地加快提升工业化水平那么简单。例如，工业化和农业现代化之间如果没有平衡点，一味强调工业化的重要性，农业的最基本要素土地的流失则不可避免，从事现代农业劳作的人才面临缺失，农业现代化的实现必然受到影响。还有工业化和城镇化的关系，若没有制定合理的政策制度，工业化的发展对城镇化甚至会造成负面作用。外来人口和农村人口向工业发达的城镇集聚，会带来一系列的“城市病”，若政府没有及时采取相应措施，城镇人口激增、环境恶化、基础设施欠缺等各种弊端将会显现，影响城镇化的正常发展。

（2）利益分配不尽合理，地域空间难以协调。“四化同步”情况在我国不同区域的发展程度差异较大，东部沿海地区的“四化同步”进程较快，城乡一体化水平较高，但是农业发展较慢，主要是由于东部地区人多地少，地方政府相对重视第二三产业的发展，这就牺牲了第一产业的发展，多数省份粮食难以做到自给自足，需要从外省甚至国外进口粮食才能满足本省的粮食需求。根据《中国经济周刊》（2012）统计，上海、北京、天津、广东、浙江、福建、青海、海南成为最缺粮的8个省份，其中又以上海为最，其自给率不到13%，严重不足。产粮大省却往往在经济上较为落后，产粮大省或产粮大市长期贫困的现象依旧严峻。以黑龙江与广东两省为例：2009年，产粮大省黑龙江的粮食总产量4353.0万吨，人均粮食占有量1136.2千克；广东粮食总产量为1314.5万吨，人均粮食占有量126.0千克，前者分别是后者的3.3倍和9.0倍。同年，黑龙江省一般预算收入641.7亿元，其中税收收入441.3亿元；而广东省一般预算收入3649.8亿元，其中税收收入3130.6亿元，后者分别是前者的5.7倍和7.1倍。如果一味地要求产粮大省保证粮食供应而不提供足够的政策支持，那么区域发展水平的失衡将会更加严重，对于国家整体的“四化”进程带来较大的负面影响。

（3）资源配置不尽合理。在我国的“四化同步”进程中，资源的流动和配置是一个矛盾的过程。在土地的利用方面，18亿亩耕地红线是土地开发的底线，如何保证工业化和城镇化进程中的土地需求则是各级地方政府面前的难题。同时，征地过程中如何保护农村居民的合法利益，防止恶性事件的发生，同时又要保证工业化过程中能够获得较低的土地使用成本，这也是影响“四化同步”顺利推进过程中的地方政府需要妥善解决的问题。在人口因素方面，城镇化进程中大量农村人口进入城镇工作和生活，这些人中，多数具有一定技能或者有较高学历，他们能够进入企业从事智力劳动，获得较高的收入，因此进入城镇生活的难度较低，这就导致留在乡村从事农业生产的人群主要是一些年迈体弱者，导致农业现代化难以实现。在有限的资金使用方面，新农村建设和城镇化这两个过程需要找到平衡点，新农村建设的投入过大，农村人口不愿迁往城镇，同时导致城镇基础设施建设资金不足，影响城镇化的推进；新农村建设的投入缺乏，新农村建设步伐过慢，城乡差距继续扩大，影响社会和谐稳定。类似这类两难的问题还有很多，是“四化同步”进程中不容忽视的障碍。

（4）法律保障体系尚未完善。法律体系的完善是复杂且漫长的过程，因此“四化同步”快速推进的过程中，法律的完善未能及时跟上时代的步伐，导致一系列问题的产生。例如城镇化鼓励农村人口向城镇转移，但是农村人口也因为城镇化而失去了赖以生存的耕地，失去了生活的来源，因此农民往往难以接受土地被征用的现实，而地方政府出于多重原因会采取各种手段征地，处于弱势的农民没有法律的保护难以得到合理的补偿和安置，导致了征地过程中出现一些恶性事件。这就要求政府完善农业用地入市政策和法律，保护农民在土地流转过程中能够获得法定的收益。在这一点上，我们可以学习日本的经验。日本的农地转让过程中，政府担任了最为重要的角色。在土地的流转形式、利益分配、权利义务、市场准入等各方面做出详细规定，有了法律的规范，政府使用土地的过程变得顺利和快速，各方的利益得到保护，这也对日本顺利实现农业现代化提供了保障。

（5）投资农业资金不足。根据现有数据显示，2012 年我国全年社会固定资产投资共计 37 万亿元左右，其中投资于第一产业的份额不足 1 万亿元，而投资于第三产业的份额达到近 20 万亿元。固定资产投资是实现社会固定资产再生产的一种主要手段，主要途径是通过建造和购置固定资产的一系列活动。由此可以看出，我国政府和社会在各产业之间投资规模差距较大，对于农村、农业的固定资产投资力度较弱，这将影响到农业现代化的顺利实现。投资于农村、农业的资金不足，导致农村经济社会发展的滞后和农业现代化进程的迟缓，这也会影响工业所需的各类原材料的供给，导致工业生产成本提高，国际竞争力降低。农业现代化的迟缓也会阻碍农村剩余劳动向城镇转移，影响城镇化进程。因此，在统筹城乡发展的过程中，应兼顾农村、农业的发展需求，加大对农业现代化的支持力度，为“四化同步”的实现扫除障碍。

二、“四化”分离的后果

“四化”分离造成的后果，我们可以先反观历史。20 世纪 30 年代左右，美国经济出现大萧条，其中的主要原因就是当时美国的工业化快速发展，产能急剧扩张，而农村、农业的发展较为滞后，农产品价格被强制压低，农业发展受到很大限制，农民生活陷入困境，造成社会生产大循环难以顺利进行，工农业产品发生大量积压。当时美国的罗斯福总统就强调扩大农村消费需求，提高农村人口的购买力，采取政府补贴农业，提高并稳定农产品价格等措施，鼓励了农业的发展，较大程度地解决了工业产品滞销的困境，为美国在随后的发展奠定了基础。从那时起，美国等发达国家开始重视运用政策手段和财政补贴等方式对工业化、信息化、城镇化和农业现代化进行调控，有效化解了矛盾，促进了社会经济发展。而一些拉美地区国家过度追求工业化速度，忽视农业发展的重要性，放任农村人口无序流向城镇，造成“四化”严重分离，经济发展长期停滞不前。因此，我们必须正视我国在经济发展过程中“四化”分离的问题，采取多种措施阻止“四化”分离的扩大，下大力气解决“四化”分离的现象。我国现阶段“四化”分离导致的后果主要有以下几点内容：

（1）农业现代化建设滞后。我国农业现代化建设正快速推进，但相对于其他“三化”的发展速度，农业现代化还是“四化”建设中的软肋。2012 年发布的中国现代化报告表明，我国的农业现代化远远落后于发达国家，农业生产率约为世界平均水平的一半左右，仅为美国、日本等国家的 1%。若以农业生产率、农业劳动力比例等指标的年代差和发达国家进行比较，目前我国的农业发展水平比欧美等国家落后 100 年左右。在这样的情况下，我国的工业化、信息化和城镇化同农业现代化抢夺资源、人力、利益的问题还是较为突出，农业现代化受到较大制约。

（2）土地使用非农化、非粮化倾向明显。“四化”同步的推进过程中，由于利益的驱动，出现违规改变土地用途的现象，地方政府征用耕地进行房地产项目建设或者工业园区建设，以此推高GDP总量以便获得政绩。除此之外，一些原本种植粮食的土地也被转为种植花卉、果蔬等其他高效作物，影响我国粮食储备安全。“四化”分离造成的土地使用不规范、粮食种植较少的后果急需改变。

（3）城乡区域发展不协调。尽管这些年我国统筹城乡发展的力度逐步加大，但城乡差距和区域差距依然较大。受国家行政调控的影响，粮食主产区需要完成规定的粮食产量，但由于粮食价格受到调控而一直偏低，导致粮食生产越多，经济越落后，政府财政和农民收入一直处于较低水平，失去种粮的积极性。工业化、信息化和城镇化的发展，让政府和农民尝到发展带来的甜头，发展工业成为政府部门的重头戏，而农民进城务工带来的收益高于从事农业生产，均会造成粮食主产区耕地性质转变和人力资源流失。此外，政府对失地农民的土地征用补偿只是按照土地的原用途进行计算，补偿金额不到位导致失地农民合法权益受到损失，城乡收入差距扩大。

（4）区域社会经济发展差异扩大。经过改革开放30余年的发展，我国各地区的“四化”水平快速提高，但是区域社会经济发展不平衡也更加明显。东部地区工业化、信息化和城镇化进程较快，农业现代化水平也随之提高。中西部地区工业化发展较快，而与其他三化的协调较弱。东部地区城镇居民收入远高于中西部城镇居民，东部地区农村居民总收入、总支出和纯收入等远高于中西部农村地区，其中东部农村居民的纯收入接近西部地区农村居民纯收入的两倍。东中西部地区城乡居民收入的差异性将会导致这三个区域在统筹发展过程中步伐、效果和水平上不一致，因此在构建“四化同步”的模式过程中，需要考虑不同地区经济基础的差异性，构建适合各地区的“四化同步”发展模式。

（5）城乡居民收入差距仍较大。改革开放30多年了，我国城乡居民的收入都有大幅度提高，物质生活得到较大满足，生活水平有了明显改善。但是根据社科院发布的《农村绿皮书》（2013～2014）显示，2006～

2012年，城镇居民可支配收入增量是农村居民可支配收入增量的3倍，年均增量相差0.5个百分点。20世纪80年代初，城乡居民收入差距约为300元，而到了2006年，城乡居民收入差距达到9784元，2012年的收入差距则为22064元。当然，这组数据没有排除物价上涨的因素，但仍然可以得出农村居民收入增速低于城市居民收入的结论，造成城乡居民收入差距正在继续扩大。这是“四化”分离造成的后果，也是导致“四化”分离的原因。受国家户籍政策、工业化发展需求、工农产品价格差、城乡发展投资力度差别等因素的影响，城乡居民收入差距扩大的现象难以改变，这也制约了农民在改善生产条件方面的投入，影响农业现代化的实现，同时，农村居民收入较低，农村居民的社会保障体系尚未完善，影响农村市场的繁荣，限制社会总需求的扩大，从而对工业化、信息化和城镇化的发展造成不利影响。

第二节 “四化同步”的主要障碍

党的十八大报告中首次提出“四化同步”的观点，提出要推动工业化和城镇化良性互动、城镇化和农业现代化相互协调，促进工业化、信息化、城镇化、农业现代化同步发展，这是保障经济可持续发展的战略对策。目前，我国的“四化”建设已经取得较大的成就，但是还有许多阻碍“四化同步”进程的体制和政策障碍需要解决，这主要体现在：

（1）城乡二元结构。计划经济时期形成的城乡二元经济结构至今影响着我国经济运行，阻碍“四化同步”的前进步伐，特别是在户籍、土地、社会保障等制度方面，是“四化同步”的最大障碍。当前2亿多的农村人口在城市务工，但因为他们依旧在农村有自己的承包地，这是年迈回乡后自给自足的退路。这就导致了农地流转陷入困境，难以实现农业规模化种植，阻碍农业现代化进程。农业用地被政府征用后的收益基本被用于工业化、城镇化发展，对农业发展投入力度相对较弱。另一方面，失地农民的社会保障制度没有及时跟进，造成实现身份转变的农民不能安心就业。总体而言，目前的城乡二元经济对“四化同步”有较大阻碍。

（2）经济增长方式单一。新中国成立初期，我国的经济发展主要依靠农业对工业的补贴实现工业化和城镇化，以国家的行政手段控制农产品价格，为工业发展提供廉价资源。改革开放后，我国的经济增长主要依靠投资和出口两架马车拉动，政府忽视了扩大内需对经济增长贡献的重要性。然而，随着外部经济环境恶化以及人口红利逐步消失，投资和出口对经济增长的作用大幅减弱。依赖投资和出口的经济增长方式造成工业的大规模发展及城镇面积的快速扩大，而农业和农村建设没有得到相应的发展，土地、劳动力、资金等各种资源被工业化、信息化和城镇化侵占，加剧了农业现代化和其他“三化”的差距。

（3）国民收入分配不合理。长期以来，各级政府重视第二产业对GDP的贡献，虽然这一现状目前已有较大改观，但是工农业发展差距巨大、城乡居民收入差距和贫富差距扩大等遗留问题将会阻碍“四化同步”进程。1993~2010年，我国政府财政收入从4349亿元增加到8.31万亿元，增速是城乡居民收入增长速度的两倍以上，财富分配向“政府和企业”倾斜，居民收入被侵蚀。此外，居民之间的收入分配也存在较多问题。城乡之间、行业之间、地区之间收入差距较大，这对社会和谐稳定造成影响，阻碍“四化同步”。例如，城乡差距已从改革开放初期的2.1∶1扩大到目前的3.3∶1，远超2∶1左右的世界平均水平；行业收入差距方面，我国收入最高的行业是收入最低行业的15倍，国企高管的薪酬更是社会平均薪酬的128倍；改革开放初期，我国的基尼系数约为0.28，到了2013年，我国的基尼系数为0.473，远高于0.4的国际警戒线。这些问题的存在，有失社会的公平正义，不利于提高人民的幸福水平，同时会制约我国扩大内需的战略，影响“四化同步”的顺利实现。

（4）财政税收体制不尽完善。我国的财政税收收入是以商品生产流通环节的增值税、营业税和企业所得税为主，而消费税仅占5%左右。在这样的税收体制下，地方政府为获得较大的财政收入，往往更加重视对制造业、建筑业、房地产业等行业的支持，忽略扩大居民消费、农业发展对经济发展的贡献。这就造成政府追求快速的工业化和城市化，采取各种方式引进企业，建设工业园区，开展轰轰烈烈的造城运动，而对收益小、见效慢的农业现代化建设没有足够的重视，这就进一步阻碍了“四化同步”

的实现。

（5）领导干部考核指标片面。长期以来，我国对地方领导干部的考核主要指标就是 GDP 增长速度、地方财政增长速度和城镇建设速度。为了获得政绩，地方领导干部重视发展工业和城市建设，出台各类优惠政策吸引投资，引进各类工业项目，大力支持开发房地产项目，而将农业、农村、农民这“三农”问题置于无足轻重的位置。这样的干部考核机制导致了“重工轻农、重城轻乡”的局面，阻碍“四化同步”的推进。

第三节 “四化同步”与中心镇的关系模式

一、工业化与中心镇的关系模式

工业化与中心镇之间存在协同发展的关系，变现为互动推进的过程。工业往往倾向于迁往具有比较优势的地方，而中心镇相对城市具有土地、劳动力等优势，相对于普通乡镇又具有基础设施、生活环境等优势，工业化向中心镇转移是工业发展的内在需求所导致。工业化发展促进中心镇经济发展、城镇化加快、就业增加、税收收入增加，使得比较优势、集聚优势、分工优势进一步强化，推动中心镇进一步发展。

具体而言，工业活动在中心镇的繁荣和发展必然引起连锁效应，大批和工业发展相配套的产业逐步完善。工业化在中心镇的发展，吸收大量农村剩余劳动力、外来务工人员甚至原本居住于城市的一批人员，势必带动中心镇的商业、娱乐业、餐饮业、交通运输业、地产业的发展，这就要求中心镇能够及时抓住有利时机，优化交通设施、完善公共服务设备、建设住宅小区等措施满足人口向中心镇集聚的需求。一方面，相比大中城市城区，中心镇的交通设施、人才储备等劣势较为明显，但是中心镇有生产成本较低的优势，吸引了大量先进企业入驻，同时培养了大批乡镇企业成为现代企业；另一方面，中心镇自身的发展离不开工业化的支持，现代企业的集聚，是中心镇实现促进经济繁荣、加快城区建设、吸引人口集聚的有效途径，是作为城乡战略节点的中心镇的历史责任。

二、信息化与中心镇的关系模式

信息化是“四化”中的新内容，信息化是当前工业社会向信息社会发展过程中，加快以计算机为核心的高新产业发展、提高信息技术在社会生产领域的应用、运用信息技术推动经济与社会可持续发展的过程。信息化是工业化进步的产物，在“四化”中发展最为迅速、在社会生活中扮演的角色将越来越重要。2013 年，我国电子信息产业销售收入 12.4 万亿元，同步增长 12.7%，电子信息产业发展的成果已经渗透到各行各业，在整体工业中的领先和支柱作用日益显著，在国民经济中的重要性不断提高。

在这样的背景下，中心镇的发展也要积极融入信息化，跟上时代的步伐。中心镇的发展方式不能简单着眼于人口数量的增加、镇区规模的扩大、工业产值增速快慢等，而应该重视产业结构的升级、人居环境的改善、工业产品附加值的提升，加快云计算、物联网、移动互联网、大数据等信息化手段在生产、物流、创新、基础建设等方面的运用，将“智慧城市”、“数字乡镇”概念引入到中心镇建设当中，为中心镇优化产业布局、经济可持续发展、人民生活质量的提高带来有力的支持和保障。同时，中心镇的发展也为信息化提供了广阔的发展前景。镇区基础设施建设如电力供应、网络建设、交通物流、企业生产办公、居民日常生活等各方面的需求将会为信息产业的发展提供庞大的市场，为信息化的发展提供源源不断的内在动力。中心镇是中国未来最大的潜在市场，信息化是中国未来生产力的代表，两者将会在今后互相借力，共同发展。

三、城镇化与中心镇的关系模式

城镇化进程中，中心镇扮演连接“城”和“乡”的战略节点作用。我国之前的城镇化强调的是“城市化”，重视大中城市的发展，忽略对乡镇的建设，导致城市规模不断扩大，各种“城市病”逐渐出现。随着国家新型城镇化战略的实施，中心镇的发展迎来历史机遇。我国有数量众多的乡镇，各乡镇的经济基础、发展条件各有不同，新型城镇化不可能对每一个乡镇采取相同的政策措施，需要优先发展和重点建设一批条件较为成熟的中心镇，利用中心镇的辐射效应带动农村经济发展。20 世纪末，山东、浙江、江苏等地率先提出培育中心镇，将具有较好地理位置、较强经济实力、较强辐射能力、较大发展潜力的重点镇确定为中心镇，集中财力物力重点扶持培养。中心镇属于“城之尾，镇之首”，在我国城乡网络体系中处于“节点”位置，中心镇发展成功与否将直接影响城镇化能否顺利实现，影响我国“四化同步”建设的进度。

改革开放以来，我国的城镇化进程进入了快速发展阶段。2013 年，我国的城镇化率达到53.73%，较我国 1978 年的城镇化率提高近 35 个百分点。但是，在中国突飞猛进的城镇化过程中，人们对城镇化的理解尚浅，对城镇化的理解长期停留在拆迁造楼、不断扩张、引进工业、吸引人口，以“摊大饼”的方式来建设城市，结果很多大中城市出现交通拥堵、房价畸高、水质恶化等各类“城市病”，如此片面追求城市面积扩大、产业集聚、人口增加的城镇化，忽视城市发展质量和民生问题，致使大量农村人口进入城市成为“城市人”，但没有享受到城镇化带来生活上的改善。近年来，各级政府意识到小城镇建设特别是中心镇建设在城镇化进程中的重要作用。数量众多的中心镇拥有丰富的土地资源、较为完善的公共服务设施、较强的产业承接能力、较低的生活成本，与农村地区距离更近、总体辐射范围更广等优势，因此各地都推出鼓励中心镇发展的政策措施。例如，浙江省已确定200 个镇作为省级中心镇重点培育，并在其中选择了 27 个中心镇作为小城市培育试点镇。发展中心镇是实现新型城镇化的现实路径。

四、农业现代化与中心镇的关系模式

农业现代化是“四化同步”中较为薄弱的一项。一般而言，现代农业是以规模经济为特征，农业生产规模的扩大是实现农业现代化的前提和基础。然而，我国有限的耕地上滞留了大量农业劳动者，制约了农业生产规模化发展，这就需要大力发展中心镇，吸引农村劳动力转移到镇区的第二、三产业中去，有效减少农村地区直接从事农业生产的人员数量，实现土地规模化利用，提高农业生产效率和效益，为实现农业现代化创造条件。中心镇还可利用资金、技术优势发展农业深加工产业，为农业生产提供更广阔的市场潜力。此外，中心镇利用两端连接城市和乡村的优势，促进市场信息和农业合作组织的有效对接，为农业生产提供准确信息并减少中间环节，节约成本，助力农业现代化。

农业现代化也包括农村工业化。我国的农村工业曾是农村经济和整个国民经济的组成部分，为农村地区提供就业、促进经济发展起到重要的作用。但是，农村工业存在分布过于分散、技术水平较低、环境污染严重等劣势，在市场竞争日益激烈的情况下，农村工业陷入困境。要解决农村工业发展问题，就要大力发展有着良好配套设施的中心镇。中心镇拥有交通、技术、供水、供电、人才、市场等优势，可以集聚大量农村工业并促进农村工业发展为现代工业，为农业现代化提供平台。

中心镇对农村剩余劳动力的吸收能力较强，能够为农村人口提供近似于农村，又能享受城市生活便利之处的“离土不离乡”式生活。中心镇距离农村近，各项生活成本较低，丰富的产业集聚又能为农村人口提供大量就业机会，可以充分吸收农村剩余劳动并使其在中心镇安家兴业。农村人口向中心镇的转移避免了城市人口的过度拥挤，满足了中心镇工业园区的劳动力需求，提高了农村人口的收入水平，无形之中为农业现代化提供了便利。

第四节　基于中心镇改革发展的“四化同步”实现路径

基于中心镇改革发展的“四化同步”实现路径，主要从完善产业体系、促进人口集聚、加快公共服务建设、优化镇区发展环境、体制机制改革、创新政府管理服务等六大方面寻找途径，有效推进中心镇建设，加快实现“四化同步”。

一、完善现代产业体系

农业、工业、服务业协同发展，实施“精一优二进三”战略，从分散向集约发展、从产业价值链低端向高端延伸、从要素驱动向创新驱动转变，构建具有比较优势的现代产业体系。

1. 做精品现代农业

（1）加快农业结构战略性调整。调整产业和农产品结构，着眼中心镇自身发展基础和资源优势，大力发展效益农业、高新农业、设施农业和外向型农业。加快特色农产品产业基地建设，实施农产品品牌化经营、标准化制造、规模化生产。不断开发农产品新品种，加快发展农产品精深加工业，延长产业链，培育农产品物流配送、连锁经营等新型业态，提高技术含量和产品附加值，构建集研发、生产、加工、营销、服务于一体的现代农业产业体系。

（2）培育壮大农业规模经营主体。引进、扶持、培育一批市场潜力大、经济效益高、带动能力强的农业龙头企业，推进农民专业合作社规范化建设，引导合作社通过重组、联合等形式，培育主导产业规模化合作社，提高农业经营主体的带动力和可持续发展能力，促进农业转型升级。扩大农业经营规模，重点完善“行业协会 + 龙头企业 + 专业合作社 + 专业大户”、“公司 + 基地 + 农户”和“企业 + 合作经济组织 + 基地”等产业组织形式，鼓励农村土地承包权向农业大户和企业集中。

2. 促进工业优化升级

（1）完善产业发展平台。高标准、高质量推进中心镇的工业园区建设，完善园区综合服务功能，增强产业承载能力和产业集聚的吸引力。积极引导中心镇周边零星分布的企业向镇区工业园集聚，对搬迁企业给予等量置换建设用地补偿、税收优惠、入驻奖励等，新建项目必须进园区。开辟家庭作坊产业园，将镇域范围内的家庭作坊集中到产业园来，统一管理、统一生产标准、统一创牌，扶持其逐步做大，向一般企业过渡。

（2）提升拓展主导特色产业。把提升发展特色产业作为培育中心镇的重要途径。依托园区建设，围绕主导特色产业，开展“产业链”招商，大力引进区域外和海外企业，不断扩大特色产业规模，壮大产业集群。推进特色产业企业通过技术改造和自主创新，掌握核心技术，延伸产业链，提高产业层次，从而提升产业整体竞争力。

（3）坚持龙头企业带动。积极培育和引进主业突出、竞争力强、关联度大的行业龙头企业，在用地保障、信贷支持、科技研发等方面给予政策优惠，发挥其产业辐射和示范引领作用。鼓励龙头企业通过兼并、联合、重组、控股等方式整合地区产业资源，增强发展实力，提升行业主导地位。鼓励龙头企业与中小微企业的协作和融合，完善产业集群分工协作体系。

3. 积极发展现代服务业

（1）建立公共平台。公共平台是现代服务业集聚区的基础，要深入挖掘产业共性需求，优先建设具备重大共性服务和关键服务的公共平台，逐步提升服务能力。搭建知识产权中介平台。引进培育专利申请代办、律师事务所、知识产权交易等中介服务机构，为企业提供产权认证、专利申请等服务，帮助企业处理产权纠纷，促进知识产权交易。搭建电子商务交易平台。依托专业市场，建立专业的电子交易网站，加强与金融机构对接，提高交易支付的便捷性与安全性，着力为企业提供市场交易、产品展示、电子支付、信息交流、诚信评估等服务。搭建综合信息服务平台。依托高校院所、专业市场和服务业集聚区，加强区域信息共享，传播和引领行业信息潮流，为企业提供人才信息、产品供需信息、物流配送信息等。

（2）繁荣现代服务业。通过招商选资，大力发展金融服务、现代物流、科技服务、文化服务和商务服务等现代服务业，鼓励服务业商业模式创新，发展连锁经营、现代物流配送、电子商务等现代流通方式。加快改造提升传统商贸业和专业市场，积极引进市场经营主体，建成多家较大规模的综合市场（专业市场）、星级宾馆、连锁餐饮、休闲娱乐、大型超市等。抓住旅游西进的机遇，部分拥有自然风景、人文景观等旅游资源优势的中心镇，可通过旅游项目的包装和招商，不断丰富旅游产品，开展旅游营销，实现商贸服务、旅游休闲的联动发展。

二、加快民生事业发展

以发展文化繁荣、社会和谐、资源节约、环境友好的新型小城市为目标，进一步加快教育科技、卫生医疗、文化体育和社会保障等公共服务体系建设，形成比较完善的社会事业发展网络，全面增强中心镇综合承载能力和公共服务水平。

1. 优先发展教育事业

（1）巩固提升基础教育水平。加大教育经费投入，做好义务教育经费保障，有条件的镇实行高中阶段免费教育。优化中小学布局，有计划地撤并农村中小学校，合理配置教育资源。完善教育基础设施，实施校舍安全工程，改善办学条件。加强师资队伍建设，提高中心镇教职工的综合素质。妥善解决外来务工人员子女入学问题，开放所有学校接纳外来务工人员子女入学，安排专项补助经费，对接收外来务工人员子女入学的公办学校和外来务工人员子女学校进行补贴。按照有关规定，加强校车安全管理。

（2）大力发展职业教育和成人教育。以需求为导向，实行灵活的教学和学籍管理制度，采取工学交替、半工半读、城乡分段等多种就学形式，采取校企合作、订单培训、定向培训、送教上门、远程培训等多种培训方式，对务工人员进行职业教育和技能培训，增强农村劳动力的市场竞争力，重点培养熟练技工、专业技能人员，为中心镇产业集聚、产业升级提供大量的高素质劳动力和中高级技术人才。

（3）加强城乡学校协作结对。发挥中心镇所属城市的优质教育资源在统筹城乡教育发展方面的积极作用，不断完善优质教育资源与中心镇在教育教学管理、师资队伍建设、校园文化建设、教育资源共享等方面的结对运行机制，鼓励和支持其通过各种形式参与中心镇教育事业提升发展。加强城乡学校互助共同体建设，建立中心镇与县城及市区教师交流机制，开展公开授课、骨干教师挂职培训、下乡支教等活动，积极搭建交流平台，不断创新结对互助的内容。

2. 完善公共卫生服务

（1）加快医疗卫生服务基础设施建设步伐。加大医疗卫生服务领域的投入力度，大力支持中心镇卫生院、社区卫生服务中心、村卫生室的规范化、标准化建设。中心镇卫生院领办村卫生室，促进中心镇卫生资源向村延伸。随着中心镇人口集聚率的逐步提高，适当增设社区卫生服务机构，进一步完善镇、村卫生服务网络，以满足居民日益增长的就医需求。

（2）提升医疗卫生服务能力和水平。整合优化医疗资源，鼓励三级医院深入基层整合一级、二级医疗卫生服务机构，鼓励医疗科研机构整合医疗卫生资源。促进中心镇医疗机构与市区县城医疗机构之间的合作，采取兼并、托管、合作等形式融合发展，促进城市卫生资源向中心镇延伸。采取大医院对口支援建设措施，开展定期派专家坐诊、骨干医师下乡挂职、举办专题讲座、提供长期业务指导等多种活动，深化城市医院对乡镇卫生院（社区卫生服务中心）的结对帮扶机制。提升基层卫生人才队伍素质，定向培养基层医务人员，加大在职医务人员培训力度，鼓励经验丰富的退休医务人员到基层从事医疗卫生服务。

（3）鼓励和引导社会资本进入医疗市场。适当放宽社会办医疗机构市场准入条件，促进有序竞争，形成多元化办医格局。社会办非营利性医疗机构享有与公立医疗机构同等的法律地位，享受与公立医院同等的政策待遇，在财产权、经营权、人才引进、技术职称考评、基本药物价格补贴、医保定点资格等方面与公立医院一视同仁。鼓励社会资本到医疗资源薄弱的农村投资举办医疗机构。

3. 完善文体服务配套

（1）加强公共文化服务体系建设。完善公共文化设施配套，每个中心镇建设综合文化站，新建镇公共图书馆和农村书屋，提供免费服务。开展文化活动下基层，丰富群众文化生活。推进文化信息资源共享、广播电视服务、城乡电影服务、弱势群体基本文化权益保障服务体系建设，加大文化惠民力度。培养基层文化干部和文化骨干，举办传统民俗文化节，宣传地方特色文化。

（2）完善公共体育服务。加大投入，加快基层健身基础设施和公共体育场所的建设，完善体育健身网络。举办各类群众体育活动和体育竞赛，可采取联谊等形式邀请周边镇参与，通过活动促进交流和提高群众身体素质。

4. 全民共享社会保障

（1）加快建立城乡统一的就业制度。建立完善以培训促就业、以创业带就业、以优惠政策扶持就业“三位一体”的城乡就业保障制度。加大农民转移就业力度，将准备转移就业的农村劳动者统一纳入城镇居民就业政策和服务范围，制定针对外来务工人员、农村转移劳动力及被征地人员、城镇下岗失业人员的就业再就业帮扶政策，包括增加扶持项目、提高补贴标准、增加公益性岗位、加强就业培训等，促进就业稳定。完善促进创业带动就业的政策措施，以创业带就业，加强农民创业基地建设，建立创业项目资源库和孵化基地，鼓励自主创业。拓展公益性岗位，结合生态环境建设、公共服务和社会管理需求，大力开发公益性就业岗位。

（2）建立健全与城市接轨的社会保障体系。建立并完善城乡统筹、有利于新增人口在中心镇长期生活发展的社会保险、社会福利、社会救助制度。推进养老、医疗、失业、工伤、生育等保险全覆盖，完善被征地农民“即征即保”政策，已在中心镇就业、与用人单位建立劳动关系的人员，应按规定参加各项社会保险。鼓励稳定就业的农村劳动力参加城镇职工社会保险，研究完善农民以自主创业、灵活就业方式参加城镇社会保险的政策。完善社会福利与社会救助体系，加强帮扶救助机构建设，加大对养老服务、残疾人及儿童福利机构等的投入。

（3）推进住房保障体系建设。按照城区住房保障体系模式，完善中心镇镇区居民的住房保障制度，让进入镇区工作生活的农村居民和外来务工人员能够获得较为满意的居住条件。同时要积极推进农村地区的住房改造，改善农村居民生活环境。

三、优化镇区发展环境

优化中心镇发展布局，推动城乡规划、基础设施、生态环境等一体化建设，加快构建各中心镇之间科学定位、互促共进、协调发展的小城市群。

1. 科学规划城镇建设

（1）制订完善城镇规划。高度重视规划的编制和实施，要以突出以人为本、突出地方特色、突出生态理念为原则，以建设小城市的标准和要求，抓好中心镇总体规划、土地利用总体规划、控制性详细规划的修编。加快制定和修编产业发展、村庄建设、基础设施、公共服务、资源环境等专项规划，推进中心镇与周边镇基础设施共建、共享。

（2）合理布局发展空间。上一级政府对中心镇的行政区划可进行适当调整，通过“撤扩并”中心镇附近的乡镇、村庄以实现扩大中心镇的发展空间，优化土地、用电等资源的配置。在制定相关规划前，应当做好充足的调研、论证工作，尊重当地的历史沿革和文化风俗，减少建设过程中的阻力，也有利于发挥中心镇对周边地区的辐射带动作用。建立城乡统一的建设用地流转制度，实行城镇建设用地增加和农村建设用地减少挂钩，解决城市建设用地不足和农村集体建设用地闲置的矛盾。

2. 加快基础设施建设

（1）完善综合交通体系。按照统一规划、适度超前、突出重点的原则，加强镇村路网建设，实施中心镇镇域公路提升改造工程，加快县市城区与中心镇之间的快速通道建设，打通中心镇至周边主要高速公路、国道、省道主干线的联系，形成内外衔接、城乡互通、方便快捷的交通网。完善公交站点，打造中心镇与县城及其他乡镇的公交网络。

（2）完善公共服务基础设施。中心镇的基础设施建设应当按照中小城市的标准进行，按照统一的标准和布局逐步实施。加快推进中心镇供电、通讯、排水管网、环保环卫设施等基础设施建设，提高基础设施的综合承载能力。加强商贸综合市场、行政服务中心等社会服务设施建设，提升中心镇的综合服务功能。

3. 美化优化人居环境

（1）加强生态环境保护。大力发展循环经济，提高生产排放标准，加大节能减排力度。严格工业项目的准入和退出标准，按照节能、节水、节地、低碳、绿色的标准，制定有差别的工业项目准入和退出机制。加强环境综合整治力度，重点抓好水、大气、土壤污染防治，加大工业污染源治理力度。完善生态环保基础设施，增加污水处理、管网设施的资金投入，使中心镇建设发展与产业转型升级、完善治污设施、改善江河环境、保护水源水质、修复生态屏障等有机结合，实现经济发展与生态保护的共赢。

（2）优化创业居住环境。支持中心镇积极发展餐饮住宿、家政服务、美容美发、商贸流通等生活性服务业，改善消费环境，满足多样化消费需求，提高居民生活便利性。推进以美丽乡村为载体的新农村建设，推进城区主要道路路面及沿线建筑立面整治，开展镇容镇貌综合整治工作，强化卫生管理，提升居民环境卫生文明意识，有效提升中心镇人居环境。注重城镇绿化建设，增加街头绿化，重视自然和人文景观的保护。

第五章

中心镇推进城乡一体化的内在机制

本章围绕中心镇推进城乡一体化的路径与模式展开讨论，分别从产业集聚、人口集中、要素集约、功能集成以及改革创新五个方面揭示中心镇推进城乡一体化发展的机制与模式，从而给出将中心镇建设成为人口集中的新主体、产业集聚的新高地、功能集成的新平台、要素集约的新载体、改革创新的新阵地的路径选择。

第一节　中心镇产业集聚与城乡一体化

产业集群已经成为当今世界经济版图的一个重要现象，这些集群聚集了稠密的经济能量，推动产业集聚发展成为一个国家或地区社会经济发展的路径选择。产业发展必然投射到一定的地域空间，地方产业集群成为地方经济发展的重要载体，其与所在区域城镇相结合形成区域性中心镇，构成了中国东部地区独特的经济地理景观。研究这些中心镇的产业发展路径可以发现，中心镇的产业集聚发展与其城乡一体化发展之间存在着互动发展的作用机制，中心镇政府、企业等通过建设工业发展平台，有利于促进县域产业集聚发展和跨区域合作，促进部分农村劳动力就近向中心镇转移，避免出现部分地区由于劳动力过多向外转移而出现的要素瓶颈问题，从而有利于促进城乡产业共同发展。本章试图将产业集聚与城乡一体化纳入统一的构思框架，通过对浙江杭州 3 个典型中心镇的案例解析，揭示中心镇产业集聚推进城乡一体化的机制与模式。

一、理论分析

1. 工业化与城镇化的一般关系

城镇化的本质特征体现为农业劳动力向非农业劳动力转移，农村人口和非农产业向城镇聚集，因此，工业化与城镇化的互动发展势必成为城乡一体化的重要方面。纵观世界经济发展史，城镇化和工业化的协调发展关系到一个国家或地区社会经济的快速、健康发展。新经济地理学派的代表人物克鲁格曼、维纳布尔斯提出的迁移驱动模型和投入—产出联系驱动模型，解释了城镇化与经济互动发展的作用机理。工业化与城镇化是区域社会经济发展中密切联系的两个侧面，二者并非“因果”关系而是“互动”关系：工业化从生产与消费需求转变及其结构升级带动城镇化，城镇化通过城乡区域空间结构的转变，吸引各种产业要素持续不断地集聚，从而促进工业化发展。工业化与城镇化互动具有一定的阶段性：在城乡发展初期，城镇化率与工业化率的变动有较高的相关关系，城乡发展依靠城镇化与工业化互动发展所推动；当人均 GDP 大于 300 美元以后，城镇居民对服务的需求也相应扩大，城镇化率明显高于工业化率，人口城镇化成为城乡协同发展的主要方面。

2. 产业集聚与城镇化的关系

工业化与城镇化是集聚经济的重要表征，城镇化是特有经济空间的第二、三产业区位和消费区位的形成、聚集和发展过程，因此，产业集聚是城镇化发展的重要动力。在产业集聚的形成阶段，经济主体为了获得这种规模经济会选择在某一区位进行规模生产，表现为产业集聚，即第二、三产业的集聚成长。而且，第二、三产业的聚集还会产生乘数效应，这种乘数效应的交互作用，使得产业聚集和城镇化水平得以进一步提高。随后，一些相关联的经济活动及其从业人员也就会就近选址，人口及其消费活动的集聚（即人口集聚）又会产生出积极的外部效应，在集聚经济的作用下，特定的产业区位和消费区位甚至进一步吸引那些与最初活动无关的经济活动和人口，从而进行集聚，从而推动产业聚集和城镇化过程的不断演进。

3. 产业集聚推进城乡一体化的理论推论

综上所述，工业化与城镇化是聚集经济的重要表征，城镇化为产业集聚创造了空间条件，而产业集聚加速了城镇化的发展进程。对上述理论进一步推演，可以认为，产业集聚带动产业人口与消费人口在城镇的集聚，产业集群依托小城镇空间，推动人口向更高层次的聚落空间转移，使得城镇进一步融入高能级的大都市城镇体系；城镇化适应集聚经济的需要拉动地方产业集群成长，进一步融入高层次区域的产业体系，最终实现城镇体系与产业体系的有机融合。区域产业发展只有形成合理的空间布局、具有竞争力的产业集群、产业链，才能促进城市的要素集聚，并带动区域内城镇体系的分工与融合，从而打破城乡界限，实现产业集聚布局的优化和区域空间发展的价值最大化，破解了城乡二元结构造成的区域壁垒与鸿沟，表现为城乡一体化发展。

二、浙江杭州中心镇的多案例比较研究

1. 案例选取

在建构中心镇产业集聚推进城乡一体化机制的理论框架的基础上，本书选取了东部地区浙江省杭州市的瓜沥镇、梅城镇和汾口镇作为研究案例，进行多案例的比较研究。上述三个镇均为浙江省杭州市的镇级行政区，均为《浙江省人民政府关于加快推进中心镇培育工程的若干意见》(2011 年）所公布的中心镇，且有各具特色的地方产业集群。按照中心镇发展的分类分层与特色发展原则，杭州市 27 个中心镇可分为都市组团型中心镇、小城市培育镇和区域性特色镇三大类，瓜沥镇、梅城镇和汾口镇分别是上述三类中心镇的典型代表。目前，瓜沥镇已成长为浙江最大的纺织印染基地，形成了实力雄厚的纺织印染产业集群，梅城镇作为浙江省级高新技术产业园的组成部分，形成了富有特色的精细化工产业集群，汾口

镇积极以工业区块建设促进专业化产业区的发展，已形成了初具特色与规模的轻纺产业集群。

2. 产业集聚推进城乡一体化发展的特征比较分析

（1）互动发展特征：瓜沥镇、梅城镇案例。

中心镇产业集聚是促进区域城乡一体化发展的基础，在瓜沥镇、梅城镇案例中，产业集聚与城镇化之间存在着普遍和持续不断的交互活动。通过二者的不断交互活动，产业集群与中心镇发展双方能够及时调整和应对，从而实现了中心镇产业集聚发展与城乡一体化的共同发展。总体而言，它们的互动状态表现是协调的，其产业空间与城镇空间的正向反馈作用也十分明显，其互动过程表现出以下特征。

第一，中心镇产业集群中核心企业是推进区域城乡一体化的主导力量。研究发现，瓜沥镇与梅城镇均形成了围绕核心企业的产业集群分布与城镇空间布局，而且，中心镇的核心企业是主导产业集群演进、城镇空间拓展和城乡一体化方向的市场力量，核心企业在产业集群、城镇空间、城乡一体化的形成与发展过程中起关键作用。

第二，中心镇政府理性的城镇空间规划有力地引导着产业集群与城乡一体化的发展方向。在瓜沥镇与梅城镇产业发展的过程中，针对着中心镇产业的粗放发展模式弊端，中心镇政府的功能角色逐步从被动应对转向主动调控。2006 年，瓜沥镇政府明确提出，要积极完善纺织印染产业上下游配套，扩大专业市场的区域影响力和辐射力，打造环杭州湾都市圈的工贸新城和重要区域节点。

第三，中心镇产业集群发展有力地推动了区域城乡一体化发展。自 2006 年以来，瓜沥镇坚持工业化、城镇化与城乡一体化的联动互进，加快建设城镇核心区和新区 320 亩城镇综合体。自 2006 年以来，瓜沥镇遵循以产业集群带动城镇区域开发，以城镇空间规划与建设来推动城乡一体化的发展路径，城乡经济社会一体化发展始终走在萧山乃至杭州市乡镇前列。

（2）互动发展特征：汾口镇案例。

汾口镇产业集聚以轻纺产业为特色，与其城镇化之间的互动主要以民间自发的形式为主。相比瓜沥镇、梅城镇而言，汾口镇存在工业布局分散、城镇基础设施建设滞后、城乡规划不健全等问题，其互动状态总体上不协调，城乡空间的正向反馈作用不明显。

第一，企业的短期行为影响了城乡产业空间的合理布局。汾口镇工业区位分布均以过境的千汾公路为依托，产业沿道路建设的现象普遍存在。沿着公路建设虽有较明显的短期经济效益，但不利于城镇集聚经济的形成和城乡产业空间的合理布局，不利于城乡一体化发展。

第二，中心镇产业集聚功能偏弱，不能有效推进城乡一体化。汾口镇现行行政区域规划造成发展空间和辐射区域狭小，使产业发展和城镇建设受到较大影响，不利于集中有限的财力加快城乡一体化建设步伐。

第三，城乡建设缺乏有效规划，公共服务功能尚不完善。表现为其城镇基础设施建设相对滞后、布局松散、产业园区不成规模等问题。汾口镇的滞后城乡规划阻碍了城乡一体化发展的进程，滞后的产业发展环境和产业集群水平，成为其人口集聚以及企业投资者来汾口进行投资的障碍。

3. 产业集聚与城乡一体化发展的问题比较分析

（1）产业集聚与城乡一体化的总体发展水平不协调。

三镇的产业集聚已在各镇占有较高的份额产值和市场份额。如梅城镇2006~2010年精细化工业的销售总产值年均增长10.86%，2010年已达到78亿元，梅城镇内的浙江省级高新技术产业园的精细化工业发展初具规模，在技术、人才、信息、产品等方面具有一定的优势。即使较为落后的汾口镇，在2005~2009年，其轻纺工业的销售总产值年均增长速度也达到37.87%，轻纺业是汾口发展的支柱产业。但同时，三镇的“摊大饼”式扩张趋势表现依然明显：城镇土地资源被快速消耗，城镇环境品质不高，城乡一体化发展依然缓慢。

（2）三镇产业集聚水平和城镇空间布局不均衡。

分析三个案例地区发现，瓜沥镇的城镇建设起步最早，经济实力也最雄厚。2010年全镇行政区域总面积42.5平方千米，其中建成区面积6.1平方千米；全镇总人口9.5万，其中建成区超过5.0万，初步达到小城市的规模，城镇化水平也很高。目前，瓜沥镇面临的主要任务是如何以新型城镇化与城乡一体化战略为指引，在有限的空间范围内，通过发展特色产业集群和培育现代服务业，提升城镇环境品质及优化城镇经济功能，牵引周边农村经济社会发展，进而实现城乡一体化发展。

综观梅城镇的经济社会发展，其城镇建设与精细化工产业集群发展几乎同时起步。2010 年梅城镇行政区域总面积 152.4 平方千米，其中建成区面积 7.0 平方千米；梅城镇总人口 5.5 万人，其中建成区超过 3.8 万人，城镇规模大，城镇化水平高。自 2005 年以来，梅城镇以产城联动战略为指引，积极运用高新技术和先进适用技术改造提升传统优势产业集群，推进梅城新城建设。目前，梅城镇面临的主要任务是如何以精细化工产业集群的转型升级为龙头，对接农村农业与旅游业，并依托大型企业推进产城联动和城乡一体化。

相比之下，汾口镇因地处属于生态敏感区的千岛湖风景区上游，建设用地规模受到严格的限制。汾口镇的城镇建设较滞后于其产业集群的发展，其城镇经济实力与城镇化水平与瓜沥镇、梅城镇相比均存在明显差距。目前，汾口镇面临的主要任务是实现区域优势产业的进一步集聚、特色专业市场的进一步升级、城镇建设质量的进一步提升以及城乡产业的进一步联动。

（3）三镇的城乡人居空间建设水平不均衡。

分析三个案例地区发现，瓜沥镇的人居空间的建设最为成熟，各类服务设施网点布局合理。自 2007 年以来，瓜沥镇积极推进以提升城镇综合服务功能为核心的城镇转型和以改善民生为核心的社会转型，构建优质城乡均衡的公共服务体系，已经初步形成与城乡一体化相适应的社会事业网络和浓郁的城镇氛围，提升了城乡居民生活的幸福指数。

相对瓜沥镇而言，梅城镇现有的基础设施建设相对滞后，且呈分散状态，共享程度较低；地处梅城镇的严州古镇改造难度大，区域工业用地与居住用地混杂，产业集聚发展规划的难度大；梅城镇内的富春江大坝影响了城镇排污能力和城乡人居环境。但于 2007 年规划、2009 年开工建设的梅城新城，景观环境设计起点较高，城乡规划布局合理。

而汾口镇公共服务设施种类单一，城乡居住地布局杂乱，商业设施仍以低档商铺的形式存在。区内保存着大片原生态的农田，城乡景观穿插交融，无统一规划的公园和绿地，乡镇面貌带有浓厚的乡村小镇特点。

三、研究发现及政策启示

综上所述，浙江杭州市瓜沥镇、梅城镇和汾口镇的案例研究表明，研究制约产业集群的各类要素可以寻求到城乡一体化发展策略，集群集约化发展是城镇产业发展和城乡一体化发展的共同路径，规划联动是确保产业集群与城乡一体化发展的重要手段。基于上述研究，可初步提出如下中心镇产业集聚推进城乡一体化的政策启示。

（1）集聚集约化发展是区域产业发展和城乡一体化发展的共同路径。当前，东部地区已经进入到工业化的中后期、城市化的纵深期。在中心镇发展过程中，一方面，应努力培育中心镇特色化产业集聚，壮大支撑中心镇可持续发展的物质基础。中心镇建设不单纯追求表面形式，而是走“产业兴镇，特色立镇”的城镇发展道路，通过培育中心镇产业集聚来促进城镇建设与城乡一体化发展。并以区域块状经济和工业功能区为基础，引导镇区范围内和周边乡镇的企业向工业功能区集聚，推进块状经济向现代产业集聚转变。另一方面，应围绕产业集聚的发展需求组织城乡空间，走城乡集约化的发展道路，充分保持城镇固有的“乡土”气息、“亲生态”属性和生态价值蕴含，努力培育各具特色和产业发展潜力的精致城镇，进而推进城乡一体化。

（2）区域政府可通过调控影响中心镇产业集聚的要素来推进城乡一体化。产业集聚推进城乡一体化的机制，是城乡区域内产业要素、空间要素、人口要素以及制度要素等互动作用的一种组织关系。上述四要素的不同配置组合形成了城乡产业体系不同的规模结构、空间结构、职能结构，是推进城乡一体化发展的关键调控对象。第一，培育非农产业要素，引导民间资本参与中心镇建设，推进非农产业在中心镇的集聚发展。第二，推进工业向镇区现代产业园区集中、城乡居民区向现代化社区集中、农业向镇区现代农业园规模经营集中，并探索以土地承包经营权置换城镇社会保障、以农村宅基地和农民住房置换城镇产权住房、以集体资产所有权置换股份合作社股权，实现城乡空间结构要素优化。第三，推进中心镇人口聚居，使中心镇产业经济效益将随着其人口规模的增长而增加。第四，推进综合配套改革与健全公共服务体系，确保产业集聚与城乡一体化发展所需的制度要素。

（3）城乡规划联动是实现中心镇产业集聚推进城乡一体化的重要手段。规划是政府建设与管理城镇的基本依据，实行城乡规划联动是实现中心镇产业集聚推进城乡一体化的重要手段。借鉴西方城市发展经验，以小城镇发展的效益改善与效率提高为目标，推进城乡区域规划之间的联动、城乡区域各个部门规划之间的联动。中心镇是城乡一体化背景下具有产业优势的“特色镇”，其经济联系突破城乡区域是必然趋势。因此，中心镇产业规划必须与城乡空间规划相联系，在动态中保持产业规划必须与城乡规划的衔接、协调与统一；同时，在产业及其产业集群进入到一定阶段时，政府要通过主动规划促进产业集群从相对独立到融入城乡一体化体系，增强城乡规划的合理性与影响力。

第二节　中心镇人口集中与城乡一体化

随着中心镇产业发展、产业结构调整及其产业集聚，必然带来相应的劳动力流动与人口集中。城乡人口结构与产业结构的布局不匹配问题反映出城乡产业布局结构与劳动力布局结构的互动性动态调整。产业结构的变化必然促进人力资源结构的调整，而人力资源结构的调整又会促进产业结构的进一步深化及优化，二者之间的互动关系非常明显。人口一定程度地集中是区域现代服务业发展的前提和基础，只有中心镇人口集中才能为城乡现代服务业的发展形成足够的规模经济和消费市场，因此，中心镇的人口集中势必对其金融、保险、咨询、房地产等现代服务业起到推动作用。

一、推进中心镇人口集中的动力机制

1. 区域产业升级与产业转移

国内外学者认为，追求更高的收入是劳动力流动的首要动因，城乡产

业结构调整与升级必然促进农村人口向中心镇流动与集中的内在驱动力。城乡产业经济格局和劳动力空间格局的形成和演化更多的是市场作用的结果，劳动力结构变动既有新成长劳动力进入不同产业的数量差异，也是劳动力在不同产业间流动的结果。劳动力流动指随着劳动力市场条件变化，劳动力在城乡间、产业间、职业间、地区间的运动。劳动力流动从本质上说是劳动力的市场选择行为，选择更好的或更稳定的职业、追求更高的收入是流动的目的所在。劳动力流动作为一种市场机制，它可以纠正城乡间、地区间、产业间就业的不平衡，可以减轻城乡经济结构调整产生的失业问题。人口集中的前提是产业支撑，因此推进中心镇的产业集中是有效发挥中心镇集聚各类人口的基础。

2. 制度创新是促进中心镇人口集中的重要手段

政府的导向对于人口的分布有着十分重要的作用，中心镇产业布局的规划、政府政策以及对于人口流动的一系列政策都影响人口集中的程度。通过重视和推动中心镇的改革与发展，让原先集中于大城市的生活生产功能分散到部分中心镇，促进中心镇城市功能集成，从而有利于城市产业与人口向中心镇集聚，分散城市压力，同时使得部分农村转移人口在比较利益原则指引下就近生产与生活，实现城乡均衡发展。政府对产业的调整和规划直接影响聚集的人口的就业发展，在对产业大力发展的同时，帮助企业快速成长也就创造了更多的就业岗位和就业机会，吸引了更多人口。

并且对于人口的管制方面的政策实施也会影响人口的聚集，某些政策的实施可能为聚集人口的住房或是就业提供一定的便利，这也是吸引集聚的动力之一。基础设施建设是中心镇发展的前提条件，是集聚产业、集聚人口、集聚要素的关键，政府加大交通、供水、供电、生态、教育、卫生、文化、娱乐、体育等社会事业为重点的基础设施建设力度，能够为中心镇集聚流动人口创造良好条件。政府促进农村的劳动力资源向非农产业转移，使得大量集聚各类产业的中心镇成为一个集聚剩余农业劳动力的有效载体。

二、中心镇人口集中推进城乡一体化：机制与模式

1. 农民入镇的人口“上移”模式

中心镇对于农村剩余劳动力的接受能力较强，能够为农村人口提供近似于农村，又能享受城市生活便利之处的“离土不离乡”式生活。中心镇距离农村近，各项生活成本较低，丰富的产业集聚又能为农村人口提供大量就业机会。通过中心镇劳动环境、社区管理服务、子女教育服务、医疗服务、养老服务等方面的改善，农户集体资产所有权、土地承包经营权、宅基地及住房等制度创新，可以充分吸收农村剩余劳动力并使其在中心镇安家兴业。农村人口向中心镇的转移避免了城市人口的过度拥挤，满足了中心镇工业园区的劳动力需求，提高了农村人口的收入水平，无形之中为农业现代化提供了便利。

2. 市民入镇的人口“下移”模式

即结合产业梯度转移与提升生活品质的现实需要，以人居环境美化、社区服务完备与邻里关系和睦提升生活环境，以高标准的绿化、美化、净化行动提升生态环境质量，以低生活成本、高生活品质和普惠化、便捷化的公共服务来提升居民生活质量，以精神文明建设、民主法制建设来提升文明水平，不断提升城市居民“下移”中心镇的舒适感与满意度，有效提升中心镇人居环境，吸引城市居民进入中心镇生产生活。

3. 域外劳动力入镇的人口“内移”模式

即通过积极推进异地劳动力培训和订单式方式引入高素质劳动力，逐步将劳动力集聚转化为长期的生活式人口集聚；加强工业园区与中西部政府、行业协会的劳务合作，打造域外劳动力入镇工作、定居新平台；积极创新用人机制，改善生产生活环境与条件，吸引区外高层次人才向中心镇集聚。

综上所述，农村产业升级与产业结构调整是农业人口向中心镇流动的

前提，而农村人口进镇后只有真正享受到均等的城镇社会福利、获得了稳定的就业、较好的城镇基础设施，农村人口才会真正成为城镇居民。户籍制度的改革的方向是促进城乡公共服务均等化，只有农村人口真正享受到均等的城镇社会福利、获得了稳定的就业，土地制度改革才会有可靠的基础和动力。充足的劳动力和完善的基础设施是促进上位城市产业向中心镇转移的动力，伴随着产业转移的城市人口来中心镇就业，而中心镇优势服务业的兴起吸引城市人口来中心镇生活和消费。人口的集中将进一步带动中心镇制造业、服务业的发展，以及中心镇基础设施的完善，也将进一步带动农村产业的升级与结构调整，从而形成农业人口向非农人口转化的可持续动力（见图5-1）。

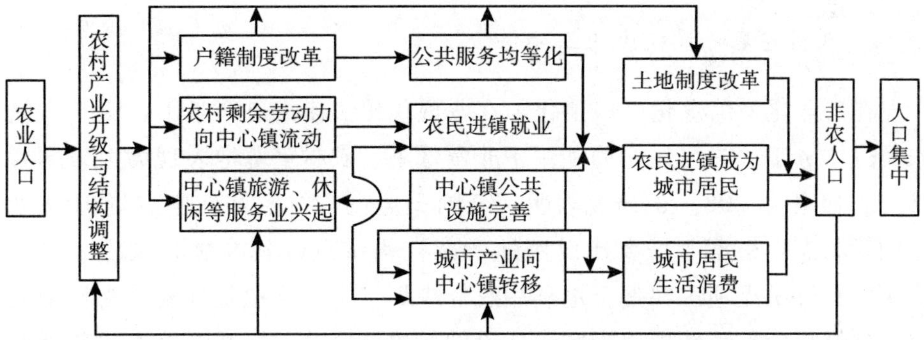

图5-1 中心镇人口集中推进城乡一体化的机制与模式

第三节 中心镇要素集约与城乡一体化

一、中心镇土地集约的理论分析框架

1. "四化"同步推进中的土地需求

现阶段，我国进入工业化、信息化、城镇化与农业现代化的快速推进阶段，工业化、信息化、城镇化与农业现代化是一个互为动力的推进过程，“四化”同步推进势必产生土地需求，但受制于耕地保护（确保18亿亩耕地红线）政策的需要，新增建设用地指标极为紧张。首先，我国对建设用地实行计划管理，只有拥有政府编制的土地利用总体规划确定的新增建设用地（工业用地和城市建设用地等）指标和年度土地利用计划指标，农村农业土地才能转变成城镇建设用地。其次，从宅基地制度看，农村宅基地的福利分配及其无偿使用，致使其不能充分流转和正常市场交易。这种农村土地制度塑造了许多“两栖”农民，他们虽然长期在城市生活工作，但仍然具有农村户籍，拥有相应的承包地和宅基地。最后，现代农业是工业化与城市化发展到一定程度后，工业反哺农业的必然阶段，但现有的土地制度造成的土地细碎化，不利于农业现代化发展。

2. 农村宅基地置换出的土地供给

在工业化、信息化、城镇化与农业现代化快速推进背景下，由于大量农民进城务工，农村住房的利用率非常低下，农村宅基地表现为大量闲置状态。韩康（2008）的研究表明，全国2亿亩农村宅基地中有近10%处于闲置状态。根据《城乡建设用地增减挂钩试点管理办法》规定，国土资源部允许试点地区根据土地利用总体规划，将若干拟整理复垦为耕地的农村建设拆旧地块和拟用于城镇建设的新建地块等面积共同组成建新拆旧项目区，通过建新拆旧和土地整理复垦等措施，保证项目区各类土地面积平衡，促进城乡用地合理布局。中心镇的农村宅基地置换是改造传统的小农生活方式，推动农民城市化，缓解经济发展过程中的土地资源紧张的政策实践。通过农村宅基地置换，可提高土地利用的集约度，置换出更多的用地指标，推动新型城镇化建设。农村宅基地置换政策创新正是针对城市土地资源紧缺和农村建设用地粗放利用的状况，试图解决农村宅基地散乱和闲置等问题，提高农村土地利用效率，为城乡一体化发展储备了土地资源空间。

3. 农村宅基地置换：土地供需均衡的政策实践

工业化、信息化、城镇化与农业现代化必然投射到特有经济空间，产业和城镇的空间拓展和演化既受到工业化、城市化与农业现代化需求的推动，同时也受到政府调控规划和土地制度安排的影响。工业化、城市化与农业现代化产生土地需求，政府调控规划和制度安排影响土地供给，二者需要保持动态平衡，这种动态平衡情景将对工业化、信息化、城镇化与农业现代化产生促进或阻碍作用。换言之，当制度安排的土地供给与工业化、信息化、城镇化与农业现代化的内生土地需求相匹配，则会促进地方产业发展和城镇化建设进程；但当制度安排的土地供给与工业化、信息化、城镇化与农业现代化的内生土地需求不相匹配，则会阻碍地方产业发展和城镇化建设的合理演化。

二、中心镇土地集约的案例研究

1. 案例的选取

本研究选取了浙江省嘉兴市嘉善县姚庄镇作为案例，进行研究。姚庄镇为建制镇级行政区，属于《浙江省人民政府关于加快推进中心镇培育工程的若干意见》（2011 年）所公布的 200 个中心镇之一。姚庄镇位于浙江省嘉兴市嘉善县，镇域面积 75 平方千米，辖 18 个行政村和 4 个社区居委会，户籍人口 4 万人，新居民近 3 万人。2010 年，姚庄实现地区生产总值 45. 02 亿元，人均 GDP 突破 1. 7 万美元，工农业总产值达 210 亿元，财政总收入 3. 6 亿元，农民人均收入 1. 6 万元，城乡居民收入之比为 1. 85∶1。2011 年，姚庄财政总收入实现 3 亿元，地方财政收入实现 9800 万元，完成全社会固定资产投入 13 亿元，完成规上工业产值 72 亿元。姚庄镇雄厚的经济实力为农村宅基地置换的实践探索奠定了坚实的基础。

2. 案例分析

2010 年以来，姚庄镇坚持“以人为本、农民自愿、公开公平”原则制订宅基地置换政策，采取“整体 + 零星”相结合的自愿置换方式，探索出了农村宅基地置换的“姚庄模式”，主要特色如下：

（1）突出农村农民在宅基地置换中的主体地位。采取发放调查问卷、村民座谈会等方式，摸清试点区域户均合法户型建筑面积和户均宅基地面积等情况；根据农民需求，结合农民生产生活习惯等农民个性化需求因素，设计标准公寓房和复式公寓房，以及一批公建配套设施；坚持农民自愿置换原则，正确处理好政府和农民间关系，推出能让各方都可接受的政策。

（2）突出政府科学决策在宅基地置换中的主导作用。修编《姚庄镇域总体规划》和《姚庄镇土地利用总体规划》，在商贸居住区中规划建设1.2平方千米的农村新社区，确保项目建设到哪里、功能设施配备到哪里、入住农户需求满足到哪里；做好投入和收益的测算，确保各个项目投入与收益基本平衡，将节约的2000余亩土地一部分用于工业开发建设、一部分用于城市建设和商业开发，整个项目净收益在14亿元左右；努力使置换政策保持连续性，及时将置换户的农村住房、非住宅房及附属物等拆除，及时组织人员进行复垦，复垦后的土地部分流转给农户耕种，部分由村集体耕种，根据农业产业规划种植农作物。2010年4月，出台了《姚庄镇农房改造实施办法（试行）》，积极稳妥有序地全面推进“1+2”城乡一体新社区建设。

（3）突出公共事务管理在宅基地置换中的保障作用。成立了注册1亿元的姚庄新市镇投资开发有限公司，作为项目的运作主体。在建设的同时，派驻民情监督员现场监督，经常性开展安全生产检查，确保了项目建设推进无违法违纪案件的发生。2010年以来，姚庄镇成立了选房工作领导小组，潜心研究选房办法，深入置换户征求意见建议，先后分7批次顺利开展了抽签选房，形成了一整套选房方案。深入研究过渡性社区的管理工作，采取“政府主导+社区自治”相结合的管理模式，于2010年1月构建社区党总支和社区管委会、党员议事会和居民议事会的社区组织框架，以加强对社区的管理服务。

三、研究结论与政策启示

研究发现，农村宅基地置换是改造传统的小农生活方式，推动农民城市化，缓解经济发展过程中的土地资源紧张的政策实践。通过农村宅基地置换，可提高土地利用的集约度，置换出更多的用地指标，推动城乡一体化。特归纳出如下完善农村宅基地置换的政策启示：

（1）在研究政策实施条件与政策对象的基础上，制定农村宅基地置换政策。“姚庄模式”的发生需要具备社会经济、资源禀赋、群众基础和管理能力等条件。基层政府如果不顾条件盲目推进，会导致群众不满，从而加大农村社会风险级别。

（2）坚持农民自愿原则，构建农户全程参与政策过程的机制。坚持参与的自愿原则，政府不能强迫农户参与，应扩大农户参与范围，拓展公众参与深度，健全公众参与机制。逐渐建立起农户全程参与决策与执行监督等制度性保障机制。

（3）扩宽融资渠道，提高资金的使用效率。例如，采取财政贴息等方式，加大对宅基地置换的资金支持力度；以项目开发为载体，引导各类社会资本参与；合理运用土地储备制度，增加土地出让收益；强化财政资金的绩效考评，严格项目资金管理。

（4）加强离地农民的后续管理，完善农村宅基地置换的政策配套工作。例如，通过加强就业培训，促进劳动力向非农产业转移；扩大农民创业的融资渠道，鼓励自主创业；建立健全社会保障制度，逐步建立起涵盖社会保险、社会救济、社会福利等多层次的保障体系。

第四节 中心镇功能集成与城乡一体化

一、中心镇功能集成推进城乡一体化的目标：“以人为本位”

人们对于私域部门实行顾客满意战略往往给予充分理解，在2000版的ISO9000族标准中，质量管理8项原则的第一条就是“以顾客为关注焦点”，新公共管理主张以市场为本，关注顾客、关注目标和效果。可见，“公众满意”的思想已经贯穿于2000版的ISO9000的整个体系，体现在质量管理的全过程。按照新公共管理理论，“公民”是政府管理部门的“顾客”。中心镇管理中的公众满意战略是指在体验城镇管理工作的过程中，人民的需求得到满足，人民的期望与实际感受相一致，从而使人民产生肯定、愉悦、满足的积极心态。面向公众满意的中心镇管理模式认为，对区域经济增长和区域综合实力的关注是必要的，但它需要服务于以人为本位的区域可居住性和可持续性。

1. 高速度：促进城乡经济持续增长

面向公众满意的中心镇管理的前提是追求有理性和低代价的经济增长，发展意味着既不能抑制增长又不能盲目增长。这对于管理城乡经济发展有着非常重要的意义：一方面，城乡经济赶超现代化仍然要讲究一定的速度；另一方面，城乡经济发展又考虑社会和环境可以承受的程度。

2. 高质量：追求整合协调发展

城乡区域需要经济、社会、环境三位一体的整体发展，追求在一定背景条件下有一定匹配关系的整体最优。面向公众满意的中心镇管理是包含现代系统思想的发展观，它要求社会各部门高度整合而不是各行其是，既强调城乡发展领域的整体性，又强调城乡发展要素的相关性。

3. 高人本：促进城乡公共服务均等化

面向公众满意的中心镇管理的目标是满足人们（空间和时间上的所有人）的基本要求和提高人们的生活质量。公众满意是中心镇管理的根本目标和价值取向，它既不是传统的以掠夺自然、征服自然为特征的极端人类主义，也不是将人类利益等同于草木禽兽的极端自然主义。这种人本观，强调要以整个城乡区域公民的利益为本位而不是局部意义上的人本位，它要求促进城乡公共服务均等化。

二、中心镇功能集成推进城乡一体化的组织变革

分工和集成是管理活动的基本内容，系统集成的管理特征是“局部分工，整体集成”，它追求整体效率和服务质量的提高。中心镇管理是一项

复杂的系统工程，而集成化对于解决复杂系统工程问题，获得综合社会效益提供了现实可行的途径，集成化是城市管理的发展趋势之一。传统的政府管理是在“分而治之”的指导思想下完成的，呈现出典型的“树形分支结构”。在这种组织结构中，一个部门或一个组织单元管理一类任务，处理一类问题，是“一一对应”的“面向问题”的管理，随着管理对象复杂程度的提高，这种组织机构在划分管理对象、管理任务时出现了“管理重叠”和“管理真空”，从而影响中心镇政府对公众服务的质量和公众的满意度。

组织结构的变革就在于实现管理部门的集成，构建网络式的组织结构，以实现“面对对象”的管理。组织的集成是原有的组织结构中的工作人员或组织单元通过高效的联系跨越既有的组织界限，灵活组建新的面向不同对象的网络组织单元，以实施面向对象的管理和服务，更好地面向公众满意，更好地服务于以人为本位的目标。总之，中心镇管理要求组织在更广范围、更深层次上进一步集成，融合沟通、协调一致、共享资源，从而达到整体最优，使整个政府管理系统高效快捷地服务于公众。

第五节　中心镇改革创新与城乡一体化

中心镇发展改革是浙江省推进城乡一体化的重要举措、重要平台和重要增长极（顾益康，2012），中心镇发展一方面需要自身在管理体制等方面进行改革，同时中心镇的改革将催生出我国国土上新的改革阵地。如何通过中心镇改革创造新的“改革红利”以推进城乡一体化，是一个极其重要而悬而未决的研究课题。以探寻中心镇“改革红利”为研究出发点，选取15个小城市培育试点镇作为调研对象，采用问卷调查、实地访谈等方式获取第一手资料，深入探讨浙江省中心镇以户籍、土地、产业、金融、财政、社会管理等体制机制创新推进城乡一体化的实践机制与模式。

一、中心镇改革创新促进城乡一体化的机制探索

2010年，浙江省确立了27个中心镇作为实施小城市培育试点镇，在综合考虑各个中心镇的经济发展水平、地理位置以及产业特色等因素后，从27个小城市培育试点镇中选取15个作为我们实践调研的对象。分别为柳市镇、横店镇、龙港镇、店口镇、新登镇、塘下镇、瓜沥镇、佛堂镇、钱清镇、织里镇、贺村镇、姚庄镇、溪口镇、崇福镇和分水镇。本次调研共发放问卷2611份，有效回收2495份。本节所列举的被调研者百分比，除特殊情况外，都是该问项中选择比例排名第一的选项。被调查的15个中心镇积极推进户籍、土地、产业、金融、财政、社会管理等机制体制改革，发挥了其在城乡一体化中的战略节点作用。

1. 降低户籍准入门槛，促进城乡户口权益平等

当问及“推进新型城镇化与城乡一体化最关键的是什么?”时，22.09%的被调查者认为是户籍制度改革。当问及“使农民或农民工群体在城镇定居下来的关键是什么?”时，30.62%的被调查者认为是打破城乡分割的户籍制度。当问及“愿意转为城镇居民户籍最关键的因素是什么?”时，35.40%的被调查者认为，如果政府能解决就业安置问题，愿意转为城镇居民户籍。因此，如何让获得城市户口的农民享受城市公民待遇是户籍制度改革的关键。

以湖州织里镇和嘉兴崇福镇为例。依湖州市织里镇户口迁移管理规定，只要在织里镇有合法固定住所、稳定职业或生活来源或是亲属，不管是农民还是外来打工者，只要愿意，基本上都可以登记为织里镇城市户口，享受市民待遇，并把户口迁移审批改为登记。从2008年10月1日起，崇福镇取消农业户口、非农业户口的称谓，城乡居民户口统一为“居民户口”。湖州市织里镇和嘉兴市崇福镇实施新型户籍管理制度改革，是浙江打破城乡二元结构，填平城乡政策鸿沟的一次有益尝试。

2. 推进土地利用集约，保障农民根本利益

当问及“对目前宅基地使用权、土地承包权抵押的看法是什么?”时，32.17%的被调研者认为，宅基地应该归农民所有，可以转让、继承、买卖等。当问及“在土地适度集中规模经营的过程中，何种流转方式最合适?”时，31.78%的被调研者认为，土地长期转租这一流转方式最合适。当问及“在土地适度集中规模经营的过程中，哪一种流转方式最可能使农民利益受到侵害?”时，38.31%的被调研者认为，承包权入股最可能出现问题。因此，土地制度改革的关键是如何真正地保障村镇农民的根本利益。

以嘉兴姚庄镇和金华佛堂镇为例。2010年以来，姚庄镇探索出了农村宅基地置换的“姚庄模式”，主要特色是突出农民在宅基地置换中的主体地位，突出政府科学决策在宅基地置换中的主导作用，突出公共事务管理在宅基地置换中的保障作用。而佛堂镇土地制度创新包括完善土地总体规划，完善耕地保护机制，优化土地利用，进行用地流转试点等一揽子政策。

3. 强镇扩权与规范用权并举，推进政府行政管理集成

当问及“目前中心镇政府管理中，面临的最主要问题是什么?”时，37.21%的被调研者认为，面临的最主要问题是与市、县利益冲突。当问及“深化‘扩权强镇’工作，最需要加强的是什么?”时，27.52%的被调研者认为，应把“扩权强镇”当作推进城乡统筹的重要抓手；29.84%的被调研者认为，财政支配权未完全下放。但同时，有35.66%的被调研者认为，应强化对镇政府用权的责任和监督。因此，在进一步“扩权”的过程中，如何确保权力的规范运行是政府行政管理创新的关键点。

以绍兴市钱清镇和温州市柳市镇为例。钱清镇围绕“强镇扩权”和“规范用权”，通过权力制约权力、权利制约权力、道德制约权力、法律制约权力相互协调的治理结构，形成了以“公开透明”为原则、“廉洁高效”为目标、“五个坚持”为构架的“钱清规制”。2011年以来，柳市镇积极建设完善行政审批服务中心，按照赋予县级行政管理权限的要求，建立起既能受理又能办理的柳市镇行政审批服务中心，其审批服务项目包括

婚姻登记、计划生育、城镇管理、发展改革、国土资源、规划建设、公安户政房管、工商、国税、地税、环保等相关的审批服务、证照办理信息咨询、非涉密文件查询等服务项目。

4. 注重社会管理的民生导向，推进城乡公共服务均等化

当问及“您对基础设施建设方面最关心的是什么?”时，57.89%的被调查者最关心镇里对污水、垃圾处理等的环卫设施建设。当问及“您对公共服务方面最关心的是什么?”时，有21.50%的被调查者表示最关心的是教育资源分配不合理，看病就医不方便的问题。因此，如何以“民生”为立足点推进社会管理，保证城乡公共服务公平公正，提高农村农民生活水平是社会管理制度创新的关键。

以桐乡崇福镇和温州柳市镇为例。2011年以来，崇福镇正积极培育发展社会组织，推进社区自治，组建了能够行使行政处罚权、行政征收、行政强制权以及城市管理相对集中行政处罚权和软硬件设施完善的城市综合执法中心，其具体承担278项执法职能。2011年以来，乐清市柳市镇组建了城市综合执法中心，建立了行使6个部门11项执法事项、软硬件设施配套的城市综合执法中心，统一行使镇辖区内市容市貌、园林绿化、环境卫生、市政工程、公用事业等方面的监督执法和事务管理职能。

5. 推进融资渠道多元化，促进农村金融市场稳定

在实地调查中发现，大多数农民和个体经商户认为浙江省农村金融服务体系构建是不够完善的，只有少部分的人认为完善。因此，如何优化农村金融体系和拓展农村投融资渠道是投融资体制创新的关键，可以通过融资渠道的多元化，维护金融市场的稳定，从而完善农村金融体系，增加民众投融资的渠道。以温州柳市镇和金华横店镇为例。温州市柳市镇金融改革的主要做法有扩大和深化小额贷款公司试点，推动村镇银行、农村资金互助社试点，开展农村资金互助联合会组织试点，启动民间借贷登记服务平台建设试点。横店镇积极推进投融资体制改革，拓宽小城市建设发展融资渠道，吸引各类资本参与小城市建设，有效破解小城市建设资金要素制约。其主要做法有多渠道融资、多元化投资，推进横店小城市建设。

6. 优化财政收支结构，强化资金预决算管理

问卷调查显示，有31.78%的村镇干部认为本镇财政支出的首要用途还在于社会保障方面，这反映了中心镇应根据本镇不同情况对自身资金使用上进行合理分配。财政体制最重要的在于政府支出的分配，政府财政支出的方向也应着力于促进工业化、信息化、城镇化、农业现代化同步发展。同时，应加强镇财政预算管理、镇财政资金监督管理，制定配套政策使乡镇有一定的资金用于各类建设。如何在避免土地财政收入的基础上优化政府支出结构是财政体制改革的关键。

以杭州新登镇和桐乡市崇福镇为例。2012年以来，富阳市新登镇出台了2012~2016年乡镇财政体制改革方案，新一轮体制调整呈现超收分成、保证运转、配套政策三个特点。2012年以来，桐乡市崇福镇全面加强镇财政体制建设，其财政体制改革的特点是加强镇财政预算管理、加强镇财政资金监督管理、加强镇财政机构队伍建设。

二、模式归纳：中心镇改革推进城乡一体化的“浙江模式”

浙江积极探索以中心镇为战略节点的城乡一体化路径，根据上述的浙江中心镇体制机制创新推进的路径研究，本书归纳出如下经验模式，见图5-2。

概括起来，中心镇体制机制创新推进城乡一体化的“浙江模式”表现出以下基本特征：

1. 以中心镇作为推进城乡一体化的重要区域节点

传统的城镇化道路不仅无法从根本上消融我国城乡二元结构，反而带来了城市化的主导力量失衡、城乡之间发展不平衡、大城市病、农村空心化等新问题。20世纪末以来，浙江省以城乡一体化为目标，将中心镇作为区域新型城镇化的重要节点与载体，以深化行政管理体制机制改革为动力，逐步跨入以中心镇改革创新推进新型城镇化、城乡统筹与全面融合发展的新阶段。

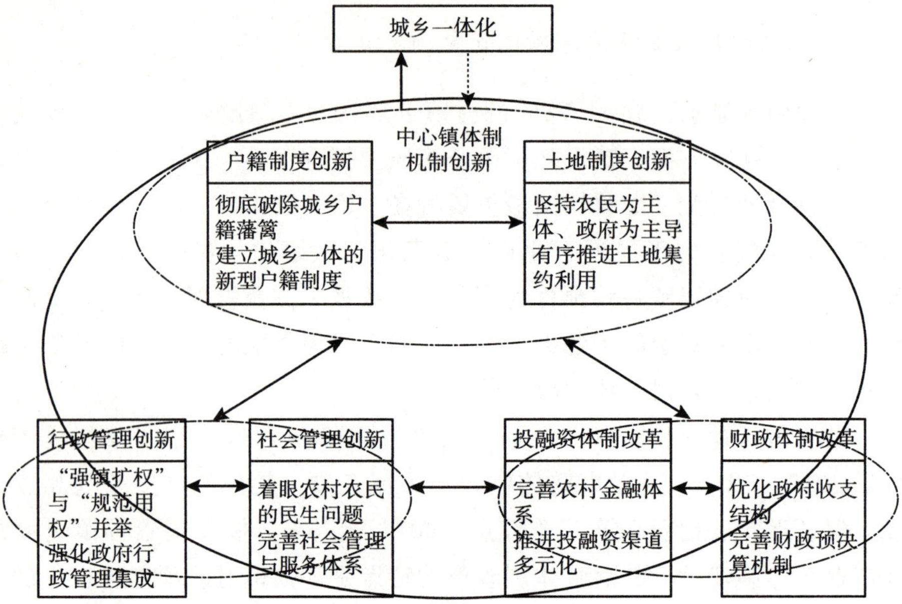

图 5-2　中心镇改革推进新型城镇化的“浙江模式”

2. 着力推进土地城镇化向人口城镇化转型

传统的城镇化以土地为重要抓手，土地城镇化快于人口城镇化。研究表明，农业转移人口市民化是实现新型城镇化的关键，因此，浙江中心镇积极探索以人为核心的新型城镇化，以注重和提高人的发展和幸福感知为诉求，重点关注如何保证农村、农业和农民的观点得到表达。

3. 重点推进城乡户籍和土地制度改革

推行新型城镇化的最大阻力是户籍和土地制度的制约，因此，浙江中心镇把城乡户籍和土地制度改革作为改革重点，通过积极稳妥的城乡户籍和土地制度改革，确保让农民能得到城镇化的净利益增量、享受公平的公共服务，推进传统的土地城镇化向新型的人口城镇化模式转型。

4. 协同推进中心镇的各项改革

中心镇改革和新型城镇化是一项系统工程，各项改革只有配套协调，才能形成一股推进新型城镇化的制度合力。中心镇的改革有利于从城乡联动的视角推进政府、企业、社会与个人等多元化多向度的投资体制和机制创新，有利于充分发挥各级地方财政、企业资本、社会资金等联合创建基础设施建设基金，从而有效引导各级政府、各类社会投资主体直接投资和经营城乡公用事业和公共服务。因此，浙江协调推进户籍与土地制度创新、行政与社会管理创新、投融资与财政体制改革，逐步建立了细化到个人的公共服务制度。

第六章

中心镇协调推进新型城市化和新农村建设的模式

根据城乡一体化发展理论可以推论出，新型城市化与新农村建设在本质上应该是协调统一的，而中心镇作为城市、乡村共同影响的区域，也因此成为推进新型城市化与新农村建设的重要战略节点。本章通过理论分析与案例解剖的方式，揭示中心镇协调推进新型城镇化与新农村建设的路径及模式，并对两者协调推进的未来趋势作出科学研判，从而最终回答中心镇作为城乡一体化战略节点的功能定位。

第一节　新型城市化与新农村建设协调推进的理论依据

根据城乡一体化发展理论推论出，新型城市化与新农村建设在本质上应该是协调统一的：新型城市化带动新农村建设，新农村建设助推新型城市化。而中心镇是城市、乡村共同影响的区域，城乡要素在中心镇交织，因此，中心镇是新型城市化与新农村建设协调推进的关键节点。

一、新型城市化与新农村建设的基本概念

1. 新型城市化

牛文元认为新型城市化与传统城市化不同，新型城市化是坚持在区域

基础上实现大中小城市与农村的协调发展，坚持实现城乡一体的可持续发展战略目标，坚持实现城乡人口、资源、环境、发展四位一体的互相统筹，坚持实现农村与城市的共同发展与和谐发展，坚持实现城乡公共服务的均等化要求，坚持以城乡之间和城际之间获取财富和机会平等为标志，逐步实现减缓和解消城乡二元结构达到共同富裕的城市化之路。胡际权（2007）认为新型城市化是伴随着新型工业化的产生而产生的，体现以人为本、全面协调可持续发展的科学理念，以市场机制为主导，实现资源节约、环境友好、经济高效、社会和谐、大中小城市和小城镇协调发展、城乡互促共进的城市化发展道路。

2. 新农村建设

郭杰忠比较早的对“社会主义新农村”含义做出了清晰的界定，他提出“社会主义新农村是指在社会主义条件或社会主义制度下，反映一定时期农村社会以经济发展为基础，以社会全面进步为标志的文明状态”。张晓山从“生产发展、生活宽裕、乡风文明、村容整洁、管理民主”20字方针出发，从物质文明、精神文明、政治文明三个方面对新农村建设的内涵做了界定。韩俊则认为社会主义新农村是一个经济、政治、文化和社会建设四位一体的综合概念。马晓河认为当前新农村建设的重点内容，应该是首先解决农民最需要、最基本的公共设施和公共服务，满足他们生存和发展的需要。

二、新型城市化与新农村建设协调推进的理论分析

1. 城乡偏向发展的理论模式

城乡偏向发展理论可追溯到刘易斯（Lewis，1954）的二元经济理论模型，二元经济理论模型认为，发展中国家消除二元结构、实现经济增长的主要途径是促使农业剩余劳动力向现代工业部门转移。此理论随后演变成为城市偏向发展理论和乡村偏向发展理论。城市偏向发展理论以增长极理论为代表，该理论认为，消除发展中国家的二元结构的关键在于培育以

城市或主导产业为主、具有成长和空间集聚意义的增长极，以带动农村地区经济的增长；乡村偏向发展观理论以选择性空间封闭发展理论为代表，该理论认为，政府有选择性地削弱极化效应并增强扩散效应，培育具有自主成长能力和更高自主权的乡村，可以有效地缩小城乡差距。

2. 城乡一体化发展的理论模式

20世纪80年代以来，城乡偏向发展理论遭到了学者的批评，大多数学者认为，无论以城市为中心的城市偏向发展观，还是以乡村为中心的乡村偏向发展观，都无法指导区域实现可持续发展。麦基（McGee，1989）的研究表明，在亚洲的一些发展中国家城乡关系演变过程中，存在着城市辐射扩散的外在拉力和乡村非农化的内在推力，二者的交互作用使得农业活动和非农业活动之间的联系日益紧密、城市和乡村界限日益模糊。这种独特发展模式被称之为Desakota模型，是城乡一体化推进过程中的必然现象。道格拉斯（Douglass，1998）发展了麦基的Desakota模型，提出了区域网络发展模型，认为在城乡关系演变过程中，乡村的内在推力主要是通过一系列的“流”与城市的外在辐射扩散力相交合，并从中获得更强程度的网络功能效应，最终促成城乡一体化目标的实现。

三、新型城市化与新农村建设协调推进的机制与关键节点

1. 城乡一体化发展理论推论：新型城市化与新农村建设协调推进的机制

根据城乡一体化发展理论，笔者认为，新型城市化与新农村建设在本质上是统一的：新型城市化带动新农村建设，新农村建设助推新型城市化。城乡之间通过一系列的“流”使得新农村建设的内在推力与新型城市化的外在辐射扩散力交互作用，最终促成城乡一体化目标的实现。依据新型城市化与新农村建设水平的匹配程度，可以将其互动状态区分为协调与不协调两种状态：在发展的某个阶段，当新型城市化水平与新农村建设水平基本适应时，则体现为协调互动；当新型城市化水平滞后于新农村建

设水平，或新农村建设水平滞后于新型城市化水平时，则互动状态呈现为不协调互动。

新型城市化与新农村建设存在着互动发展的作用机理，二者需要协调互动以保持动态平衡，这种平衡与不平衡的情景将对城镇化与新农村建设产生促进或阻碍作用。换言之，当新农村建设的内生需求与城镇化的制度供给相匹配，则会对互动过程产生正向反馈作用，从而促进城镇化与新农村建设进程；但当新农村建设的内生需求与城镇化的制度供给不相匹配，则会产生负向反馈作用，从而阻碍城镇化与新农村建设的互动发展与合理演化。

2. 中心镇：新型城市化与新农村建设协调推进的关键节点

麦基（McGee，1989）教授提出的 Desakota（城乡融合区）的概念，指的是在同一地理区域上同时发生的城市性和农村性的行为，借鉴麦基的理论分析模式，笔者认为新型城市化与新农村建设协调的关键区域就是麦基所指的 Desakota 区域。Desakota 区域的具体表现因区域所处的工业化发展阶段而异：在面向城市需求、引导乡村产业发展的进程中，通过产业迂回，创新性地形成若干新型农产业部门并培育成为新的城乡区域经济增长点（中心镇），从而有效地链接城乡之间具有短链甚或断链形态的农业产业链环，保证农业产业链在城乡间顺利地构建。中心镇是城市、乡村共同影响的区域，城乡要素共生是其主要特点，区域产业链的众多产业链环节在中心镇交织。而且，中心镇作为“点轴”中的“点”，在市场经济体制日益完善的条件下，其经济集聚、扩散与辐射功能的发挥基本上不受城乡壁垒的限制，而是按其所影响的腹地范围为辐射及带动的边界，这样，城市与农村间的产业链构建机制将得到更好的保证。因此，中心镇是新型城市化与新农村建设协调推进的关键节点。

第二节　中心镇视域的新型城市化与新农村建设协调机制

新型城市化与新农村建设之间存在相互作用的机制，单纯侧重于任何一方的研究都无法有效地解读中心镇在推进城乡一体化进程中所表现出来的独特性及面临的诸多问题，也难以提出有效的对策建议。因此，试图将新型城市化与新农村建设纳入统一的概念框架，通过对浙江嘉兴市 2 个中心镇：姚庄镇和崇福镇的案例研究，揭示新型城市化与新农村建设协调推进的机理，并进而探讨基于中心镇推进二者协调推进城乡一体化的政策启示。

一、新型城市化与新农村建设协调推进的案例探索

1. 案例选取及案例概况

在新型城市化与新农村建设互动机制理论分析的基础上，本书选取了浙江省嘉兴市姚庄镇和崇福镇作为研究案例，进行比较研究。嘉兴市是浙江省统筹城乡综合配套改革的试点城市（2008 年），近年来，嘉兴始终将城市与农村视为一个有机整体，以统筹城乡、城乡一体化的理念协同推进城市与农村建设。上述 2 个镇均为浙江嘉兴市的镇制镇级行政区，属于《浙江省人民政府关于加快推进中心镇培育工程的若干意见》（2011 年）所公布的 200 个中心镇的其中 2 个中心镇，且都拥有特色鲜明的城乡一体化发展模式。因此，选取嘉兴市姚庄镇和崇福镇作为研究案例，具有一定的典型意义。

姚庄镇位于浙江省嘉善县东北部，镇域面积 75 平方千米，辖 18 个行政村和 4 个社区居委会，户籍人口 4 万人，新居民 2. 8 万人；2011 年，姚庄实现生产总值 50. 5 亿元（人均 GDP 2 万元），工农业总产值 240 亿元，财政总收入 5. 23 亿元，农民人均纯收入 1. 89 万元。而崇福镇位于浙江省桐乡市西南部，总面积 100. 14 平方千米，辖 26 个行政村和 6 个社区居委会，户籍人口 5. 3 万人，新居民 5 万人；截至 2011 年，崇福实现 GDP 32. 1 亿元，工业总产值 126. 78 亿元，财政总收入 4. 88 亿元，农民人均纯收入 1. 65 万元。

2. 案例分析

（1）姚庄镇的案例。

在姚庄镇案例中，新型城市化与新农村建设之间存在着交互作用机制，总体而言，它们的互动状态是协调的，新型城市化带动新农村建设，新农村建设助推新型城市化，二者的正向反馈作用也十分明显，互动过程表现出以下特征。

第一，新型城市化与新农村建设协调是城乡一体化的必然要求。2010年以来，姚庄镇以建成上海近郊精致高雅的田园小城市为目标，投入4亿多元，新建了商贸中心、市民广场等一批城市基础设施，建成了嘉兴市最大的城乡一体新社区—桃源新邨社区。姚庄坚持城乡统筹推进，同步推进工业化、城镇化与农业现代化，推动基础设施延伸覆盖、改造提升，走出了一条城乡一体化的特色发展之路。

第二，农民需求是推进新型城市化与新农村建设协调的持续动力。姚庄镇的城镇化比较注重统筹城乡发展，强调关注农村与农业发展，形成了统筹城乡发展的“姚庄模式”。例如，姚庄的宅基地置换能真正做到农民自愿，姚庄镇政府深入了解农民需求，通过调查所了解到的农户旧宅状况、近期修建新房计划、希望置换的房屋产权性质等信息，为更加合理地规划设计农村社区奠定了基础。

第三，政府是推进新型城市化与新农村建设协调的主导力量。2008年以来，姚庄镇抓住深化农村改革发展的关键环节，以土地使用制度改革为核心，积极开展土地流转改革试点，创新推进户籍制度改革，着力提升农村基础建设水平，基本构建了城乡一体发展新格局。2011年以来，姚庄全方位加强农村基础设施建设，在浙江省乡镇首家实现路灯村村通，新建了浙江省一流的乡镇社会福利养老中心。

（2）崇福镇的案例。

相比姚庄镇而言，崇福镇城镇化与新农村建设之间的互动主要以区域经济利益为驱动力，城镇偏向发展模式的特征较为突出，其互动状态是不协调的，二者的正向反馈作用不明显。

第一，城镇偏向发展的思路导致了新型城市化与新农村建设的不协调互动。调研发现，崇福镇偏重于产业发展与经济总量提升，带有城镇偏向发展特点。而且，崇福镇十分重视建成区范围之内的发展，忽视了城乡的协调发展，因此极易拉大城乡差距，不利于崇福城乡一体化目标的实现。

第二，对农民需求的忽视导致了新型城市化与新农村建设协调缺乏持续的动力。崇福镇政府认为推进征地拆迁是实现小城镇建设目标的关键，并把2012年确立为"征地拆迁年"，势必因农民转移产生许多社会问题。总体上，崇福镇表现为新农村建设相对滞后，滞后的新农村建设水平成为其持续推进新型城市化的障碍。

第三，经济利益驱动下的短期行为影响了新型城市化与新农村建设的协调状态。在短期经济利益驱动下，崇福镇的城镇总体规划、土地利用总体规划编制相对滞后；土地储备严重不足，征地拆迁工作推动难度很大，导致了新型城市化与新农村建设的不协调状态。

二、新型城市化与新农村建设协调推进的机制

研究发现，新型城市化与新农村建设在本质上是统一的，新型城市化带动新农村建设，新农村建设助推新型城市化。城乡之间通过一系列的"流"使得新农村建设的内在推力与新型城市化的外在辐射扩散力相交互，并使得城乡从中获得更强程度的网络功能效应，最终促成城乡一体化目标的实现。基于上述理论与案例研究，可初步提出如下城镇化与新农村建设协调推进的对策。

（1）城乡一体化是新型城市化与新农村建设协调推进的目标。城镇化就是城市基础设施和公共服务向农村延伸，城市的各种文明不断向农村扩散和辐射的过程；建设新农村的过程也是推进农村工业化、农业产业化，提高农村城市化水平，城乡各种差距不断缩小的过程。两者是内在统一、互相交融的，两者协调的目标是实现城乡一体化。

（2）推进工业化、城镇化、信息化与农业现代化的"四化同步"是新型城市化与新农村建设协调的基本标志。农村工业化发展推动农村城镇化进程、提升农业现代化水平，农村城镇化对带动农村工业化发展和农业现代化发展有着重要的促进作用，农业现代化发展对农村工业化的深入发

展和农村城镇化水平的加速发展也有着重要的推动作用。农村工业化、农村城镇化、信息化与农业现代化发展是协调统一的关系，“四化同步”是新型城市化与新农村建设协调的基本标志。

（3）中心镇是区域新型城市化与新农村建设协调推进的重要节点与载体。中心镇在集聚农民、繁荣农村中的作用是不可替代的，加快中心镇建设是走新型城市化道路和新农村建设、落实“以工促农、以城带乡”战略的必不可少的环节。因此，培育一批产业发达、管理高效、生态环境优美的中心镇，对于协调推进城镇化与新农村建设，具有重要的政策意义。

（4）户籍制度和土地制度创新是促进新型城市化与新农村建设的协调互动的重要手段。新型城市化与新农村建设互动机制是区域内的产业要素、空间要素、人口要素以及制度要素等互动作用的一种组织关系，新型城市化与新农村建设协调推进的最大阻力是户籍和土地制度的制约。因此，中心镇要把城乡户籍和土地制度改革作为改革重点，通过积极稳妥的城乡户籍和土地制度改革，确保让农民能得到城镇化的净利益增量、享受公平的公共服务，推进土地城镇化向人口城镇化转型。

三、研究小结

新型城市化与新农村建设存在着互动的作用机理，二者需要协调互动以保持动态平衡，这种平衡与不平衡的情景将对新型城市化与新农村建设产生促进或阻碍作用。研究发现，城镇化与新农村建设的互动机制是建立在区域经济社会发展基础之上的，受到一般性发展规律与区域性特有发展条件制约。浙江省嘉兴市姚庄镇和崇福镇的案例研究表明，城乡一体化是新型城市化与新农村建设协调推进的目标，中心镇是区域城镇化与新农村建设协调推进的重要节点与载体，农村工业化、农村城镇化、信息化与农业现代化发展同步推进是新型城镇化与新农村建设协调的基本标志，户籍制度和土地制度创新是促进新型城市化与新农村建设的协调互动的重要手段。

东部发达地区与中西部地区具有不同的区域经济特点，各地方的城镇化与新农村建设也处于不同的推进阶段，中心镇与一般镇又具有不同的发展目标与功能定位。这就意味着：各地的城镇化与新农村建设推进势必走特色发展、错位发展之路，评价城镇化与新农村建设协调度的指标必然是复杂的与多元的，绝不可忽视区域性特有发展条件而搞“一刀切”。而且，对我国大多数农村或农业区域而言，解决“三农”问题的关键可能不是如何推进城镇化或工业化发展，而是如何推进农村农业现代化和健全城镇公共服务体系，对此，有待于进一步研究与总结。

第三节　新型城市化与新农村建设互动的趋势判断与路径选择

传统城市化和传统农村建设的发展在一定程度上推动了我国社会的发展进程，但是也出现了一些不良的影响，如目前，“城市病”和“农村病”在我国已经出现并有相互强化的趋势。城乡一体化战略要求新型城市化与新农村建设协调推进，只有二者协调推进，才能减少“城市病”和“农村病”的发生，使我国的城市和农村能够协调发展。课题组在2012～2013年历时一年多的调查中，针对浙江省嘉兴市王江泾镇和姚庄镇、桐庐市崇福镇和乌镇4个中心镇的200位村镇干部进行了问卷调查，共回收问卷200份。2013年6月调查结束后，相关资料整理和分析于2013年8月最终结束。

一、样本描述

调查针对浙江省嘉兴市、桐庐市共4个中心镇的村镇干部，包括嘉兴市的王江泾镇和姚庄镇、桐庐市的崇福镇和乌镇，每个中心镇发放问卷50份，共回收问卷200份，问卷回收率100%。被调查对象的绝大多数为长期从事村镇管理实际工作的中心镇镇领导和镇干部，即样本中的绝大多数在本岗位工作时间或本镇内工作时间10年以上，从而保证了研究结论的说服力。具体情况见表6－1。

表 6-1　　调查样本分布和被调查对象基本情况

选项		王江泾镇		崇福镇		姚庄镇		乌镇	
		频数（人）	比例（%）	频数（人）	比例（%）	频数（人）	比例（%）	频数（人）	比例（%）
职务	中心镇领导	10	19.61	0	0	8	17	4	12.12
	中心镇干部	30	58.82	1	2.1	23	49.0	25	75.76
	中心镇域村干部	11	21.57	46	97.9	16	34	4	12.12
在本岗位工作时间	2 年以下	4	25.5	23	48.9	11	23.4	7	21.2
	3～5 年	8	15.7	9	19.1	13	27.7	15	15.2
	6～9 年	4	7.8	3	6.4	4	8.5	4	12.1
	10 年以上	26	51	12	25.6	19	40.4	17	51.5
在本镇内工作时间	2 年以下	8	15.7	22	48.9	7	14.9	7	21.2
	3～5 年	10	19.6	7	14.9	13	27.7	3	9.1
	6～9 年	3	5.9	4	8.4	1	2.1	6	18.2
	10 年以上	30	58.8	14	29.8	26	55.3	17	51.5

二、新型城市化与新农村建设互动的趋势判断

1. 城乡公共服务一体化、城乡交通基础设施一体化和城乡户籍制度一体化最有可能取得突破

大部分村镇干部认为，未来 5 年内，城乡基本公共服务一体化最有可能取得历史性突破；部分村镇干部认为城乡交通基础设施一体化和城乡户籍制度一体化极有可能取得突破，但在统一城乡土地制度上突破难度大（见表 6-2）。

表 6-2　　未来 5 年内城乡一体化最有可能取得历史性突破的领域（限选 3 项）

单位：%

选项	王江泾镇	崇福镇	姚庄镇	乌镇
城乡医疗、教育、卫生、社会保障等公共服务一体化	52.9	55.3	59.6	54.5

续表

选项	王江泾镇	崇福镇	姚庄镇	乌镇
城乡交通基础设施一体化	47.1	46.8	57.4	48.5
城乡劳动力就业市场的一体化	25.5	27.7	55.3	30.3
城乡医疗、教育、卫生、社会保障等公共服务	41.2	44.7	53.2	33.3
城乡区域规划和产业布局一体化	31.4	36.2	53.2	30.3
城乡户籍制度一体化	45.1	8.5	17	21.2
统一城乡土地制度	25.6	27.7	10.6	9.1

2. 深化农村基本制度改革、加快土地承包经营权流转、提高农业现代化水平是转变农业生产方式的关键

大部分村镇干部认为，未来5年内，转变农业生产方式的关键依次是深化农村土地、公共资源配置、公共服务、金融等基本制度改革，加快土地承包经营权流转、为农业适度规模经营创造条件，改善基础设施、加强研发和推广现代农业生产技术、提高农业现代化水平（见表6-3）。

表6-3　　未来5年内转变农业发展方式的关键点（限选3项）　　单位：%

选项	王江泾镇	崇福镇	姚庄镇	乌镇
深化农村土地、公共资源配置、公共服务、金融等基本制度改革	68.6	57.4	66	57.6
改善基础设施、加强研发和推广现代农业生产技术、提高农业现代化水平	49	46.8	63.8	60.6
加快土地承包经营权流转、为农业适度规模经营创造条件	54.9	63.8	66	57.6
提高农村人口素质	15.7	19.1	17	33.3
转移农村剩余劳动力	27.5	6.4	21.3	27.3
调整农业产业结构	25.5	29.8	31.9	24.2
加大财政金融支农力度	15.7	29.8	17	9.1

3. “扩权强镇”改革可在全省经济发达的地市区或全省所有镇全面推开

大部分村镇干部建议“扩权强镇”改革可在全省经济发达的地市区或全省所有镇全面推开，部分专家建议“扩权强镇”改革可在全省全面推开（见表6－4；除特殊说明外，表中的选项为单选项，下同）。

表6－4　　未来5年内“扩权强镇”改革能否在全省全面推开　　单位：%

选项	王江泾镇	崇福镇	姚庄镇	乌镇
可在全省全面推开	15.7	14.7	10.6	15.2
可在全省经济发达的地市区全面推开	39.2	57.4	51.1	27.3
可在全省所有镇全面推开	45.1	0	10.6	42.4
可在全省200个中心镇全面推开	0	27.7	25.5	15.1
其他	0	0	43	0

4. 财政支农资金应优先用于农村基本公共服务和农村社会保障

大部分村镇干部认为，未来5年内，本镇财政支农资金应主要用于以农村职业教育培训、医疗卫生、公共就业、公共交通、公共文化为重点的农村基本公共服务。部分村镇干部认为，应主要用于以基本养老保障、最低生活保障、农村社会安全网、住房保障为重点的农村社会保障（见表6－5）。

表6－5　　未来5年内财政支农资金的首要用途　　单位：%

选项	王江泾镇	崇福镇	姚庄镇	乌镇
以农村职业教育培训、医疗卫生、公共就业、公共交通、公共文化为重点的农村基本公共服务	35.3	40.5	31.9	45.4
以基本养老保障、最低生活保障、农村社会安全网、住房保障为重点的农村社会保障	33.3	38.2	46.8	48.5

续表

选项	王江泾镇	崇福镇	姚庄镇	乌镇
农业基础设施建设与农村社会生活公共设施建设	9.8	8.5	14.9	6.1
加大农民直接补助	7.8	2.1	2.1	0
农村环境保护	13.8	10.7	4.3	0

5. 基层干部侵害群众利益、土地权属问题和农村环境污染问题是引发农村群体性事件主要的原因

大部分村镇干部认为，引发农村群体性事件主要的原因依次是基层干部侵害群众利益、土地权属问题和农村环境污染问题（见表6－6）。

表6－6　　引发农村群体性事件主要的原因　　单位：%

选项	王江泾镇	崇福镇	姚庄镇	乌镇
基层干部侵害群众利益问题	17.6	8.5	2.1	3.0
土地权属问题，尤其是土地流转	39.2	29.8	55.3	54.7
宗族问题	2.0	0	0	6
变相乱收费和农民负担过重问题	9.8	8.5	0	3
农村环境污染问题	27.5	53.2	40.4	30.3
黑社会组织问题	3.9	0	2.2	3

6. 当前城市支持农村，工业反哺农业体制机制已初步形成

大部分村镇干部认为，当前城市支持农村，工业反哺农业体制机制局部已形成，但总体尚未形成；也有不少的村镇干部认为，当前城市支持农村，工业反哺农业体制机制已初步形成；而认为已形成的村镇干部的比例最小（见表6－7）。

表 6-7　　对当前城市支持农村、工业反哺农业体制机制的看法　　单位：%

选项	王江泾镇	崇福镇	姚庄镇	乌镇
局部已形成，但总体尚未形成	27.4	53.3	48.9	30.3
初步形成	47.1	29.7	34.1	30.3
远未形成	25.5	14.9	14.9	39.4
已形成	0	2.1	12.1	0

三、新型城市化与新农村建设互动的路径选择

1. 以中心镇为节点推进新型城市化

部分村镇干部认为推进新型城市化进程应优先发展全省全部200个中心镇，也有村镇干部认为应着重发展县域范围内的小城市（见表6-8）。

表 6-8　　浙江省推进新型城市化进程应优先发展　　单位：%

选项	王江泾镇	崇福镇	姚庄镇	乌镇
杭州、宁波等大城市	3.9	17.1	2.1	0
地区级中等城市	13.7	8.5	7.0	18.2
县域范围内的小城市	27.5	36.1	34.1	18.2
全省全部200个中心镇	33.3	4.3	7.8	12.1
全省部分发达中心镇	19.6	21.2	42.6	21.2
一般镇	0	0	2.1	30.3
县域范围内的典型农村区域	2.0	12.8	4.3	0

2. 建立城乡统一的基本公共服务制度

多数村镇干部认为未来5年内，本镇很有可能初步建立城乡统一的基本公共服务制度；部分村镇干部认为未来5年内，可以在中心镇率先实现初步建立城乡统一的基本公共服务，但一般乡镇很难实现（见表6-9）。

表 6 - 9　未来 5 年内能否初步建立城乡统一的基本公共服务制度　单位：%

选项	王江泾镇	崇福镇	姚庄镇	乌镇
很有可能	43.1	44.7	63.8	33.3
在中心镇可以率先实现，但一般乡镇很难实现	29.4	36.1	25.5	27.3
可能性较小	5.9	6.4	6.4	30.3
不好说	21.6	12.8	4.3	9.1

部分村镇干部认为尽快使农民工享受所在地基本公共服务和农民或农民工土地权益实现与离乡离土的制度安排是解决农民工问题的关键，也有不少的村镇干部认为打破城乡分割的户籍制度是解决农民工问题的关键（见表 6 - 10）。

表 6 - 10　使农民或农民工群体在城镇安居下来的关键　单位：%

选项	王江泾镇	崇福镇	姚庄镇	乌镇
尽快使农民或农民工享受城镇基本公共服务	54.9	51.2	63.8	30.3
打破城乡分割的户籍制度	15.7	10.6	19.2	6.0
农民或农民工土地权益实现与离乡离土的制度安排	25.5	21.3	14.9	18.2
尽快解决第二代农民或农民工的户籍问题，防止农民或农民工代际复制	3.9	14.9	2.1	36.4
其他	0	0	0	9.1

3. 深化政府行政体制改革

调查显示最为突出的问题是职、责、权不一致，履行职能与承担责任力不从心；其次是机构改革没有明确的方向，二者的认同度都超过 50%。乡镇机构臃肿，人员分流难；政府职能定位不清；乡镇财政管理体制改革步履艰难；乡镇债务偿还难也是乡镇机构改革的难点（见表 6 - 11）。

表 6-11　　完成机构改革任务面临的矛盾障碍（限选 3 项）　　单位：%

选项	王江泾镇	崇福镇	姚庄镇	乌镇
机构改革没有明确的方向	63.0	52.4	55.5	53.4
职、责、权不一致，履行职能与承担责任力不从心	75.6	81.6	70.9	69.9
机构臃肿，人员分流难	50.4	52.4	86.4	49.4
政府职能定位不清	15.2	32.0	27.7	24.7
财政管理体制改革步履艰难	47.9	32.0	7.1	41.1
债务偿还难	30.2	14.5	15.4	28.8
机构监管难	15.2	34.9	37.0	24.7
其他	3.0	0	0	8.0

部分村镇干部认为扩权强镇改革应该以推进城乡一体化和转变政府职能为基本方向。此外，保证基层政府的财力、减少政府层级，也代表了部分村镇干部的呼声（见表 6-12）。

表 6-12　　扩权强镇改革的基本方向　　单位：%

选项	王江泾镇	崇福镇	姚庄镇	乌镇
发展县域经济	9.8	19.1	10.6	9.1
减少政府层级	15.7	10.6	14.9	21.2
转变政府职能	23.5	14.9	14.9	9.1
保证基层政府的财力	15.7	19.1	17.0	42.4
推进城乡一体化	35.3	31.9	42.6	18.2
保证全省不同地区的财力均等化	0	4.3	0	0

4. 缩小城乡收入差距

部分村镇干部认为，未来 5 年内，本镇城乡收入差距扩大速度将减缓，但依然会继续扩大；而认为城乡收入差距有所缩小或显著缩小的比例较少（见表 6-13）。

表 6－13　未来 5 年内本镇城乡收入差距的看法　单位：%

选项	王江泾镇	崇福镇	姚庄镇	乌镇
继续快速扩大	15.7	21.2	10.6	15.2
继续扩大，但扩大速度将减缓	25.5	34	23.4	15.2
基本保持不变	19.6	10.6	10.6	39.4
有所缩小，但幅度有限	15.7	27.7	46.8	18.2
显著缩小	3.9	6.4	7.8	9.1
其他	0	0	0	2.9

部分村镇干部认为，启动本镇农村消费大市场的关键在于提高农民收入水平、缩小城乡收入差距，实现城乡教育一体化、加快建立基本养老保险制度、提高最低生活保障水平、完善农村社会救助体系（见表 6－14）。

表 6－14　启动本镇农村消费大市场的关键在于（限选 3 项）　单位：%

选项	王江泾镇	崇福镇	姚庄镇	乌镇
提高农民收入水平、缩小城乡收入差距	72.2	62.9	84.7	80.0
加快城镇化进程，吸纳农村人口转移就业	30.7	45.9	29.0	23.3
实现城乡教育一体化、加快建立基本养老保险制度、提高最低生活保障水平、完善农村社会救助体系	57.0	50.8	50.8	26.6
提高农村基本公共服务水平，建立城乡统一基本公共服务体制	30.7	14.6	26.6	40.0
加快农业发展方式转变、提高农业生产效益	30.7	24.2	14.6	46.6
改善农村消费环境	13.2	36.3	29.0	26.6
通过不断加大农业补贴力度，显著提高农产品收购价格	21.9	12.1	12.1	16.7

续表

选项	王江泾镇	崇福镇	姚庄镇	乌镇
建立完善农村住房保障制度、推进城乡住房保障制度一体化	21.9	31.5	33.9	30.0
继续加大“家电下乡”、“汽车下乡”等政策支持力度	21.9	21.7	19.3	10.0

5. 大力支持农民组织的发展

村镇干部认为，农村发展急需的农民组织依次是各种生产专业协会、农民合作社、村民议事会、外出务工组织、农民信用合作组织、农会等（见表6－15）。

表6－15　当前本镇农村发展急需的农民组织（限选3项）　单位：%

选项	王江泾镇	崇福镇	姚庄镇	乌镇
各种生产专业协会	54.9	55.3	44.7	54.5
农民合作社	51	53.2	51.1	45.4
村民议事会	33.3	31.9	59.6	39.4
务工或就业组织	21.6	12.8	25.5	39.4
农会	21.6	4.3	0	12.1
农民信用合作组织	21.6	29.8	23.4	24.2
社区经济合作社	17.6	17	14.9	21.2
互助组（或基金会）	21.6	19.1	14.9	24.2
乡村经济联合社	9.8	10.6	19.1	0
扶贫协会	7.8	23.4	12.8	12.1
其他	0	0	2.1	0

部分村镇干部认为，农村经济合作组织的性质应该是农民自主经营的即民营的，政府应该帮助农民健全农村经济合作组织的管理制度，不应该介入管理；也有部分村镇干部认为，应该鼓励龙头企业领办农村经济合作

组织，应由政府领导，并由政府派员（见表6－16）。

表6－16　农民经济合作组织应该如何组织　单位：%

选项	王江泾镇	崇福镇	姚庄镇	乌镇
农村经济合作组织的性质应该是农民自主经营的即民营的	27.5	59.6	53.2	21.2
农村经济合作组织应由政府领导，并由政府派员	17.6	0	2.1	30.3
应该鼓励龙头企业领办农村经济合作组织	13.7	8.5	17.0	21.2
政府应该帮助农民健全农村经济合作组织的管理制度，不应该介入管理	41.2	31.9	27.7	27.3

四、研究小结

改革开放30多年来，城市化推动了我国经济的高速增长。面对世界金融危机的持续影响及国内产能严重过剩等问题，城市化成为扩大内需的最大潜力，将是下一阶段促进我国经济健康发展和深化改革的重要引擎。然而，传统城市化片面追求城镇规模扩大和空间扩张，忽视了城镇品质的提高，以及城市化与新农村建设的互动。新型城市化应坚持人口、资源、环境协调发展，城乡协调发展，城市化和产业协调发展，并强调包容性发展、人的城市化。只有推进包括户籍制度、土地制度、行政管理体制、投融资体系、财税体系和均等化社会保障等在内的一揽子改革，破除传统城市化的路径依赖，释放出新的“改革红利”，才能协调推动新型城市化与新农村建设。

第三篇　实践与经验

第七章

我国城乡一体化发展的趋势判断与发展难题

作为经济社会发展的必然结果的城市化是以工业和服务业为主的现代城市社会取代以农业为主的乡村传统社会的渐进转变的历史过程。城市化相对于传统社会来说在吸收剩余的农村劳动力，降低乡村与城市的差距方面；在产业结构改善，第二、三产业发展促进方面；在文化交流增进，科技进步推进等方面具有更大的优势。国外城市化发展有着悠久历史，其成熟的操作经验和运作机制值得发展中国家借鉴。

第一节　国外小城镇建设的实践经验借鉴

一、欧美国家城市化经验

1. 英国城镇化模式

英国是城镇化开始最早的国家，其工业化和城镇化同时进行。“圈地运动”为大规模的农业机械操作提供了便利，大量失地农民慢慢演变成为转移到城市的剩余劳动力，也使得其城镇居民人口在总人口中的比重迅速提高。到 1850 年，英国的城镇化率已达到了 50%。而工业革命使得英国的乡村工业得到了长足进步，并逐渐形成了具备自我组织能力的小城镇建设机制。这种小城镇发展机制对农业的发展也产生较大影响。机械装备对农业的发展起到巨大推动作用，但大量农村精壮劳动力无节制的外流，最终导致了英国成为粮食进口大国。随着社会经济的发展，英国早期形成的小城镇渐渐演变成了大城市，“城市病”也得以产生。

目前，英国在治理“城市病”问题上，主要从有效控制大城市规模，加快中小城镇的发展，从整体上推动英国城市化进程向纵深发展努力。纵观英国促进小城镇发展的经验，已具备以下4方面的基础条件：（1）利用英国在产业链上处于高端的有利条件，通过产业结构升级，实现了使全球的资源朝着有利于英国小城镇发展的优化配置；（2）进入信息社会后，无线技术的普及使得大城市经营成本的地理优势正在消失，例如，英国国内没有长话市话之分，全国电话统一话费；（3）企业规模的变化改变了企业和城市的关系，过去企业小，企业依赖城市，而现在企业做大了，就减少了对城市的依赖；（4）居民从原来以选择在大城市黄金地段建立企业总部为荣，转向以到小城镇落户，并将主动承担社会责任作为企业的使命。

2. 美国城镇化模式

美国是城镇化程度较高的国家之一，其人口城市率已超过85%。美国起初是个地广人稀的国家，但伴随大量外资和无数具有冒险精神的“开拓者”涌入，财力、人力、技术等要素不断充实，农业和工业都得到了快速发展。美国的城市化始于19世纪末，以东部地区的崛起为起点，围绕中心城市纽约，逐步向大西洋两端扩散；20世纪初，美国形成了以芝加哥为中心的中西部重工业区。然而，随着城市化的不断推进，到了20世纪中期，出现了“逆城市化”趋势，这种趋势导致中心城市富人大量地向郊区迁移，众多的“卫星城”应运而生。20世纪60年代，美国政府为解决城市病的困扰，通过试验“示范城市”计划，分流了大城市的大量人口，出现了所谓“反城市化”现象。反城市化是城市人口大量向城市四周更广大的地区扩散取代了向郊区迁移传统路径，反城市化催生了小城镇的产生，这些小城镇成为连结大城市和乡村的纽带。

考察美国的城镇化过程，我们不难发现，在早期城镇化发展中明显存在规划和管理不足，从而使城镇建设杂乱无章，进而造成向农村地区的无节制扩张，不仅严重浪费耕地，还产生了“过度郊区化”现象。美国城乡一体化发展经验表现在如下方面。

（1）交通条件的改善是促进城乡一体化的首要因素。20 世纪初，由于新型交通工具汽车的出现，道路改善运动在美国全面展开。到 20 世纪 90 年代，全美国建立了高效通畅的高速公路网络，高速公路覆盖了全美城市、乡镇和乡村。这一成就大大加快了城乡一体化进程，也导致了居住、商业和工业的郊区化，同时也为农村人口向城镇转移提供了便利条件。

（2）三化同步与良性循环是美国式城乡一体化的基础。美国的工业化始于棉纺织工业，到 19 世纪 60 年代，逐渐发展成为涉及其他农产品加工的整个农业产业，这一产业的发展在美国工业化进程中功不可没。农业等基础产业的工业化带动了其他工业的发展，这两个大产业的协调发展推进了城市化的进步，再加上美国政府有意识的引导产业的升级换代与配套服务业的发展，进一步促进了三大产业的良性循环。资料显示，美国的第三产业从工业化较早阶段便呈现出与第二产业同步增长或比第二产业优先增长的趋势，随着工业化发展产生的农业剩余劳动力从一开始就较多地流向服务业就业。

（3）农村发展立法是美国式城乡一体化的法律保障。随着城市化的推进，城乡差距不断拉大是所有国家面临的共同问题，美国也不例外。为了更好地解决这一世界性难题，美国政府先后颁布实施了“农村发展计划”、“反贫困战争”和农村经济结构调整等农业农村发展的支持政策，推动了美国农村地区的持续进步，保障了城乡一体化的发展。

3. 德国城镇化模式

当前，德国的城镇化率达到了 97%，其 70% 的人口居住在小城镇。第二次世界大战后的德国由于政治上的原因被一分为二，最终导致东西部发展上的差距。统一后的东部德国人口大量西迁造成了人口结构的改变，最终引起了德国乃至整个欧盟区域政策的调整。1989 年，欧共体拟定了“社区倡议计划”，乡村自然与人文关怀被正式提上议程。同时还提出了著名的“农村经济发展行动联盟”计划，该项计划内容包括基础建设、地域管理、旅游业、林场管理、地方特色产品等。20 世纪 90 年代以来，德国的数百个乡镇想方设法利用这一机会，各乡镇在项目的选择上，充分发挥自主权，因地制宜提出了特色产业促进了小城镇发展的各种措施，最终实现了德国的城乡一体化。其主要经验可以概括为以下 4 个方面。

（1）建立城乡和区域均衡发展的协调发展机制。德国政府在城乡建设和区域规划的政策设计上始终贯彻在全国境内形成平等的生活环境，减小各地区的差异和追求可持续发展，使后代有生存和发展的机会这两项重要原则。通过对政治、经济和文化中心职能在全国各地城市的分散布局，最终形成了全国城市均衡分布的良好局面。20 世纪五六十年代为了保护村庄原有形态，有限度地改造更新老建筑和保护村庄的原有生态环境，德国相继进行了立法建设，从而保证了农村的可持续发展的实现。

（2）开展城乡“等值化”建设。城乡“等值化”建设是由德国赛德尔基金会于 20 世纪 50 年代倡导的，其基本内涵就是通过土地整理和村庄革新等方式来实现“农村与城市生活不同但等值”的目标，其核心思想是让农民在就业机会、居住环境、工作条件、社会待遇、收入水平等生活质量方面与城市形态不同但等值，从而使城市经济与农村经济得到平衡发展。该计划始于 50 年前的巴伐利亚，试验成功后推向全德国，最终成为德国农村发展的普遍模式。1990 年被欧盟采纳，成为欧盟推广的农村政策方向。城乡等值化追求的是建设一种现代工业文明与优秀传统文化并存的“田园式”的新农村。建设宗旨首先要求因地制宜，量力而行，其次要求在尊重和保护农村已有的淳朴、厚重的民风民俗基础上根据乡村的自然环境和人文历史传统建设乡村生活模式。

（3）建立统一、健全的社会保障体系以降低“城市化”门槛。德国宪法规定公民享有包括选举、工作、迁徙、就学、社会保障等平等的基本权利，因此，德国社会不存在明显的工农、城乡差别，农村居民享有与城市居民同等的权利。工农差别只显示在从事工作性质上的差别，农民只要进城工作，照章纳税，并进入社会保障系统，就能成为城市居民。

（4）便捷的交通系统为均衡发展的城市体系提供了重要保障。大量的有轨电车实现了跨区域发展的目标。方便的公共交通系统保证了各个市镇联系，小轿车的普及，扩大了人们的活动半径。

4. 加拿大城镇化模式

加拿大城市化开始于欧洲殖民进程。在16世纪初期，居住在加拿大主要是休伦人和易洛魁人，他们生活方式相对原始，居住方式与东方或欧洲早期城镇的规模和水平相距较远。欧洲人在17世纪初开始向加拿大大量移民，当年的移民人口主要集中于圣劳伦河河口沿线的魁北克和蒙特利尔，一小部分人口分布在其他一些贸易点和小村庄，还有一小部分人口分布在大西洋沿岸的部分渔业城镇和设防城镇。1851年，只有13.1%的加拿大人口属城市居民（加拿大将1000人以上居民点定义为城市），到1901年有34.9%的加拿大人成为城市人口，1931年超过一半，为52.5%。联邦建立以后到1931年，每10年间城市人口比重增加5%～7%。1929年以后的经济大萧条实际上停止了城市人口的增长，1931～1941年城市人口增长仅为0.2%。第二次世界大战以后几十年的城市化进程明显。

到1971年，3/4的加拿大人住在城市里。20世纪70年代以后城市人口的增长相对停滞，1986～1991年，城市人口比重仅上升了0.1%。铁路系统是西部城市化最有推动意义的重要因素之一。加拿大东部城市都是马车和水路运输时代的产物，而西部主要城市温尼伯、埃德蒙顿、卡尔加里和温哥华都是铁路时代的产物。1880～1885年，加拿大兴建横跨东西的太平洋铁路，促进了人口迅速流动、自然资源开发和整个经济发展，大大加快了西部城市化进程。在加拿大城市（尤其西部）发展中，地方因素和社区精英具有重要地位和关键作用。地方精英群体出于私人利益和社区利益共同增长的目的，积极地兴建铁路、鼓励移民、吸引工业、设立大学，推动政府改革，争取独立市政地位，组织地方人员和资金共同发展城市，以谋求自己的城市成为省会城市；每个城市的精英们相互合作，努力追求自己社区在本地区所有社区中的优势地位。

二、拉丁美洲国家城市化的基本经验

拉丁美洲国家的城镇化大多带有殖民经济特点，其城镇发展主要依靠无序的人口膨胀，虽然平均城镇化率已达75%以上，部分国家甚至已经超过了80%，但没有工业化、经济发展和技术进步的基础。拉美的产业发展有其特殊性，宗主国的资本输入首先促进了第三产业发展，成为城镇化的动力，但是整体经济发展却相对缓慢，特别是工业化明显落后，加上缺乏调控能力的政府，形成了拉美式的“过度城镇化”。这种城镇化在管理模式上完全套用了宗主国经验，无视原有的民族文化和基本国情。在农村人口持续减少的城市化过程中，还伴随着经济停滞甚至衰退，其城镇化的最大特征就是发展质量很低、严重短缺的基础设施、大量增加的城镇贫民。

为了解决城镇化发展中存在的上述问题，拉美各国逐渐把注意力转向了小城镇的开发与建设。例如，巴西的圣保罗市，曾先后在老市区50～80千米的半径范围内先后建设了8个环境优美的卫星城镇，这些卫星城镇吸引了一定数量的城市人口分流，据统计约占圣保罗市总人口的10%左右。圣保罗市的成功吸引了巴西其他大城市对卫星城建设的重视，并将这种模式作为缓解大中城市人口压力、逐步解决社会、经济、环境问题的重要手段。

三、亚洲国家城镇化建设经验

1. 韩国城镇化模式

韩国在20世纪80年代后城市化进程进入快速发展时期。1960年，韩国的城市化水平仅为28%，1980年则达到57%，到1990年已经达到74%，目前已是80%以上。韩国小城镇的快速发展，主要得益于20世纪70年代发起的所谓“新村运动”。作为振兴农村的一个重要环节，韩国政府专门为小城镇发展制定和实施了一系列政策，可分为以下4个阶段。

（1）小城市培育阶段（1972～1976年）：小城镇发展政策包括改善中心镇的基础环境为中心，集中治理道路、河流、违章建筑、露天广告、停车场、电网等；主干道路沿线的1505个小城市、镇和乡政府所在地作为整治对象，而实际落实的市、镇有397个。政府给这些实施政策的小城镇平均每个支援1026万韩元；培育一些重点小城镇成为周围农村地区的生活、文化、流通的中心地区。

（2）小城镇培育阶段（1977～1989年）：小城镇发展政策包括改善更广大的小城镇落后的生活环境，培育小城镇的自主生产能力，使其能够承担准城市的职能，从而缩小城乡之间生活水平的差距；行政自治部以实施“小城镇培育事业”的形式促进小城镇发展。集中于街道、市场等基础配套的整治，选择小城镇1458个，实际落实844个，行政自治部给每个实施政策的小城镇平均支援1.65亿韩元；行政自治部依次促进“小城镇职能化事业（1978～1982年）”和“地方定住生活圈规划试验事业（1982～2011年）”。前者基本构想是，以169个小城镇为对象，强化其作为准城市的据点职能，即对周围农村的支援职能、邻近城市的补充职能、农村经济的开发据点职能、腹地区域的文化中心等职能。后者基本构想是，以155个小城镇为对象，实施城乡一体化开发，促进城乡职能联系，建立高通达性的交通体系，强化中心地职能，追求区域多样性，最终以郡为单位确立地方定住生活圈。

（3）小城镇促进发展阶段（1990～2000年）：小城镇发展政策包括政府继续投资促进小城镇发展，逐渐把小城镇培育成农村地区的综合性中心。其目的是把镇和乡所在地开发成为农村地区包括经济、文化、行政等功能的综合性中心地，通过振兴地区经济和建设地方定住生活基础，谋求福利的均衡，进而缓解城乡之间的开发差异。促进的具体事项有包括改善道路和下水道等内容的街道整治、包括改良住宅等内容的居住环境整治、包括整理中心商业街等内容的市场流通设施整治等。该事业所选小城镇有1443个，而实际落实的有606个。政府给每个实施政策的小城镇平均支援121.4亿韩元。政府多个部门为支援农村和落后地区制定和实施了一系列政策，间接地促进小城镇发展。

（4）小城镇综合培育阶段（2001年至今）：小城镇发展政策包括在21世纪之初，韩国政府先后制定了《地方小城镇培育支援法》（2001）和《小城镇培育事业10年促进计划（2003～2012年）》（2002），实施“小城镇综合培育事业”。在全国层次上，2003年，选择14个镇进行示范性培育；从2004年开始，每年选择20个镇。在镇层次上，每个镇要制定10年计划，并分前后两大部分：最初3年集中安排可使所在小城镇的发展主题现实化的公共部门的基础建设事业，即战略事业；其后 7 年安排可持续民间投资和自行发展的诱导性建设事业，即其他事业。行政自治部和国库补助资金管理部门向每个镇在实施计划前 3 年集中支援资金，以保障战略事业的顺利完成。每个镇需要具体促进的事项是：培育具有代表地区特性和竞争力高的本地区特有产业；支援市场、中心商业街等现代化、专业化事业；为建设舒适的生活环境扩充城市基础设施；集中促进传统文化和历史资源的复原和保护，振兴旅游事业。

韩国城镇化的基本经验可以概括为以下 6 个方面。

（1）提高支援力度。在很长一段时间里（大约 30 余年），韩国政府虽然一直坚持促进小城镇发展，但投资规模十分有限，即使纳入国家培育计划内的小城镇，所得资金支援也十分有限。但 21 世纪初开始的小城镇建设促进计划则加大了投资规模和政策激励。

（2）投资方式采取选择和集中的形式。早年的韩国政府在小城镇建设方面采用了全面投资，广泛覆盖的方式，结果每次计划都未能达到预期效果。进入 21 世纪以后，韩国政府吸取了以前小城镇建设的教训，不再走四面开花方式，而是集中于镇的培育，然后在逐步延伸到乡一级的培育。在资金支持方面也做了相应调整，对条件好的镇优先给予支持，以达到集中开发的目的。

（3）确立有效的实施模式。为了小城镇建设计划的有效实施，韩国政府要求各地形成自下而上的计划制定程序，同时要求这种程序的执行必须遵守相关法律法规规定的程序并承担相应义务。

（4）重视挖掘小城镇建设区内潜力，提倡促进事业发展必须围绕发展主题。在新的时期，韩国政府一改过去小城镇建设面面俱到的罗列式的立项方式为主题式立项方式来制定小城镇建设规划。这种建设方式有利于小城镇发展的个性化和多样化。

（5）小城镇建设与其他计划事业联系促进。尽管与小城镇发展相关的开发事业很多，但过去由于没有必要的制度措施，小城镇发展事业未能与之有机地联系起来，只好单独作战，其结果是综合效益差。在新的历史时期，韩国政府通过法律形式明确提出，综合培育计划必须与其他的开发事业联系起来进行规划和组织实施。

(6) 在小城镇建设管理上建立了政民共同促进机制。刚开始时，韩国的小城镇建设基本由中央政府和地方政府包办，基本不允许民间资本和民建部门参与活动。政民共同促进机制则是公共部门（市郡政府）承担基础设施建设事业，为民间部门参与提供行政支援；居民团体参与居住环境整治事业、地区精神文明建设事业；民营部门承担本区特有产业、旅游设施、学校、医院等的投资建设。为了招引民间资本投资参加开发事业，政府对其给予税收、融资、土地开发、利用国有土地等方面的优惠。

2. 日本城镇化模式

与亚洲其他国家的城市化相比，日本小城镇发展起点较高，推进速度更快。20 世纪 50 年代至 70 年代是日本城市化的大发展时期，城市化率从 20 世纪 50 年代的 37% 上升到 20 世纪 70 年代的 76%，年均增长 1.5 个百分点。最终形成了以东京、大阪和名古屋为核心的三大都市圈，这三大都市圈吸收了全国将近一半的人口，使日本成为城市和郊区人口占多数的国家。在这一城市化的进程中农业人口急剧下降，在 1963 ~ 1973 年的十年间，农村平均每年向外输送了 80 万个劳动力。农村人口，尤其是大量的年轻人涌入大城市。城市化的结果导致城乡差别持续加大，小城镇规模不仅没有发展反而萎缩，并形成了农村地区人口过疏的特殊问题。

进入 20 世纪 70 年代后期，日本的城市化水平继续提高，城市人口比重超过总人口的 86%；城市化呈现分散型发展趋势，中小城镇崛起；出现一极膨胀与再城市化现象（东京）。为了改变这种城市化的不利趋势，日本政府采取了一系列的导引政策和措施，制订了大量法律，包括《过疏地区活跃法》、《半岛振兴》、《山区振兴法》等，加大了村镇基础设施建设的力度，以便疏散大城市人口、促进农村经济社会的发展。经过 10 余年的努力，到 20 世纪 80 年代中后期，日本村镇的基础设施水平发生了极大的改变，基本已经达到了大城市的水平；另外，政府也采取了一系列鼓励人们返乡工作的政策措施。

日本在小城镇建设过程中，非常注重选择符合各地实际并能发挥优势的发展道路。采取了许多有利于农民收入增加的农产品价格措施，因此农民的收入状况并不比其它行业差，保证了城乡差别进一步缩小，促进了第

一、第二、第三产业的协调发展。在小城镇基础设施建设和公共服务供给方面也有相应完善的政策，保证了村镇居民生活质量的提高。日本的小城镇建设为我们提供了许多值得借鉴的经验。

（1）发展基础教育和职业教育。日本在第二次世界大战结束以前就已经基本上实现了 6 年制义务教育，战后的 1947 年又出台的《基本教育法和学校教育法》，把义务教育年限提高 9 年。政府十分重视对于公共教育的投资，1965～1973 年，其公共教育投资年均增长 17.6%，甚至超过了经济总量的增长速度。到 20 世纪 80 年代，普及了高中教育，其中 40% 农村适龄学生能够进入大学学习，劳动者的素质得到了大幅度提升。日本政府也特别重视农村职业技术教育，其路径是政府和私营企业共同参与，最终建成了分层次、有重点农村职业技术教育体系和教育机制。

（2）完善社会保障制度。为了解决第二次世界大战带来的近 1/3 的绝对贫困人口，日本政府于 1946 年出台了《生活保护法》，该法规定对处在贫困线以下的所有国民由国家提供最低生活保障，这一法律规定有效地帮助穷人渡过了战后经济难关。随后日本政府进一步建立了覆盖全体国民的最低生活保障体系。1959 年，日本政府又颁布两部具有划时代意义的法律：《国民健康保险法》和《国民年金法》，《国民健康保险法》规定了 1961 年 4 月以前全国所有市町村中的农户、个体经营者等无稳定职业和收入的人口必须强制参加保险，实现了全民医保的目标。《国民年金法》规定把原来并未参与养老保险的农户、个体经营者等人纳入养老保险范围，明确规定凡是 1961 年 4 月以前 20～60 岁的日本农民、个体经营者必须参加养老保险。这样到了 1961 年日本农村基本上建立起了以医疗保险和养老保险为主的农村社会保障体系，使日本进入了“国民皆保险”、“国民皆年金”的美好时代。

（3）大力推动农业科学技术研究及推广。日本的农业科研体系实力雄厚，其机构由国立科研机构、大学和企业三大部分组成。农业研究和开发直属农林水产省，共有 29 所国立研究所，它们经常性的与大学和企业研究机构保持紧密的联系。由于机制完善，新的农业科学技术转化为农业生产率相当高。日本政府也通过《农业改良促成法》明确的规定具体的农业技术推广活动，要求每个町或村都设政府发放工资的技术员和普及员，并通过多种方式负责向农民传授农业科学新技术、新知识。

（4）增强政府对农业基础设施的投资力度。日本农业发展离不开政府对农业基础设施建设的特别重视。这种重视体现在政府财政对农村道路和农田水利设施建设的大量投资，相关数据显示每年的投资金额都在11000亿日元以上。农业基础设施的改善，适应了土地的规模经营，使城乡之间的物质和信息联系得到强化，有利于农业生产率的提高。

（5）推动农业协会发挥作用。农协是日本的农业发展的中介，对日本农村的发展功不可没。在日本，几乎每个市町村都设有农协，这种组织把大部分农户组织了起来，提高了农业生产力和农民在社会上的经济地位，同时也促进了国民经济的发展。农协的主要作用在于为其成员的生产经营提供技术支持，制定本地区农业发展的中长期规划；将成员的零星产出集中起来有计划地销售，维护农民的市场权益，提高谈判能力；统一购买生产资料和生活资料；提供信贷资金支持；开展医疗保险业务和养老保险；提供和租用大型农用机械服务等等。日本农协提供的服务基本涉及到农户生产生活的各个层面，一定程度上取代了政府承担的公共服务职能，为农业劳动生产率的提升和农民生活质量提高发挥了重要作用。

（6）完善法律推进农村土地规模经营。日本的城镇化过程一直以法律保障为基本前提，在整个城镇化的快速发展时期，日本颁布了一系列法律，在各个层面作出了许多有利于城镇化的相关规定。1952年颁布了《农地法》，规定了农户拥有土地面积的上限，并对土地的出租和买卖进行严格限制。1961年颁布了《农业基本法》，提出以扩大农业规模、提高农业劳动者的收入和生活水准。1970年修改了《农地法》，废除了土地保有面积的上限，撤销了对地租的限制。1975年颁布了《关于农业振兴区域条件整备问题的法律》，允许农民经过集体协商，根据双方达成的协议条件，自由签订或解除10年以内的短期土地租借合同。1993年修订了《农地法》和《农业经营基磐强化促进法》，提出了“认定农业生产者”制度。

（7）采取措施促进农业生产结构改善和农业专业化。居民对于农产品的需求随着日本经济的快速发展发生了结构上的变化，这种变化表现为对于蔬菜、水果和畜产品等的需求相对上升，而对于粮食作物的需求却相对下降。为了适应这种需求的变化，政府通过法律引导农民改变农产品生产的传统结构。法律的相关规定促进了日本农业产业结构的升级，有效地缓解了农产品的供求结构的矛盾，对稳定农民收入起了很大作用。随着农业产业结构的升级，日本各农村的专业化分工也得到不断发展。1979 年，日本开始提倡“一村一品”运动，要求各个区域农村根据自身区域优势，发展一项或几项有特色有市场前景看好的特色产品，通过品牌建设获取比较优势和规模效益，这项措施在大部分农村取得了良好的效果。

第二节　我国中心镇建设的主要成就

作为连接城乡之间关系节点的中心镇是繁荣农村、服务农业、集聚农民的重要载体。通过大力发展中心镇，科学布局中心镇，能够更好地推进我国走新型城市化与新型工业化道路、建设社会主义新农村、构建和谐社会的进程。在我国，中心镇经过多年探索性发展，已经取得一定的阶段性成就。

一、政策扶持力度不断加强，中心镇发展方向渐趋明晰

一段时期以来，我国把提升城镇化水平作为农村现代化和城乡公共服务均等化的战略举措，把中心镇培育作为推动城镇化发展的重要抓手，并不断加大政策支持力度。（1）完善法律法规，制定切实可行的措施，把以统筹城乡和区域协调发展、加快推进城乡一体化作为中心镇发展的总体目标，在加快人口和产业集聚、提高规划建设和管理水平、突出特色和优势等方面加强体制机制创新。同时，在资金和土地等要素保障方面不断提升支持力度。例如，宁波市政府每年用于中心镇建设的补助资金从 2007 年的 500 万元增加到 1000 万元，各中心镇用地指标上则采取倾斜政策，每年从省切块用地指标中安排 500 亩左右，专门用于中心镇的新农村建设和急需的公共服务设施建设。（2）初步建立了中心镇考核评价体系。明确了中心镇改革与发展的评分标准和依据，同时将中心镇建设的考核结果作为下一年度下拨中心镇建设资金的重要依据。（3）不断增强中心镇的

自我发展活力、协调统筹动力，进一步强化中心镇在扩内需、保证经济增长中的作用，强化中心镇产业实力和集聚辐射能力。

二、综合实力显著增强，中心镇体制优势进一步凸现

随着中心镇改革的推进和不断深化，中心镇运作的体制机制优势进一步展现，各地方中心镇的综合实力显著增强。以宁波为例，截至 2008 年底，全市 17 个中心镇的区域面积近 2000 平方千米，其中建成区面积达到 100 平方千米，比 2007 年增长了 13%，户籍人口 140 万人；工农业总产值实现 1686 亿元，其中工业总产值 1432.37 亿元，占全市工业总产值的 13.1%；财政总收入 53 亿元，占全市地方财政收入的 13.5%。

三、基础设施逐步完善，城乡一体化节点地位更加突出

各地在中心镇建设过程中，民生投入方面力度较大，通过农村公路联网改造、管网供水改造、危桥改造、污水管网改造等方面的努力，逐步完善了镇村基础设施，使其不断由城镇向农村延伸。以宁波为例，截至 2008 年，农村公路建设“三百”目标已经实现，即村通等级公路率 100%、通村公路硬化率 100%、工程质量合格率 100%，各中心镇的农村联网公路正在建设当中，已建成农村联网公路 110 条，139.18 千米，班车通村率达到 100%；各中心镇饮水工程全面推进，城乡一体化的供水网络逐步完善。17 个中心镇中有 12 个全部完成了二次改水工程，5 个正在推进，到 2011 年底所有中心镇均可完成二次改水，部分中心镇城乡一体化的供水管网正在建设当中。并且大力推进污水处理设施建设。根据省政府新一轮生态建设“811”行动计划，从 2008 年开始到 2010 年底，全市 17 个中心镇必须建成污水处理设施，建设独立的污水处理厂或污水管网接入县级以上的污水处理管网。近年来，各中心镇在原有的工作基础上，对污水处理网络体系进行了进一步的规划和完善，加大了污水处理系统建设推进力度，截至目前，余慈地区的 6 个中心镇以及慈城镇、溪口镇分别纳入所在城（市）区的污水处理管网，其余 5 个中心镇独立建设污水处

理厂，均已开工建设，预计在年底可建成投入使用，鄞州区片的3个中心镇以及莼湖镇污水处理设施正在推进当中。

四、镇级社会事业均衡发展，辐射带动功能不断增强

辐射带动作用是中心镇的存在的核心功能之一，这种功能体现为中心镇承接城市公共服务向农村延伸的职能，有利于促进城乡基本公共服务的均等化发展。同样以宁波为例，这种作用的发挥具体表现在以下方面：（1）教育方面。进一步调整中小学教育网点布局，不断优化教育资源环境，加大对教育的投入力度。2008年，各中心镇累计投入经费9176万元，主要用于完善教育硬件设施和办学条件。目前已有15个中心镇成为省级教育强镇，长街和溪口成人学校分别被评为国家级和省级示范成校，集士港、咸祥、姜山三个中心镇实施普高免学费教育。幼儿入园率达到100%，义务教育入学率和巩固率分别达到了100%和99%。（2）医疗卫生方面。到2008年底，所有中心镇农村社区卫生服务覆盖率达98%以上，有90%左右的村卫生室实行了一体化管理，其中92.1%的农民距离最近医疗机构不到1千米，新型农村合作医疗参合率达到了98%以上。（3）文体等方面。修建了集体育、文化、科普于一体的“村落文化宫”、“镇文化艺术中心”等设施的中心镇达到了90%，17个镇均建设了综合性敬老院或“星光老年之家”、“居家养老服务中心”、“老年活动室”、“福利中心”等，并投入使用。文体活动丰富，举办了老年人运动会，观海卫太极拳被正式列入省和国际比赛项目。

第三节　我国城乡一体化发展水平的基本判断

一、城镇化发展水平的判断

我国研究者对城市化的历史进程有着不同的判断，有研究者认为，从

人类发展的进程来看，城乡之中存在三种相互关系：一是城乡隔绝，二是城乡对立，三是城乡融合。这三种关系随着经济发展水平与经济阶段的不同而存在着，从世界发展趋势看，无论发达国家还是发展中国家，社会的总体发展趋势是不断向城市融合逼近，虽然在具体的融合特征上各地、各国家存在较大的差异。也有学者把城市化进程进一步细分为六个阶段，其划分的主要指标是居住在城市的人口占区域总人口的百分比。根据上述判断标准，在结合我国近来的城镇化率相关指标，截止 2011 年，我国的城市化率首次超过了 50%，也就是说目前我国应该处在城市化的基本实现阶段。中国的改革开放就是城镇化过程，目前中国 13 亿人口已经有超过 6.5 亿人口住在城镇。

不过也有学者提出了不同的看法，因为按照通行的常住人口标准计算，中国目前的城镇化率为 51% 左右，但如果按照户籍人口标准计算，则中国的城镇化率仅为 35%，这一指标远远低于世界银行统计得出的中等收入国家 48.5% 的城市化率水平。也就是说，中国农村确实有大量剩余人口进入了城镇生活，但是由于制度障碍而没有真正达到“化”。

二、典型区域的城乡一体化

1. 北京市的城乡一体化

北京市早在 2001 年其城市化率（按户籍计算）指标已经达到了 71%，这说明北京市经济社会发展的主要指标在 2001 年就已经达到了中等发达国家水平，标志着北京进入了现代化的门槛，进入到了城乡一体化整体推进的新阶段。在 2000 年，北京的城镇人口已经占到全市总人口的 77.5%，郊区农民非农就业水平达 88.2%，北京郊区的实践证明，没有小城镇的发展，没有其示范和带动作用，城乡一体化是不可能实现的。

2. 上海市的城乡一体化

作为长三角区域经济发展龙头的上海市，是我国最具活力的经济区域之一。经过多年的改革发展，上海已经基本具备了加速消除二元经济社会结构的物质条件。2003年以来，上海积极推进郊区工业向园区集中、郊区人口向城镇集中、郊区土地向规模经营集中工作，积极促进郊区农业结构向有利于城乡一体化方向的优化调整。上海市农民农产品经营品牌意识增强，农业产业化加快，2003年末全市就有176个规模化、现代化蔬菜园艺场，12个市级现代农业园区，这些园区在建设过程中共投入各类建设资金43.6亿元，引进新产业开发项目112个，共有123个科研成果在园区进行推广与应用，上海市在统筹城乡发展，推进城乡一体化和实现城乡公共服务均等化方面取得了较大成就。

3. 江苏无锡的城乡一体化

无锡市的农村现代化建设开始于20世纪80年代，经过了四个主要阶段，目前进入了提升阶段。这一阶段的主要特征是统筹城乡经济社会发展，着眼于特大型城市建设和区域协调发展的全局，统筹城乡经济社会的规划建设，通过城乡一体、优势互补、资源整合、集约发展，促进了农村和城市的全面繁荣。

根据中国城镇化建设取得的辉煌成就，结合划分城市化阶段的相关标准，再考虑不同地区城市化发展的相关案例，我们可以得出的基本结论是中国还没有基本实现城市化，我们只能把中国的城市化水平及阶段定义为："以城市社会为主的新成长阶段"或者是"城市化快速推进期"。首先，1997~2007年，中国的城市化率平均每年提高1.4个百分点，10年的时间，平均每年城市人口增加2000万，10年共增加了2亿的城市人口；其次，到2020年，中国的城市化率将会提高到58%~60%。那么城市人口要再增加两亿人。此外，中国经济的快速发展决定了中国城市化处于快速推进期，人们的经济交流活动，扩大或改变了城市的功能和面积，如上海、广州等。在此基础上，城市的建设又以具有预见性的建设而不断在经济活动扩大前扩充城市规模，改变城市的功能，如深圳等；再次，近年来我国中央和地方各级政府对城市建设高度重视，投入了大量资金，出台了许多支持政策，促进了城市化水平的大幅提高。最后，在各级政府的领导下，我国城市基础设施建设的市场化进程不断加快，各地通过特许经营权转让、发行企业债券等办法，将有利可图的城建项目推向市场，盘活存量，吸引民间资本投资，对城市化水平的提高起了一定推进作用。

中国的城镇化过程中人口城镇化是一个关键因素，而要实现人口的城镇化，必须从多个方面着手：大力推进城乡基本公共服务制度的统一，使不同人群享有同等待遇；通过限制经济适用房的受益范围，使中低收入者享受住房领域的公共资源；通过相关措施尽力缩小财政用于不同社会群体基本公共服务的建设的投入差距。总之，城市化是一个动态发展的历史过程，所谓的发展的阶段性只是一个相对的概念。

第四节　我国城乡一体化面临的主要障碍

进入21世纪以来，我国开始了“全面建设小康社会”的新阶段，党的十六大报告明确提出要“统筹城乡经济社会发展，建设现代农业，发展农村经济，增加农民收入”。我国在统筹城乡发展方面取得了一定的成绩，但城乡“二元结构”和城乡差别的客观存在，城乡一体化仍然面临着诸多的障碍。

一、农村普遍缺乏与城市对接的基础

历史上我国曾经是一个发达的农业国，农村分布广泛，村民分散居住。很长一段时间以来因为地方政府对农村发展重视不够，导致农村发展配套资金严重不足，因此农村生产性基础设施建设与现代农业可持续发展的要求之间存在较大差距，这种状况很大程度上制约了城乡一体化的进程。一方面，农村基础设施薄弱，目前我国农村基础设施建设的力度严重滞后于经济社会发展的速度，投入不足，底子较弱，相当一部分基础设施建设水平比较低，抵御大灾大害的能力和对经济发展的承受力较弱。另一方面，农村信息工程建设滞后。农村信息基础设施建设是农业信息化的前提，是农业现代化和缩小城乡差距的必然要求，但由于农村的区域性和分散性的特点，“农村信息服务存在着服务产品总量偏少，服务供求错位，服务效率低等问题”，农村信息工程严重滞后于城市，信息基础设施建设

仅仅依靠政府的公共投入和农民的私人投入都难以满足农村公共发展的需要。

二、体制障碍制约了城乡一体化

（1）农村金融体系不健全。在广大的农村，由于农民自身积累资本能力较弱，资金在农村和乡镇流量较小，使得农村地区金融机构很少，金融体系很不健全。再加上农村能够提供担保的资产很少，农民想发展生产或者开办工厂，在资金融通方面都非常困难，以农行为例，在广大的不发达地区，由于金融业务量少，农村环境和条件差，资金回报率较低，营业场所呈收缩状态，服务功能大大下降。虽然中央和有关部门十分重视，给予农民在金融上一定的政策倾斜，但因为企业的逐利本性导致农民融资难度提高。而新型的农村金融制度改革还处于起步试点阶段，覆盖范围小，进入限制比较多，很多政策难以落实到位，农民贷款难还没有得到根本解决，这既有资金供给不足的原因，但是更多的是制度上的供给不足，当前在城乡一体化发展的思路下，如何健全农村金融市场体系是农村改革发展亟待解决的重要问题。

（2）户籍制度障碍。我国在人口管理上实行双制度—身份证制度与户籍制度并行方式，虽然现行的身份证制度已经突破了原有的户籍制度（一户一证）的不利于单一人口流动的局限性，但个人身份证仍然只能作为流动个体证明的凭证，不能因此而获得市民身份的认证，从某种意义上讲，凭身份证在异地（包括城市）打工依然属于“二等市民”，在城乡一体化的推进中，农村人口需要大量往城镇转移，但事实上进城的限制仍然没有从根本上放开，户籍制度对人口迁移仍然有着十分严格的无形限制。这种限制增加了农民进城的风险和机会成本，非常不利于农村剩余劳动力转移和流动。从某种意义上说我国的户籍制度一方面加剧了城乡割裂，阻碍了城乡一体化，另一方面还加剧了社会分层和分化。

（3）土地制度障碍。建立在农村土地家庭承包经营方式基础上的现行的农村土地制度是一种土地经营、分配和管理制度，是我国特殊历史时期农村经济转轨的一种暂时性制度安排。随着社会变迁和农村经济状况的变化，这种制度安排的不足和缺失也逐步显露出来，并慢慢成为制约农村经济可持续发展的消极因素。因此，当前的土地制度有待进一步改革完善，成为了全民共识。特别是土地处分权还没有真正赋予农民所有，导致广大的外出农民成了“离乡不能离土”的“候鸟”，这种制度设计不仅阻碍了城市化的进程，而且还造成土地规模经营的障碍和农业生产率的提高障碍。

三、农业经营的产业水平低制约了城乡一体化

以市场为导向、以经济效益为中心、以主导产业、产品为重点的农业产业化是现代农业的经营方式和产业组织形式。但由于我国长期偏重工业忽视农业投入最终导致农业产业化水平不高，一定程度上制约了城乡一体化的发展进程。

（1）运营模式存在问题。当前，“企业 + 合作社 + 农户”模式是我国大部分农村采用的农业经营方式，这种方式对实现农业产业化经营，增加农民收入确实起到了一定的作用，但是这种经营模式在发展过程中也存在着不少的问题。首先，龙头企业实力不够强。我国各地虽然都有一些农业龙头企业，其中也不缺乏发展比较好，规模比较大的，但是很多的企业对政府的依赖性太强，很多龙头企业在技术创新方面没有独立的研发部门，对技术的投入力度不足，这使得我国很多农产品加工还处在比较低端的链条。此外，龙头企业自身经营上也存在着问题，在一些地方、国有、集体制龙头企业仍然存在政企不分问题，地方政府还在干预其经营，使得不少龙头企业缺乏独立性和创造性，缺乏竞争的意识。

（2）农业产业化融资困难。传统农业和种植业在我国农业中是主导地位，影响农业生产的不确定因素较多，使得资金、技术、人才等要素很难向农业集中，很多农民已经不愿意进行农业生产，这使得农业的产业化水平比较低。在我们的调研过程中发现，大多数农民已经不太愿意从事农业劳动，而现在正在从事农业劳动的很多都是小规模生产者，他们大多数表示没有也不愿意更多地投入资金，因此规模难以扩大。另外，农业产业化服务体系比较薄弱，中介组织发育不良，产业化组织体系不健全，缺乏

有效的产业化组织管理模式，这在很大的程度上影响了农业产业化的程度，进而影响城乡一体化的进程。

四、城乡发展机会与收入分配不平等

（1）城乡之间收入分配不公平现象日益严重。当前城乡之间居民收入差距的扩大是一个不争的事实，虽然国家给予农民以各种补贴，但由于农业的弱质性导致难以弥补这种差距，而且随着经济社会的发展，城镇居民和农村居民的收入差距在日益扩大，有数据为证。相关数据统计表明，1978 年城镇居民家庭人均可支配收入与农村居民家庭人均纯收入之差的绝对值是 210 元，两者的比值是 2. 57，在 2009 年达到了 12022 元，比值达到了 3. 33，这个数据是逐年上升的。两者的差距从 2000 年以后有了明显扩大的趋势。从这两个指标的差异和变化中不难看出城乡居民收入的确存在着差距。城乡居民收入差距扩大与城镇居民收入增长过快和农村居民增收渠道狭窄脱不了关系，城镇居民充分享受到了经济发展的成果，但是农村居民却没能和城镇居民一样有这样好的待遇。

（2）与城市居民相比，农民享受教育的机会不公平现象明显存在。所谓机会平等是指在面对有利的情景时，每个人都有利用这种有利条件，并且抓住这种有利条件的机会，这种机会不应受到先后和其他任何人为因素的影响。在一个区域内，全体公民是否拥有平等的机会受到人们的天赋条件、受教育的程度、家庭背景等相关条件的制约和限制。而教育是保障公民机会均等的重要措施之一，它保证了社会公平和人口素质的进一步提高。但是在中国，城市的教育水平远远超过农村的教育水平。一方面，农村学校教育经费不足，很多教学硬件设施没有办法做到与时俱进，而在城市，很多学校推行了小班化教学，使得城里的学生有机会取得更多的优秀的教育资源；另一方面，乡村的信息远远没有城里那么通畅，城里的学校基本都能实现网络信息化教学，而乡村还有很多学生甚至都不知道什么是电脑。这就在很大程度上导致了农村学生知识接受来源过于单一，知识面很狭窄。因此只有教育公平了，才能让农民通过知识来改变命运，才能促进城乡之间的和谐发展。

（3）与城镇居民相比，农民在就业机会上不平等。农村户口制度设计造成了农村居民一生下来就有了“农民”身份，值得关注的是这种身份的先天设定决定了农民所享受的待遇与城市居民在很多方面不一样，甚至截然相反。农民进城谋生、就业会受到各种歧视，更进一步的不公平在于农民工可能被迫接受同工不同酬，他们的很多合法权益也经常受到侵害。如拖欠克扣工资、工时过长、基本人权受到损害时有发生。农民就业信息缺失也是就业机会不平等很重要的表现，农民外出主要是从亲朋好友、熟人关系那里获得就业信息，但这种信息来源的有限性还导致了农民外出务工具有随意性和盲目性的特点，进而使得农民在心理上没城市归属感。

（4）城乡公共品供给呈现不公平现象。所谓公共品是由政府公共部门供给的用以满足社会公共需要的商品和服务。按照供给内容、享受者和地域范围可以把公共品分为城市公共品和农村公共品两大类。经过多年的努力，城市公共品供给体系相对完善，而农村公共品供给体系则相对滞后，不仅如此，在供给的数量和质量上，两者也存在较大差异，城市公共品供给相对丰裕，农村公共品供给则相对不足。人们的生活经验也能观察到这种差异—城市有宽阔整洁的马路，有风景优美的公园，而农村泥土路还是很常见，公园更多地是流于形式；城市有设备齐全的各类医院而农村的医疗设施则相对较简陋。

第八章

我国中心镇发展的战略目标与重点

本章将分析我国中心镇建设和发展的战略目标与重点，目的在于突出中心镇改革发展对我国城乡一体化进程的重要作用，使大家对中心镇这一城乡一体化的战略节点有更深入的了解和整体把握。加快我国中心镇的改革、发展与创新，不仅是推进我国新型城镇化的重大举措，也是我国统筹城乡发展的战略决择。因此，本章将结合具体实例与经验，从以下战略重点来探讨我国中心镇的发展目标：人口集中的新主体、产业集聚的新高地、要素集约的新载体、功能集成的新平台、改革创新的新阵地。

第一节　中心镇发展的战略目标

一、研究背景

作为中心镇建设发展战略灵魂的指导思想，它对中心镇的经营战略目标、经营战略重点和经营战略决策起着统帅作用。学者更多地从中心镇发展对周边乡村辐射联系作用进而形成城乡一体化的角度来制定指导方针。张晓山、胡必亮（2002）认为发展小城镇的根本指导思想是小城镇发展必须有利于发展农业、提高农民收入水平；有利于缩小城乡差别，繁荣农村经济；有利于转移农村剩余劳动力，改变我国社会经济的“二元结构”状态。王志强（2007）从国家、省域、镇域三方面来阐述我国小城镇发展总的指导思想。在国家层面上，他认为我国小城镇发展总的指导思想是，在城乡一体化的总体思路下谋划小城镇发展，走出孤立分散发展小城镇的误区，重点实施小城镇集群发展战略；在省域层面上，应继续推进重点中心镇建设，选择区位、资源、潜力等优越的镇优先发展，优化城镇规模等级结构；在镇域层面上，提高小城镇功能水平、优化小城镇功能结构、增强小城镇的功能实力，将自上而下的政策推动与自下而上的建设发展紧密结合，实现小城镇的协同持续发展。

而具体落实到各中心镇或县级政府的政策时，各地区针对本镇的实际情况和镇区实力有和而不同的指导思想与工作思路。宁波市象山贤庠中心镇根据自身独特的区位优势以开发利用和环境保护为主线，以大桥效应和资源优势为依托，以体制机制创新和改革开放为动力，以临港装备制造业和现代物流业为重点，着力打造大桥经济核心区、产业发展平台、新兴城镇连绵带和生态建设示范区，加快建设生态环境优美、产业特色鲜明、城镇布局合理、人民生活富裕的现代化滨海新区，努力形成人与自然和谐、保护和利用共赢的发展格局。与此类似的是青岛市，其对市内中心镇建设提出应紧紧围绕“环湾保护、拥湾发展”战略，加快蓝色经济区和高端产业集聚区建设，健全城镇体系，全面提升城镇综合承载力，努力走大中小城市相互促进、经济高效、社会和谐、资源节约、环境友好的新型城镇化道路。湖州长兴县对下辖雉城、泗安、和平、煤山四个中心镇所制定的指导思想也强调了中心镇的集聚辐射作用，通过政府推动、政策激活、体制创新、市场化运作、社会化参与等手段，加快推进中心镇经济结构转型升级、行政体制改革创新、城乡结构调整和社会事业全面发展。

二、中心镇发展的战略目标

从学者和政府制定的中心镇发展战略指导思想来看，我们可以意识到中心镇战略发展目标必须从环境、产业、人口、资源要素等方面来铺陈展开。根据美国经济学家赫希曼提出的不平衡增长理论，资金有限的欠发达地区，如果将有限的资金均匀分配于各个发展据点，不但效果小，甚至还会相互抵消。但若集中有限的资金投入重点地区或部门，通过横向、前向以及后向水平关联效应，能吸引相关产业集聚、扩大经济效果。这一情况，对我国中心镇建设来说，亦是如此。只有通过突出重点、扶优扶强，促使有限的资源向重点小城镇即中心镇聚集，发挥中心镇的战略节点作用和增长极功能，使一部分有条件的中心镇发展成为小城市，才能有效推动我国城乡的统筹发展。为了实现该总目标，不同的学者提出了不同的中心镇建设发展的战略目标，而政府在实践和总结经验的过程中也总结出了适合自身实际的战略目标。

（1）中心镇环境保护与资源利用发展战略目标。中心镇的建设发展应坚持可持续发展理念，做好各项资源的利用规划，确定低碳、环保、绿色经济发展路径，注重发展经济与保护环境的协同，努力提高水、土地、生物、矿产等资源的综合利用率。何锐源（2007）提出了改造农田、增加土地数量、实行退地还耕和调整农业内部的用地结构等政策。

（2）中心镇社会经济现代化发展战略目标。中心镇建设的重点显然在发展经济上，要以社会经济的可持续发展引导中心镇的经济发展（何锐源，2007）。王兴平、李志刚（2001）提出应以中心镇为依托，联合周边乡镇组成小城镇经济区，以区域整体合力来支撑县域经济聚集发展。此外，经济现代化战略中还包含了发展支柱产业及特色优势产业等战略目标。

（3）中心镇基础设施发展战略目标。省、市应统筹规划重大基础设施布局，县级政府要进一步明确以中心镇为节点的基础设施规划；同时妥善布置好镇域内的布局规划，达到资源的有效合理配置。基础设施发展还包括对交通、通信、供水、供电、商业服务和其他市政公用工程设施和公共生活服务设施，以适度扩大中心镇的建设规模来达到加快农村乡镇城镇化进程的战略目标。

（4）中心镇人口发展与生活质量发展战略目标。由于中心镇的建设对周边乡村起着辐射和带动作用，因此应加强中心镇的人口集聚功能，借此发展产业经济；同时更应积极地推动中心镇内的精神文明建设，加强对中心镇居民的宣传引导教育，提高其整体素质，改善其生活方式，提高其生活质量，突出社会效益。

（5）中心镇政策体制创新与改革发展战略目标。中心镇的政策与体制建设应从完善行政管理体制、加快户籍制度改革、深化土地制度改革、加快金融体制改革等开始践行，切实提高中心镇的制度化水平与管理能力。

政府等相关部门在制定落实中心镇建设发展战略目标时也内化了学者所阐述的这5方面。例如，台州市路桥区蓬街镇从环境、产业、城建、民生等方面提出了“生态立镇”、“产业兴镇”、“城建靓镇”与“和谐稳镇”战略，并将之高度提炼为“生态是基本要求、实力是本质特征、魅力是外在形象、和谐是内在属性”。其中，“生态立镇”战略是指在加快城镇化建设的同时，高度重视生态系统建设，注重培育和改善生态环境，大力发展循环经济，在增强环境承载力的同时提升绿色吸引力，实现低碳发展与绿色发展。“产业兴镇”战略是指将产业培育作为中心镇发展的核心目标，重点发展支柱产业，着力培育特色产业等。“城建靓镇”战略要求从中心镇的自然环境、建筑个性、历史文化等方面进行综合把握，进一步加强基础设施建设，做精城镇管理，创建文明城镇。“和谐稳镇”战略则以民生工程为重点，加大对社会治理项目的投入，创造和谐安定局面。以上四个战略目标分别对应了学者所提出的环保战略目标、经济现代化发展战略目标、基础设施发展战略目标以及人口与生活质量发展战略目标。

金华市对中心镇的规划要求也集合了经济发展、人口与生活质量发展、体制创新与改革等各项战略目标。其战略安排以体制机制创新、推进扩权强镇改革为突破口，全面统筹各项制度安排，着力增强产业与人口集聚能力、辐射带动能力和综合服务能力，扎实解决民生问题，最终推动中心镇产业升级、发展转型、管理转型和社会转型，实现全市城乡经济社会持续健康协调发展。

三、制定中心镇发展战略目标的意义

发展中心镇既是我国广大农村与乡镇城市化的战略选择，又是解决农村剩余劳动力转移、实现农村现代化的必由之路，是时代赋予我们的紧迫任务。加快发展中心镇，将中心镇培育为小城市，有利于改变浙江省城乡发展的总体格局，对于完善浙江省城镇体系、创新社会管理体制机制、引领浙江省小城镇建设以及推动经济社会转型升级都具有重要的意义。

（1）制定中心镇建设发展战略目标为中心镇持续发展指明了道路。因为中心镇的发展战略目标是未来一定时期特定区域内对中心镇发展的总体设计，是区域政府对其发展进行战略指导的依据。因此设定该战略目标有利于各相关部门据此对所辖中心镇进行发展指导，也有利于各阶段中心镇发展的效果评价。

（2）制定中心镇建设发展战略目标有利于加快区域城乡一体化发展步伐。制定战略目标，能以此加大对中心镇的扶植力度，有效配置各资源要素在城乡之间的自由流动，进一步促进人口、产业向中心镇聚集，推动基础设施、公共服务等向乡村的延伸与覆盖，进而使传统乡村社会发生质变，逐步缩小城乡差距，加快城乡一体化发展步伐。

（3）制定中心镇建设发展战略目标有利于促进城乡经济的可持续发展。有了战略目标作指导，中心镇的建设能够推动产业集群发展，扩大规模经济，集约生产要素，从而增强其辐射带动能力。作为连接城乡两头的战略节点，中心镇的产业经济发展有利于优化城乡生产力布局，加速农村生产发展的步伐，使中心镇成为推动县域经济发展的重要增长极。

（4）制定中心镇建设发展战略目标有利于提升基层社会管理和公共服务水平。制定中心镇基础设施发展、生活质量发展的战略目标能有效督促及推动相关部门加大建设投入力度，改善村镇各项教育、卫生、通讯、邮电、社保等各项民生事业，有效集聚资金、技术、人才、信息等资源要素和学校科研机构、咨询服务等服务机构，不断完善发展战略。

（5）制定中心镇建设发展战略目标有利于中心镇内各项体制的完善与创新。战略目标明确了发展目标、战略重点与保障措施，内在地包含了改革的目标、内容和方式，对强化改革意识，推动中心镇城乡规划体制、土地制度、财政体制、投融资体制、户籍制度、人才机制等的联动改革，打破城乡分割的二元结构具有直接意义。

（6）制定中心镇建设发展战略目标有利于为其它城镇建设提供路径启迪。到目前为止，与各大中小城市相比，我国广大乡镇的发展建设仍存在着滞后的问题，极大地影响了我国城乡一体化的进程。作为资本、人口、产业、信息等要素集聚的中心，中心镇制定战略目标并以此进行建设必将为其它城镇的发展积累经验，提供路径借鉴。

四、中心镇发展战略目标制定的步骤

中心镇建设发展战略目标的制定，需要一个严格的制定过程，一般需要经历调查研究、拟定目标、评价论证和目标确定四个具体步骤。（1）调查研究。建立战略目标前，需实地对中心镇的内外环境、政策进行分析、预测，明确其发展现状、现阶段存在的问题，从多方面估计今后发展的潜力，优劣势、机会与威胁，从而判断发展的趋势制定战略目标。（2）拟定目标。经过细致周密的调查研究后，即可根据中心镇的实际情况拟定可供选择的战略目标方案。（3）评价论证。在拟定几种战略目标方案后，应组织专家学者、相关部门人员、村镇居民代表等有关人员对其进行充分评价论证，讨论其是否符合中心镇的整体利益和发展需要，评价其是否可行。（4）目标确定。得出评价后，应在各方案对比中权衡利弊，选择最佳目标方案并根据讨论内容对其进行完善，最终付诸通过实施。

五、中心镇发展战略新目标

近年来的实践充分证明，中心镇作为新型城市化的生长点、工业化城镇化与农业现代化同步发展的突破点、城乡基础设施建设和公共服务均等化发展的着力点，推进其建设和发展直接有利于破除我国城乡二元结构，有利于促进我国城乡一体化的发展，最终实现区域一体化的战略目标。立足当下、着眼未来，综合学者研究、政府政策与中心镇实践经验，本书认为，中心镇建设发展战略目标的设计应坚持“科学规划，合理执行，政府推动，市场运作”的原则，以人口集中、产业集聚为发展方向，以要素集约、功能集成为关键环节，以体制创新改革为动力，不断提高中心镇的龙头引领与辐射功能，形成城乡一体化的新格局。

第二节　人口集中的新主体

我国正处在劳动力资源的快速增长期，但由于我国资金、信息、资源等方面要素的紧缺，故人均资源占有量相对缺乏，因此劳动力供给的剧增为就业、基建和城市化建设带来了较大的压力。由于人均耕地面积的持续缩减使农村产生的大量剩余劳动力，无法在农村内部全部消化解决，因此，农村人口会不可避免地外流。但近年来，我国各大中小城市尤其是沿海城市均陷入了用工荒的怪圈，一边是剩余劳动力的大量增加，一边是用工难问题，正因为如此我国的人口红利模式亟待改变。中心镇作为城乡一体化发展的战略节点，人口的数量与质量发展对其有着举足轻重的影响，中心镇的人口发展存在的问题势必成为中心镇发展战略重点。

一、现阶段中心镇人口集聚存在的主要问题

袁中金（2007）对全国中心镇进行调查统计分析得出，全国中心镇的镇域总户籍人口平均为4.3万人，但地区间并不平衡，其中最多达到23.1万，最少仅有0.14万。与此相似，全国中心镇的镇区总人口平均为1.46万人，其中最多达到12万人，最少仅有300人，东部和中部中心镇人口相对集中，而西部的中心镇人口较为稀少。全国中心镇镇区总面积平均为2.87平方千米，有62%的镇低于均值。也就是说相当于全国中心镇的镇区单位面积人口平均为0.51万人/平方千米。中心镇规模偏小，城镇的规模效益难以体现，各种基础建设施成本过高，城镇功能难以完善，制约中心镇发展潜能。例如，江苏省218个重点中心镇中，镇区人口达到3万～5万人的建制镇仅16个，占到总数的7.3%；人口、第二产业的分散导致第三产业也难以兴旺，重点中心镇第一、二、三产业的比重为16.21∶53.25∶30.54。

二、中心镇人口集聚的意义

中心镇的发展，本质上是加速农村城市化进程，使大部分农村人口与土地分离并同时向城镇转移。小城镇尤其是中心镇是未来我国人口主要的集聚地，可能成为我国农村劳动力转移的主渠道。冯刚（2003）预言，未来全国6000多个中心镇将吸纳农村剩余劳动力一半以上。中心镇人口的聚集对我国中心镇发展及城乡发展都有着重要意义。首先，人口向中心镇的聚集能提高中心镇的人口规模，发挥人口集聚效益，从而带动当地产业的发展。只有农村人口向中心镇集聚，才能培育当地第二、第三产业的发展，培育起巨大的生产与消费市场，培育出当地居民的购买力。只有中心镇发展了，才能对周边其它小城镇起到辐射作用，才能实现当地居民的共同富裕。其次，中心镇的人口集聚能为不断有盲目流入人口的大中城市减轻压力。从社会发展来看，大中城市人口已经接近饱和，各项基础设施与社会公共服务事业已不能满足人口的生产生活必需。就大中城市的就业状况来看，其自身尚有部分剩余劳动力，故吸纳劳动力的能力有限。从产业发展来看，目前大中城市的产业发展优势倾向于资金密集型与高科技产业，因此与过去相比，同样数量的投资需要更少和更高素质的劳动力。这就需要培育新的人口、经济增长极——中心镇，全力建设发展中心镇，随后人口将迁移至中心镇，更进一步地，这一举措最终将使中心镇发展成为小城市，渐渐打破城乡二元制结构。

三、中心镇人口集聚战略目标制定

中心镇是人口集中的新主体，相关的战略制定既要促进其人口的集聚发展，又不能不加限制盲目扩张。适度的人口集聚能够促进产业发展、人民生活水平的提高，但盲目扩张会使城镇基础设施建设与各项公共服务不堪负荷，致使管理无序，反过来抑制中心镇的发展。因此，应按照中心镇的人口发展规划来制定集聚战略，将中心镇的人口流动与集聚纳入到经济社会总体规划中，将产业结构布局、乡镇企业发展、土地经营权流转制度、住房制度、社会保障机制、就业服务体系、基础设施建设等进行统筹考虑，推动中心镇的人口集聚持续健康发展。

四、中心镇人口集聚战略重点

制定了中心镇人口集聚战略后，战略对人口进入中心镇发展已给了相当大的自由和选择，例如农民可保留其承包土地的经营权，也可以土地入股、承包等方式转让土地；在入学、就业、参军等方面与当地原有城镇居民享有同等待遇、履行同等义务等等。这些都使得户口不再是影响人口向中心镇流动的关键因素，而真正影响人口向中心镇流动的是在中心镇的就业条件、生活状况等政策环境因素。因此，中心镇人口集聚战略重点应放在第二、三产业的发展、各项社会功能的集成、社会保障机制的落实、教育与就业服务体系的完善、基础设施建设的强化等方面。

五、促进中心镇人口集聚的措施

首先，进一步调整行政区划。根据中心镇与周边乡镇的自然条件、经济联系和交通条件等，结合乡镇合并、村庄安置、农村大社区建设，适时调整行政区划，增加人口集聚经济效应。其次，积极探索人口“上移”、超前引导人口“下移”以及大力创新人口“内移”。人口“上移”是指从周边农村乡镇吸引农民进入中心镇。通过各项政策措施创建一个良好的适合农民生活发展的环境，引导环境较差地区农村人口与有更高生活质量追求的农村人口向中心镇集中。人口“下移”是指吸引中小城市市民进入中心镇，为城市发展分担部分人口压力。通过生活、就业环境的不断提升，满足部分城市市民远离生活节奏快速、竞争压力巨大、环境污染严重的城市的期望，以乡镇的独特风土人情吸引市民。人口“内移”是指吸引区域外的劳动力进入中心镇。借助产业发展与经济网络，创新中心镇与各地的劳务合作方式，着力将劳动力集聚转化为长期人口集聚。

第三节　产业集聚的新高地

产业集聚是中心镇发展的基本动力和基础，是支撑中心镇外延不断扩大的内涵。中心镇正在努力将自身打造成为产业集聚的新高地，进一步扩展其对周边村镇的经济社会辐射带动作用。中心镇的发展战略应以产业发展为支撑，根据所处地区城乡一体化组织程度，发展自身优势产业，打造特色产业，承接城市成熟产业，实现中心镇建设和发展战略。中心镇产业的发展主要表现为乡镇产业的集聚、经济规模的扩大、经济实力的增强、居民消费的增加等。它为农村剩余劳动力实现从第一产业转移到第二、三产业创造了条件，扩大了中心镇基础设施建设的发展空间，为其它建设提供了资金来源。

一、中心镇产业集聚的优势

中心镇普遍具有丰富的剩余劳动力和较为宽裕的土地资源，具备形成产业集聚的良好环境。正确引导中心镇产业集群的发展，对中心镇自身、周边乡镇和县域经济都有着不可估量的优势。第一，有利于优化布局，推动生产要素的合理配置。集聚有助于克服个私经济“村村点火、户户冒烟”的散乱状态，以园区经济倒逼专业化、集约化发展与技术创新，促进合理区域产业分工体系的形成。第二，有利于发挥产业规模效应和投资效益，节约土地和资源。同业竞争压力下引发的创新机制、隐含知识和技术的溢出效应、低廉的内部交易费用与外部的规模效应，有助于帮助集群内的企业获得在分散情况下难以获得的良好的研发与生产氛围、较低的成本、严密的分工体系以及较高的市场占有率（杨宏翔，2007）。第三，有利于充分吸纳农村剩余劳动力，改善农民收入，提升生活水平，促进共同富裕。第四，有利于环境和资源的可持续发展，为基础设施的建设和社会公共服务的发展提供资金，为居民提供更优质的生活和发展空间。第五，有利于承接城市产业转移，进而促进城乡一体化。

二、中心镇产业集聚面临的问题

由于各地区自身基础条件、发展状况等不同，中心镇产业集聚存在着不少问题：产业呈现明显的二元结构，第二、三产业虽然有了一定程度的发展，但所占份额仍然偏低；产业组织结构较为分散，中心镇的第二、三产业起步于乡镇企业，但乡镇企业布局较为分散，集聚程度较低；第二、三产业竞争力不强。由于长期地以第一产业为发展重点和中心，忽视了第二、三产业的发展；产业发展目标不明晰，许多中心镇没有认清产业发展对人口集聚的要求与作用，没有认清产业发展所需条件如基础设施、公共服务的配套建设等，也没有认清产业发展所需解决的就业、社会保障等问题；产业定位不明确，目前大多数中心镇产业定位不够明确，往往是选择盈利性最高的多个产业进行发展，这些产业又相互间联系不大，且与中心镇与当地资源匹配程度不高。因此，相关部门仍应采取措施力争将中心镇打造成产业集聚的新高地，不仅做到当地经济的发展，也使其能有效发挥辐射带动作用。

三、中心镇产业集聚发展的战略途径

1. 中心镇产业与城市产业的联合发展

中心镇产业发展既依托于邻近大中小城市的发展，又要根据自己的特色创建独特的优势产业。城市和中心镇的产业同构不利于中心镇的产业发展，大中小城市可推行分工联合（即大力开展产业转型，将一部分成熟产业转移至中心镇发展）以及非分工联合（即联合办厂等）；同时中心镇应根据自身产业基础和实际情况，稳步引进与自身优势相符的产业，吸收城市产业向下辐射延伸，反过来吸引人口集聚。

2. 根据中心镇的优势发展特色产业

中心镇的城镇规模较城市小，在发展产业上不及城市能够形成较大的规模经济，但是中心镇可以根据本地区资源优势、区位条件等选择一两个特色产业进行发展，形成一定规模后将其发展成为支柱产业，从而再吸引其它产业的集聚。例如，中心镇周边农村中剩余劳动力较多，在效益不变甚至增长的情况下，企业可利用这些劳动力替换资本、技术等其它生产要素，从而降低成本，既吸纳了劳动力提高了农民收入，又解决了中心镇的就业问题。如浙江省70多个专业乡镇，特色产业的销售收入平均占总销售收入的50%左右，有部分乡镇甚至已经达到了80%，由此可见特色产业对整体经济发展的突出贡献。

（1）农业产业化发展。作为农村经济制度和农业产业组织的创新形态，农业产业化为新形势下中心镇的农业增产、农民增收提供了一种新机制。中心镇相关部门应适应农业内部结构调整和农业产业化经营的需要，根据本地资源优势发展各类优势特色农产品加工业，发挥中心镇联系周边城市、村镇便利的优势，使中心镇成为农业产业化经营的集聚地，成为现代农产品深加工、仓储、物流运输基地。例如浙江省丽水市鹤溪镇将建设惠明茶、食用菌、笋竹两用林等特色生态产业区块；东坑镇培育了毛竹、白玉仙茶、生态养殖等特色农业，而以不锈钢管为主的特色工业及以农家乐为主的乡村旅游业也成效初显；沙湾镇初步形成以高山蔬菜、夏秋茶、食用菌、笋竹、烟叶等为主导产业。

（2）第二产业开发。各中心镇应以自身资源优势发展第二产业，如矿产资源较多的中心镇可集约发展采掘业，在环境、资源可持续发展的基础上形成优势产业。

（3）第三产业的发展。随着城镇集聚水平的提高与产业结构的不断调整，第三产业在中心镇经济结构中的占比将越来越大，第三产业也成为中心镇经济水平提高、产业结构优化、居民人口集聚、居民收入增加等的重要推动力，事实上我国中心镇历史以来主要应承担的就是第三产业集聚点的功能。大量人口向中心镇的集聚必然会形成有效规模来带动各类服务业的发展。在发展传统服务业的同时，中心镇也应注重从现代生活方式的特征出发，发展社区服务等新型服务业，既满足中心镇大量人口就业的需要，又能满足居民日益增长的物质文化需要。中心镇发展第三产业的战略重点和目标主要表现在商业、旅游业、服务业、房地产业等。

商业作为第三产业的第一形态，极大地推动了中心镇的经济发展。袁中金（2006）指出，中心镇商业发展具有流通环节少、交易成本低、成本机会大的优点，发展空间巨大。中心镇应在原有商业业态的基础上，重点培育和引入规上商贸企业，有条件的中心镇，要加强商业综合体的建设。

旅游业综合性强、产业链长、拉动力大，已成为我国经济新的增长点。中心镇有着独特的区位优势，许多是历史文化名城，有着悠久的历史和厚重的文化，同时，中心镇还拥有丰富的农业观光休闲资源，近年来已经成为我国旅游增长最为迅速的板块之一。中心镇要积极通过优化环境、挖掘资源、开发景点、整合线路、加强推广等，进一步推动餐饮业、住宿业、交通运输业等多种服务业的发展。

房地产业开发与中心镇发展战略，互为促进，相辅相成，在城镇化进程中具有先导作用。积极推进商业地产项目，推动特色商业街区建设；积极推动旅游地产项目，提升旅游品质与旅游接待能力；积极优化住宅项目，针对首次购房者与改善性住房者推出差异化产品，加强廉住房建设。

3. 推动发展主导产业或支柱产业

中心镇应妥善处理好主导产业与产业多元化的关系，在发展多元化产业拓展未来空间的同时关注主导产业的成长，在发展主导产业时也不忘相关产业的多业并举，通过各产业链的相互联动，促进整个中心镇产业体系的构建。无论是关注当下还是聚焦未来，作为中心镇产业核心与支柱的主导产业与优势产业都应是重中之重。要通过上下拉伸主导产业链条、扩展旁侧产业的方式，重点围绕一两个主导产业生成集原材料供应、零部件加工制造、产品组装、生产服务、物流配送、广告营销等为一体的区域生产经营服务体系，以集群竞争优势提升区域竞争力，带动中心镇经济集聚发展。如淄博市淄川区昆仑镇规划形成了机械制造、陶瓷文化和生物医药三大主导产业，具有较大的竞争优势。

4. 发展形成中小企业集群

中心镇的产业集聚可率先通过中小企业的集聚来实现。中小企业的规模虽然不大，但是集群后能够产生单个小企业无法达到的规模效应，且能促进更多小企业的产生。在中小企业集聚的群落中，各个企业虽然独立，但是也存在着各种联系，各企业之间形成了良好的分工和协作机制，企业间可分享各类市场信息、技术和资源。

5. 有序推动产业园区建设

产业园区是中心镇产业集聚和提升的载体，是产业经济发展的载体，也是推动农业现代化、新型工业化与城镇化结合的节点。强化产业园区建设，集聚各种生产要素，加强园区内企业的分工协作，扩大企业群体优势是提高产业园区发展水平、培育中心镇新经济增长点的有力途径。因此在制定中心镇产业发展战略目标时，应把产业园区的建设作为重点来规划，通过金融财政等政策积极培育重点产业并引导企业向园区集中，大力促进人才、资金、技术、建设用地等服务与政策向中心镇倾斜，建立和完善信息服务网络，增强园区技术创新、承接产业转移与辐射带动能力。例如浙江省磐安县尖山镇以潘安工业园区为发展平台，通过创新机制、优化环境、加大园区内基础设施建设和加强招商引资力度，重点围绕塑料软管制造业，2002～2005 年，共引进企业 41 家，2005 年上缴税收 1211 万元；截至 2012 年年底，已引进企业 121 家，形成 100 多个系列上万种品种的产业集群。

第四节　要素集约的新载体

中心镇作为当前新型城市化的战略节点，起着为城市成长提供要素支持、支持形成支柱产业、为周边大中城市分担人口集聚压力、发展自身成为新一代卫星城或小城市的作用，对当前我国城市化进程有着战略性意义。中心镇应制定相关政策激励生产要素增值、资源创造和经济主体的创新热情，充分运用各类政策措施探索资金、土地、人才等要素的集聚使用机制，积极引导这些要素在中心镇的集聚和价值创造，鼓励并引导市场主体参与到中心镇建设中来，使中心镇以要素集约新载体的角色与作用加快推进我国城乡一体化进程。本节将从中心镇的资金、土地、人才、技术、市场及信息等六方面要素来介绍中心镇的战略目标。

一、资金要素集约

资金缺口一直是制约中心镇发展的瓶颈性因素之一。镇政府面临的资金缺口大体由需求持续扩张而供给乏力两个方面共同作用。在需求方面，中心镇受下面两大工作的影响，需求持续上升，甚至是放量发展：一是经济建设与基础设施建设任务极为繁重，一些重点建设项目投入力度更显不足，中心镇自身财力无法有效承担；二是民生领域的公共服务职能，教育、科技、文化、卫生、体育、社会服务及生态环境保护等公共产品通过层层转移最后仍由镇政府承担。在供给方面，中心镇资金来源面小、渠道较窄，上级财政拨款有总量的限制，银行信贷资金由于政策方面的限制也无法大量投入。因此，受国际金融危机和房地产市场调整的影响，近年来，不少中心镇普遍出现了财政预算内收入“份额”不足，预算外收入渠道减少的现象。

上级政府在制定战略时应高度重视中心镇的发展建设，在对中心镇安排专项资金的基础上，县市级财政也应配套安排扶持资金。调整重点中心镇财政分成体制，以某一年为基数，新增地方财力全额或部分留给重点中心镇。例如宁波市明确市和县（市、区）对试点中心镇的财政分成收入以 2009 年为基数，新增部分全额留镇。嘉兴市则提出了“超收分成，轨费全留”的资金倾斜政策，即在保证 2007 年基数的前提下，暂定五年内基数外新增财力的 70% 以上留镇。

二、土地要素集约

土地集约使用是中心镇发展的关键目标之一，随时间推移，困难与挑战不断加深。一方面，可供开发利用的土地资源较为稀缺。近年来中心镇在加快户籍改革、促进中心镇人口集聚、制定就业政策等方面下了很大工夫，但是多数中心镇仍普遍存在人多地少的现象，且可供开发利用的土地资源稀缺。另一方面，征地难问题较为突出。这易导致企业用地产生困难，影响中心镇产业经济的发展及资金、产业的集聚；也易导致政府的某些基础设施建设项目由于征地难的缘故而难以推进，影响中心镇人口的集聚。土地要素的困境制约着中心镇的经济发展。

因此，在中心镇土地要素的战略目标和重点制定方面，应深化中心镇土地制度改革与土地使用制度改革，优化中心镇集约用地机制。第一，在土地利用总体规划的修编中，应确保土地要素资源向中心镇集中，为发展留足空间。第二，建设用地指标向中心镇倾斜，优先安排中心镇建设项目，并适量安排商住用地。第三，优先支持中心镇实施农村土地综合整治，整合城镇建设用地空间，切实保障中心镇建设用地需要，并在政策上给予倾斜。第四，鼓励开展土地承包经营权依法流转、农村宅基地和住房置换转移安置房，农村集体非农建设用地以股权、联营等形式共同参与开发经营，建立土地非农升值收益共享机制。例如，杭州市余杭区对将中心镇培育成为小城市的实施意见中就提出，“对在中心镇建成区落户的农民，可根据本人意愿，保留其承包土地经营权，并允许其依法进行有偿转让，享受原所在村的村级集体资产权益及承担相应义务”。总之，对于中心镇的建设用地需要在更大范围和实践跨度上做出安排，实现土地总量的动态平衡。

三、人才要素集约

目前，人才都集聚于沿海发达省市或大中城市，中心镇人才匮乏，尤其是专业人才更少，这均不利于中心镇的发展。因此中心镇应因地制宜，结合自身产业经济发展特点，在办好普通教育的同时，也应大力发展各类学校，解决产业技术工人及其他人才紧缺的矛盾。在制定中心镇人才战略目标和重点时，中心镇相关部门应采取以下措施，具体可分人才培育和人才引进两大类。

在人才培育方面。第一，应转变传统办学模式，改革现行镇级教育体制，切实抓好学生素质教育，提高中心镇中小学的办学质量，培育高素质人才。第二，为适应就业竞争日趋激烈的新情况，应实施中心镇农民素质工程，加强对农民的就业技能培训，让更多的农民成为适应城市化和新型工业化发展要求的高素质劳动者。第三，围绕人的全面发展，系统开展社会公德和家庭美德教育，整体提高农民的民主法制意识、科技文化素质和思想道德素质，让新居民有效成为积极参与城镇社区社会治理的公民。

在加大人才培育的同时，也要加大人才引进的力度。要从中心镇的实际情况出发，重点引进符合中心镇发展需要的经营管理人才和中高级技术人才。第一，建立和完善人才引进机制和人才使用机制，形成尊重知识、尊重人才、尊重创造的良好风气。从体制入手，大胆改革创新人才评价标准与引进的方式方法，着力营造良好的爱才、惜才、用才、助才环境，使高端人才与实用技术人才能克服中心城市的诱惑，以理想信念与价值实现为驱动，汇聚于中心镇，为中心镇经济和社会发展创造财富。第二，实施中心镇与部门间人员的双向交流制度。现实的条块分立，使条块均基于各自的信息、立场和专业能力而作出决策，由于缺乏密切的联系、互动与协作，致使相关工作在实际操作中经常性地“走形、变样”。同时，鉴于中心镇事务多、专业人才缺乏这一实际情况，有必要从服务型政府与高效政府建设的高度，进一步加强人员交流和业务培训工作。特别是对那些必须有行政执法资质的岗位，各部门要抽调人员下沉到中心镇服务。例如，宁波市和相关县（市、区）将试点中心镇紧缺的城市规划、开发建设、财政等专业干部交流到中心镇挂职中层，要求下派到每个试点中心镇的干部不少于5名，挂职时间不少于3年，中心镇干部也可派到上级机关挂职锻炼。第三，进一步完善考核机制，培育良好的人才激励机制，以此吸引人、留住人、激励人、壮大人。例如嘉兴市对愿意到新市镇、村（居）工作的各种人才给予包括子女教育、安居乐业等方面给的优惠与政策倾斜。

四、技术要素集约

技术要素是指成为技术基本结构中的一个独立成分的因素，具有经验形态、实体形态以及知识形态三种表现形态。中心镇技术要素集约建立在产业经济集聚发展基础上，相关部门应按中心镇制定的科技发展战略来指导规划各部门、企业的技术要素集约，既推动三种形态要素的积累与增长，更要促使三者之间的转化与协同。

五、市场要素集约

开拓农村市场无疑是扩大内需的关键所在。稳定市场、提升市场拓展能力是事关中心镇经济发展的生命线。中心镇市场存在着较为庞大的消费群体，有相当强的购买力，又有一定的消费上升的空间，但中心镇的市场仍然较为狭隘。针对这一情况，冀春贤（2002）认为，内外部因素共同制约了中心镇消费市场的提升。其中，内部因素包括中心镇居民总体收入水平并不高，收入稳定性差，中低收入居民的购买能力较难实现；传统的消费观念和消费习惯也在一定程度上束缚了居民的消费意愿。外部因素则包括城乡二元经济结构严重影响了市场的拓展，制约了中心镇居民收入的增加和消费能力的发挥，以及公共服务、社会保障等不足的现状。

在培育中心镇成为市场要素新载体的过程中，相关部门可采取如下对策和措施。第一，推进中心镇经济结构的战略性调整，完善区域产业体系，提升非农产业发展质量、扩展农民非农就业机会。完善农业支持政策体系，提高农产品市场转化率，促进增产与增收的联运机制，提升农民可支配收入水平与消费能力。第二，完善中心镇市场体系。在传统集贸市场、小商店的基础上，进一步引入大型商业机构；培育积极中介组织；继续发展农业生产资料市场，重点培育与主导产业相匹配的生产资料市场。第三，运用各种措施抢占市场先机。现阶段电子商务的运用对许多企业开拓市场显得尤为重要，通过电子商务等手段，积极拓展国内外新市场，不仅能为企业节省一大笔营销开支，还能实现产品与市场的直接对接，获取更大市场份额。

六、信息要素集约

中心镇以其基础设施和产业优势，将对信息、技术等生产要素产生巨大的吸引作用，各种生产、就业、生活等信息汇聚在此，要加快发展物流、中介、信息服务、广告等现代服务业以助推中心镇信息要素的集约，从而促进中心镇生产力的发展，吸引更多企业、人口在中心镇的集聚，进而更好地发挥中心镇的集聚效应、规模效应、辐射效应和带动效应。

第五节　功能集成的新平台

中心镇建设和发展的战略目标的确立，可充分利用现代网络信息技术和各类社会服务组织，推进服务型行政机构与社会体系建设，加快社区服务和中介服务组织建设，从而构建政府主导、社会参与、社区支持的中心镇综合服务功能体系，推动中心镇打造在现代基础设施建设、教育、科技、文化、卫生、体育、社会服务及生态环境保护等方面的功能集成新平台。

一、中心镇基础设施发展战略

当前，不少中心镇在基础设施建设方面依然较多的欠缺，主要表现在以下 4 个方面：一是基础设施薄弱，水、电、路、气等配套设施仍需要改善；二是建设规划较落后，生产、生活、商贸区混杂，城镇功能区分不明确，镇区框架较为混乱，给居民生活出行带来一定不便；三是中心镇管理水平不够高，基层管理者能看到问题却缺乏权限，上层管理者有权限却难以及时发现问题，故有些中心镇镇区综合治理能力较弱，生态环境的建设和保护工作并未落实，脏乱差现象未能得到根本治理。四是部分中心镇社会化服务水平较低，教育、科技、卫生等方面的服务较为欠缺，影响了中心镇功能的集成和提高。

根据上述情况，应着重推进以下 4 个方面的工作。第一，加强环卫基础设施建设。加强污水、垃圾处理等基建，安排专项经费进行相关设施的设置与更新。第二，加强道路设施建设。加紧对易堵塞路段的改造，拉开镇区框架，适应中心镇产业发展后的人口快速集中的需求，方便居民出行，提升中心镇形象。第三，加强其它公用基础设施建设。加快建设供水、供气、消防、网络等基础设施建设，为产业发展和居民生活提供良好环境。第四，加强中心镇管理水平。统筹协调城建、市政管理、环境卫生、园林绿化等部门，推动综合执法与专项执法的结合。

二、中心镇教育发展战略

教育是最重要的民生工程，中心镇要优先安排教育发展财政资金，优先保障教育投入，夯实政府办学责任，优化教育发展环境，加大经费投入，统筹兼顾、促进均衡，全面提升办学水平。如应改善旧校区的硬件设备，建成使用新校区，以此壮大中心镇学校的硬件实力；加强对一线教职员工的培养，定期补充师资有生力量，为教育事业的健康发展增添活力；合理配置教育资源，缩小中心镇与城市教育方面的差距，形成惠及全镇居民的公平教育；健全教育扶困助学制度，切实保障残疾孩子平等接受教育，保障所有适龄孩童接受九年或十二年制义务教育；扩展幼儿教育办学力量；努力将外来务工者子女纳入公办教育体系。

三、中心镇科技发展战略

当前，中心镇科技进步不平衡、城乡之间差距较大、基层科技创新工作比较薄弱的问题依然存在。为充分提高中心镇的科技创新能力和综合竞争实力，中心镇政府及相关部门可将科技发展目标纳入本行政区域国民经济和社会发展战略规划，成立中心镇科技工作领导小组，推行和完善中心镇科技进步目标责任考核机制，并着力加强科技管理队伍建设，建立和完善多元化的科技投入体系，设立促进和奖励科技创新的专项资金，保障科技经费投入持续稳定增长，切实优化科技创新的政策环境。同时，还要积极强化市、县、中心镇科技工作的联网互动，合力推进中心镇科技进步。

四、中心镇文化发展战略

文化作为现代社会的“软实力”，已成为决定经济发展潜力和后劲的关键因素。不仅如此，文化创意产业已经成为新兴战略产业，备受一二线城市追捧。中心镇也应高度重视文化建设的重要性和紧迫性，积极发掘本区域文化底蕴，整合区域文化资源，着力打造文化新城。第一，传承地域文化传统，弘扬地域特色文化。对于文化底蕴较为深厚、文化传承较为完整的中心镇，相关部门可以努力挖掘整合文化底蕴，弘扬地区特色文化，实行文化和商业相互扶持，推动文化产业的发展。第二，加强文化工程建设，提高区域文化品位。加大对文化基础设施建设的投入是有效的战略措施，如建立完善博物馆、广电大厦、公园、广场等设施。在这一方面，东莞市石龙镇走在了前列，提供了有益的启示。该镇积极大力兴建基本设施，实现了平均每平方千米一个公园的高密度覆盖，而且全部免费向市民开放；在保护好历史文物的基础上，规划建设休闲山庄式的文化旅游设施、明清家具等各类专业博物馆，积极发掘历史文物的社会价值和经济价值。第三，结合文化传统，打造独特文化品牌。中心镇文化品牌的培育，要在有效整合资源与产业的基础上，适度概括。如浙江建德寿昌镇就核心以“龙文化”、“温泉文化”来整合各类资源与旅游项目实施差异化运营，在区域范围内得到了较大程度的认可。

五、中心镇体育事业发展战略

“十二五”期间，中心镇体育事业面临空前的契机。一是本时期是国家实施体育强国战略的第一个五年计划，这为中心镇不断加大体育事业投入，提升体育事业整体水平提供了难得的历史机遇和发展方向。二是各中心镇人均 GDP 快速增长，同时又是加快推进生态文明建设的深化期、实现全面小康社会的攻坚期、基础设施建设的成网期、政府公共服务能力的提升期，这也为各中心镇体育事业的发展提供了良好的社会环境。三是中心镇城乡居民人均可支配收入持续增长，群众生活水平显著提高，使群众参与体育、享受健康的内在需求不断提高，这些都为中心镇体育事业的发展提供了强劲的动力。四是随着人民生活水平的不断提高，中心镇承办各项体育文化事业的次数不断增加，经验不断丰富，体育事业在政治、经济、文化、社会发展各方面产生的多元价值已越来越显现，也越来越被更多的居民发现和认可。

中心镇体育事业发展的战略目标和重点在于加快发展体育事业，提高体育社会化程度，建成全民健身服务体系，完善体育健身设施建设，提高居民体质。第一，群众体育发展目标。进一步增强中心镇居民体育健身意识，完善体育基础设施建设，成立各项体育社团，广泛开展居民健身活动，突出发展学校体育、社区体育。在培育健身人群的同时，做强群众体育特色项目。第二，场馆设施建设目标。科学规划，建设体育健身服务场所，举办各项品牌赛事，同时能够较好地满足居民多元的休闲健身需求。

六、中心镇社会服务发展战略

从实际情况看，我国中心镇虽然在社会服务业方面的发展取得了一定成效，但仍面临着诸多问题，普遍存在社会服务项目不配套、功能滞后、培育扶持政策不足的困境。根据这一情况，需要充分考虑本地区的区位优势、资源优势、产业优势等因素，对中心镇服务业的发展目标和导向进行合理定位，综合考虑社会服务设施和基础设施配置，通过规划推动市政基础设施、公共服务设施向农村延伸和覆盖，实现区域共建、资源共享，推动全市城乡一体化的有序发展。

以浙江省衢州市中心镇为例，全市 13 个中心镇人居环境不断改善，镇区不仅有水、电、路等基础设施配套，还建有较完善的中小学校、幼儿园、文化站、医院等福利设施，农贸市场和农村商业网点大幅度增加。2010 年，全市 13 个中心镇有小学 54 所，占全部乡镇总数的 20. 5%；中学 28 所，占全部乡镇总数的 31. 5%；有卫生机构 282 个，占全部乡镇总数的 24. 6%；体育场馆 7 个，占全部乡镇总数的 58. 3%。2010 年，全市 13 个中心镇有金融机构 65 个，比 2005 年净增 22 个。

第六节　改革创新的新阵地

中心镇能否在以上各方面取得突破，在很大程度上取决于中心镇体制机制改革能否顺利推进，进而在城市体制改革与农村体制改革之间开辟出一片改革创新的新阵地。在新的时期，中心镇需要在行政管理体制、户籍管理制度、就业制度、社会保障制度、财税与投融资体制及社会管理体制等方面的锐意改革，使中心镇真正成为“城市之尾，农村之首”的改革创新的新阵地。

一、行政管理体制的改革创新

中心镇行政管理体制改革创新，需要着重从以下两个方面入手。

（1）进一步理顺条块关系，参照县级政府的职能与权限，依法赋予中心镇小城市经济社会管理权限，推进综合行政执法。这一方面，可以借鉴浙江省的做法，从培育小城市的目标出发，“突出镇政府在加快人口集中、产业集聚、要素集约、功能集成中的引导、服务作用，搞好发展建设规划，推动产业转型升级，营造良好发展环境，激发社会创业创新活力。加强对经济社会事务的统筹协调，更加注重城镇管理、生态保护、市场监管、公共服务，强化执行和执法监管等职能，增加处置突发公共事件和社会治安综合治理的能力。加强民主法制建设，依法行政，规范管理，健全公共治理结构，推动行政管理和基层群众自治有效衔接和良性互动”。

（2）进一步优化机构设计与配备编制。机构设置，要以区域实际情况为基础，以简政、放权、服务为宗旨，以更好地促进政府职能转变为目标，以更好地承接县级有关部门下放的经济管理权限和职能、以及强化中心镇的社会管理职能为手段。如诸暨市店口镇距离市中心较远，中心镇经济发达，人口规模大，适合建立大综合执法和多部门行政服务一体化窗口服务，越城区皋埠镇距离绍兴市区较近，应强化城市管理和配套服务，行政执法和审批服务可以依托市区行政服务中心履行相应职责。

二、户籍管理制度的改革创新

改革户籍管理制度对促进中心镇人口集聚、加快经济发展等具有重要作用。各地要从培育中心镇竞争力，提升中心镇可持续发展的高度，在重视产业竞争、人才竞争的同时，将人口竞争纳入议事日程。中心镇应进一步放开沉重的户口迁移限制，降低迁徙成本，在允许和鼓励农村人口自由进入中心镇务工经商的同时，增加城镇就业稳定性。例如杭州市余杭区在加快中心镇发展的政策中就提出要按居住地登记户口的户籍管理制度。财政压力较小、外来人口比重不大的中心镇，更要在先行地区经验的基础上，推陈出新，加大户籍管理改革创新力度，以人口竞争来塑造区域竞争。

三、就业制度的改革创新

农民的空间转移与产业转移，需要城镇提供充分的就业机会，也需要政府等相关部门提供的规范的就业秩序和就业管理，以此提高农民就业能力，保证其就业稳定性。保障劳动者的合法权益，消除劳动就业歧视。大力发展职业培训与继续教育，着力提升人力资本水平。健全劳动力市场，充分发挥市场机制配置劳动力资源的决定性作用。中心镇劳动力市场的建设，需要从分散无序走向集中统一，不断提高市场的规范度和信息管理水平，降低搜寻成本与匹配成本，引导劳动力的合理流动和促进劳动力素质的提升。加强宣传倡导，鼓励劳动者不断提升自身的就业与创业能力。

四、社会保障制度的改革创新

社会保障制度为社会成员提供养老、医疗、就业、生活等方面基本保障，是社会稳定的基石，是全面建设小康社会的重要内容。总体来看，中心镇社会保障制度的建设历史欠账较多、水平较低，需要进一步完善多层次的社会保障制度和组织机构，扩大保障面，提升保障水平，实现社会保险、医疗保险、社会福利、社会优抚和社会救济等的综合功能。相关机构的设置与服务的配备，可以借鉴杭州市萧山区的做法。该区在瓜沥、临浦、义蓬三个组团中心镇建立了劳动保障办事处，在28个镇街和开发区建立了劳动保障管理站，还进一步在156个社区和411个行政村建立劳动保障服务室，大大方便了企业和群众。

五、财税和投融资体制的改革创新

中心镇或是由于经济总量不高财政分税制收入低，或是外来人口多社会压力大，或是基础设施历史欠账多改建新建任务重，普遍受到财力不足的压力，需要借助改革创新的力量，重构财税体制和投融资体制。进一步调整财税分成体制，按照分税制要求和财权事权相结合原则，提高税收分成比例，加大对省级中心镇税收转移支付力度。土地出让收益与规费除上交中央和省级外，留成地方部分全额返还给中心镇。积极拓宽融资渠道，建立合理、高效、安全的多元化投融资机制，鼓励民间资本参与公共基础设计建设与社会公益事业建设。

六、社会管理机制的改革创新

有效的社会管理，是中心镇经济发展、居民安居乐业的前提与条件。中心镇作为改革创新的新阵地，应积极探索实施社会管理机制的改革创新，充分激发社会活力，推动硬实力与软实力的相互催生，进一步提升中心镇的幸福指数与发展潜能。创新社会管理机制，完善社会治理体系。转变政府单一主体的传统社会管理方式，以完善社区治理为抓手着力推进社会治理体系的优化。加快构建以社区党组织为核心、社区居委会、社区服务站、业主委员会、社区社会组织等为支撑的公共服务体系、社区互益服务体系与一般商业服务体系建设。进一步规范公共服务进社区的范围、方式，落实“权随责走、费随事转”，优化政府职能部门、镇政府与社区在公共服务职能上的组合。积极有序地培育公益服务类民间组织、中介组织和相关经济合作组织，积极探索市场化的社区服务机制。全面实施“依法治镇”战略，加强法制宣传教育，不断提高依法行政水平和公民法制意识。积极开展平安村居、平安单位、平安场所创建活动，强化公共场所、外来人口的管理，切实维护社会稳定。

第九章

中心镇建设与小城市培育的浙江实践

第一节　浙江省推进城乡一体化的实践背景

改革开放前，浙江省的城乡一体化进程进展缓慢，1949～1978 年，浙江省城市人口比重由 11.8% 上升到 14.5%，年均增长 0.1 个百分点左右，“城市小农村大”的面貌在这近 30 年中基本没有得到改观。在这一时期，浙江省小城镇发展缓慢，基本以历史自然形成的小城镇为主，其中基础设施和经济实力相对较好的建制镇仅有 167 个，城市化和乡镇发展均处低谷。

改革开放以后，浙江省的城市化水平进入了一个快速发展的阶段，全省的城市化水平从 1978 年的 22% 上升到 2003 年的 53%，年均增长 1.2 个百分点。这主要得益于小城镇的快速发展壮大，促进了农村人口和工业向小城镇集聚。到 2012 年，浙江省的建制镇已达到 791 个，数量是 1978 年的近 5 倍。

为打破城乡二元结构以顺利推进城乡一体化，从 2003 年开始，浙江省及其地方各级政府率先于全国其他地区出台实施了一系列重要的政策文件。2004 年，浙江省主要领导召开在全省统筹城乡发展、推进一体化工作的专题会议，明确提出了全省统筹城乡发展的战略目标：第一步，用最短的时间将城乡一体化工作纳入正轨，某些较为艰难的工作能够获得有成效的进展，在全省范围内建立初步的城乡一体化推进机制并且完善相应的推进体系；第二步，用5年左右的时间基本消除城乡二元结构，到2010年全省范围内能够形成城乡协调发展的局面；第三步，到2020年在全省范围内基本实现城乡一体化这一目标。这次会议的召开标志着浙江省推进城乡一体化的战略规划已基本形成。

在统筹城乡发展战略思想的指引下，浙江坚持把培育发展中心镇作为推进新型城市化的重要方向和战略节点，以中心镇建设与发展带动和促进城乡一体化发展。2005年，浙江提出加快培育中心镇，促进城镇服务功能向农村延伸。2006年，浙江在全国创新编制实施省级中心镇的布局规划，并与次年颁布了《浙江省中心镇发展规划（2006～2020年）》。在这一规划中，浙江省把区位优势明显、经济实力相对较强、发展潜力较大、辐射范围较广的200个镇，规划为省级中心镇，从而实现了全省范围内中心镇的战略布局。2007年，浙江省政府又研究出台了《关于加快中心镇培育工程的若干意见》（以下简称《意见》），在这一《意见》当中公布了首批确定下来的141个省级中心镇，明确发展目标和十大扶持政策，正式启动全省中心镇培育工作。

2010年10月，浙江省在之前出台的《意见》基础上又推出了《关于进一步加快中心镇发展和改革的若干意见》。在这份意见当中首次提出要将“开展小城市培育试点，构建城市化发展新平台”作为浙江省“十二五”期间中心镇改革发展的主要任务。随后，浙江省政府为切实落实中心镇建设工作而成立了“中心镇改革发展协调小组”，由浙江省政府主要领导和各部门领导作为组员。根据“自愿申报、审核批准、动态管理、绩效考评”的评选原则，浙江省在全省中心镇中筛选了27个作为小城市培育试点城市。这27个试点镇在人口、经济实力、发展水平等方面都具有较大优势，因此培育小城市的优势也较为明显。入围小城市试点名单后，各个中心镇都提出各自的行动计划，一些实力较为雄厚的镇甚至邀请国内外著名城市规划团队为本镇的小城市规划提供最优的方案，例如温州龙港镇邀请了曾经为深圳做过总体规划的中国规划设计院深圳分院为龙岗的小城市建设提供规划方案。据悉，“十二五”期间，这27个小城市试点镇的投资规模已达到5000亿元，为浙江省的经济发展提供了强大动力。

第二节 浙江省推进城乡一体化的具体实践

改革开放30多年来，浙江省的城市化发展获得了举世瞩目的成就。1978年，浙江省的城市化水平是14%，而2012年，这个数字已经跃升为62%，年均增长近1.5个百分点；1978年，浙江省设市城市和建制镇数目分别为3个和167个，到了2012年，浙江省省设市城市和建制镇数目分别增加到33个和740个。浙江省率先开展小城镇改革试点，积极采取各项措施支持和鼓励村镇建设，目前已形成了大批各具特色和模式的小城镇。浙江省率先取消“农转非”计划指标，率先制定了全省相对统一的户籍改革体系，率先取消了市及市以下地区的城镇户口迁移限制，率先制定了进城落户农民的待遇享受，探索出了一条小城镇各具特色，城市跨越式迈进的城镇化道路。根据浙江省小城镇建设情况，浙江省城乡一体化进程经历了自发发展、综合试点、协调发展、正式实施中心镇培育阶段4个纵向发展阶段：

一、自行恢复阶段（1978~1993年）

这一阶段始于改革开放初期，伴随着各项改革措施的推进，浙江省乡镇发展快速，工业化稳步推进。1993年，浙江省小城镇数量近900个，而文革结束时为170个，增加近5倍，年均增加约12%。这一阶段，农村地区家庭联产承包责任制解放了部分生产力，农村工业萌发，部分人口逐步转移到交通、通讯、生活等条件相对优越的小城镇，带动了小城镇的发展活力。

二、综合试点阶段（1994~1998年）

这一阶段浙江省小城镇发展迅猛。特别是在邓小平同志南巡讲话后，乡镇企业产权制度等改革加速推进，属于村集体所有的企业全面改革为产权明晰、组织分明的民营企业，提高了企业员工积极性，提升了企业竞争力，活跃了地区产业，发展良好的民营企业加快向小城镇和工业园区集聚。1994年夏，中央在江苏昆山市召开了首次“小城镇综合改革试点工作会议”，会议上决定在全国范围内开展小城镇综合改革试点工作，并于1995年公布了56个首批试点镇，其中浙江省的龙港、横店等6个镇入列。

1994年11月，浙江省召开全省农村工作会议。会议上提出选取和建设100个左右发展良好、管理到位、富有活力、群众富裕的小城镇并首先在温州市龙港镇试点。随后，浙江省下发了《关于推进浙江省小城镇综合试点改革的通知》（以下简称《通知》），在《通知》中明确了试点工作的指导思想、内容、原则等具体操作方案。浙江省在全省范围内选取了114个发展相对较好的小城镇作为试点镇，并积极推进企业产权、户籍制度、行政管理体制、财政体制等各方面的改革，这些都为小城镇的发展提供了各项保证，为小城镇的发展创造了良好的环境。

三、协调发展阶段（1999~2005年）

浙江省在推进城镇化进程中，于1999年提出要积极引导小城镇由数量向质量转变的方针，并于2000年公布了浙江省130个（35个为城关镇）中心镇作为主要培育对象。进入21世纪后，浙江省选择了走大中城市和小城镇协调发展的道路。2001年，浙江省开展针对乡镇的行政区域调整，例如撤销部分城市周边的乡镇归入城区街道辖区，撤销部分乡村并入周边小城镇。1999~2005年，浙江省的乡镇数量大幅减少。但是，乡镇数量的减少并不意味着浙江省小城镇地位的降低，相反，这有利于整合有限的小城镇发展资源，有利于人口等要素向重点镇、中心镇集聚，有利于区域经济协调发展。

四、中心镇培育阶段（2006年至今）

在这一阶段，浙江省中心镇的发展进入快速发展时期。为加快推进城乡一体化，浙江省开始把中心镇作为联系城乡的战略节点来培育，中心镇的地位进一步增强，为中心镇的发展带来机遇。2006 年，浙江省提出实施中心镇培育计划，决定选择 200 个左右的建制镇作为中心镇重点建设；2007 年浙江省出台了有关中心镇建设的指导意见，明确了中心镇培育的目标、指导思想和扶持政策等，并选定了首批建设的 141 个省级中心镇名单。此后，浙江省中心镇培育工作正式开展。2010 年，浙江省将温州柳市镇、金华横店镇、绍兴钱清镇等 27 个中心镇列入小城市发展战略，力争将这 27 个小城市建设成为集聚一定人口、具有一定规模的小城市。

第三节 浙江省中心镇建设的成功实践

从小城镇综合试点改革到目前的 27 个小城市建设，浙江省的中心镇培育工程已历经 20 多年，并取得了丰硕的成果。目前，浙江省有 730 个建制镇（其中包括首批 141 个中心镇）。到 2012 年底，中心镇镇区平均人口 3.5 万人，年均生产总值 145 亿元，工业生产总值 70 亿元，财政收入 6.5 亿元。相对其他普通建制镇，中心镇的发展速度较快：

一、城镇建设现代化水平提高

2011 年，浙江省 200 个省级中心镇的平均镇域面积为 105 平方千米，镇区面积 9.1 平方千米，分别是其他普通建制镇的 1.4 倍和 1.8 倍；中心镇人口平均 6.3 万人，镇区人口 2.7 万人，分别是其他中心镇的 2.1 倍和 2.8 倍；中心镇的基础功能大幅提升，高速、国道、快速路贯穿所有中心镇，医院、养老院覆盖每个中心镇，200 个中心镇拥有三星级以上宾馆 295 家，其中五星级 9 家；大型连锁超市已进驻 75% 的中心镇，每个中心镇均拥有上万平方米的农贸市场。经过这些年的发展，半数左右的中心镇已具有小城市的雏形。

二、区域产业发展迅速

中心镇的产业集聚能力较强，年产值在20亿~50亿元的工业园区有120多个，其中包括国家级开发区7个，省级开发区28个，吸纳农村劳动力和外来劳动力200万人左右。中心镇区域产业特色明显，形成旅游产业型、特色农业型、工业型、商贸产业型等各类具有区域特色的产业类型，这也带动了中心镇房地产、商贸物流、专业市场等配套产业的发展。目前，130多个中心镇已开发现代化的住宅社区，46个中心镇已有独立的物流中心，50个中心镇已拥有专业市场89家。

三、综合实力显著提升

2012年，浙江省中心镇工业生产总值达3000亿元左右，财政收入320亿元。农民人均生产总值3.6万元，农民人均收入超过2万元，分别是全省其他建制镇的1.6倍和1.9倍。200个中心镇中，年财政收入超过5亿元的中心镇有36个，其中超过10亿元的有6个中心镇，其中温州塘下镇的财政收入超过20亿元。

四、体制改革取得突破

杭州、嘉兴、义乌等市（县）正积极实施强镇扩权，进一步向中心镇下放行政管理权限，扩充和升格中心镇的行政等级，提高中心镇财政收入的支配比例，丰富中心镇的投融资渠道，做到“政府引导、社会参与”，积极引入社会资金参与中心镇建设，方便中心镇开展各项工作。从全国范围来看，浙江省的城镇发展走在全国前列，2012年公布的全国百强镇中浙江省有29个，千强镇中浙江省有268个，均居全国首位。

第四节 浙江省小城市培育的战略布局

小城镇相对于农村地区集聚经济效应较好，人口规模较大，基础设施较为完善，发展小城镇将会有效推进农村地区的城镇化进程。我国在近些年陆续出台各项鼓励小城镇发展的政策意见。党的十五届三中全会通过《中共中央关于农业和农村工作若干重大问题的决定》，指出“发展小城镇是带动农村经济和社会发展的一个大战略”；2001 年通过的“十五”计划纲要中也强调要“有重点地发展小城镇”，“重点发展县城和部分基础条件好、发展潜力大的建制镇”；十六大报告首次明确提出“走中国特色的城镇化道路”；十七大报告再次提出要走中国特色的城镇化道路，促进“大中城市和小城市协调发展”。十八大报告中指出要走“新型城镇化道路”。可见，加快小城镇建设，推进新型城镇化将是我国政府下一阶段的重要工作任务。

浙江省的小城市培育工作符合我国当前新型城镇化道路，是我国新型城镇化道路的一种大胆的尝试和创新。浙江省的小城市培育注重城乡联动、民生为先、民资建城、产城融合和制度创新，有利于浙江省形成乡村、小城镇和大中城市协调发展的局面，开创一条符合浙江省新型城镇化的新路径，也能够为我国其他地区的新型城镇化道路提供借鉴。

2010 年底，浙江省从 200 个省级中心镇中选择了 27 个经济实力较强、人口较多、辐射能力较强的中心镇作为小城市培育试点镇，并且给予这 27 个镇“强镇扩权”的待遇。这些试点镇获得了与县级政府近似的经济社会等方面管理权限，同时获得财政资金使用、专项建设资金投入、土地审批、信贷资金、人才引进等多方面的优惠政策，让这 27 个小城市试点镇的发展有了强大的引擎。

在 2008 年金融危机后较为复杂的经济形势下，27 个试点镇依然取得了较为显著的发展成效。2012 年，27 个小城市试点镇的经济水平均有较大幅度增长，其中完成国内生产总值、规模以上投资、财政总收入分别达到 2131 亿元、1136 亿元和 280 亿元，占全省比重分别达到 6.16%、

6.64%和4.36%，分别较上一年提高了0.36%、0.50%和0.12%。除了经济发展方面取得的成效外，这27个试点镇在社会公益事业、公共服务、基础设施、体制机制方面均取得较大成果。例如在社会公益事业方面，医院医生数量每千人达到2.68人，医院床位每千人达到3.35张，分别较上一年增加0.23人和0.75张床位；基础设施方面，垃圾和污水处理已经达到城区水平，处理率分别达到97.3%和75.5%，明显改善了镇容镇貌；体制机制方面，上级政府向试点镇下放扩权事项171项以及执法事项455项，有利提高了试点镇的管理能力和权限，提高了试点镇政府部门和居民的办事效率。

第四篇　案例与启示

第十章

城乡全面融合发展：瓜沥镇的案例

进入21世纪，浙江省杭州市逐步跨入了以新型城市化、城乡统筹与全面融合发展为指引，以深化行政管理体制机制改革为动力，以提升中心镇集聚辐射能力和强化公共服务功能为重点，不断推进人口集中、产业集聚、功能集成、要素集约与人民生活水平提高的新的发展阶段。包括萧山瓜沥镇等在内的实力型中心镇，正日益成为杭州城乡统筹与全面融合发展的战略节点、区域经济社会发展中心。案例研究表明，瓜沥镇正在深刻把握城市产业转移和农业现代化人口转移的有利时机，明确以大中城市的卫星城为定位，在积极挖掘本土文化内涵的同时，又十分注重显现鲜明的区域特色，瓜沥镇正在走向一个“跨界与融合”的新时代，正开启一个“中心镇”向“去中心”的新时代，将自身的发展轨迹向新型城市化延伸，不断地将中心镇发展融入到杭州都市圈之中。

第一节 案例背景

一、瓜沥融入杭州都市圈之动力

瓜沥镇地处杭嘉湖中心地带，水陆空交通十分便捷，毗邻现代化航空港—杭州萧山国际机场，104国道、沪杭甬高速公路穿境而过，沪杭甬高速公路设有瓜沥出入口，联通全省主要高速公路，杭甬运河依境而流，并设有作业码头。作为这样一个交通枢纽，道路是瓜沥发展壮大的动脉。对瓜沥发展而言，路之所达，富裕所达；路之所达，情感所达；路之所达，思想所达。因此，瓜沥镇发展成为今天这样一个繁华之地，正是始于脚下四通八达的交通路网。

近年来，作为组团中心镇，瓜沥秉承城乡统筹发展的指导思想，实施城镇化与工业化联动互进战略，大力推进以路网建设为主的城镇基础设施建设，大力推进旧城改造和新区建设。建成区面积从2.9平方千米扩展到10平方千米，形成了行政教育、市场商贸、工商企业、生活居住等四大区块，建城区的功能布局得到进一步优化，现代化中心镇魅力初现。

在经济发展取得巨大成就的同时，瓜沥镇的社会、环境以及民生领域同样取得了不小的发展。例如，沿八柯线从西往东驱车进入瓜沥，往日尘土飞扬的情景少了，环境污染大为减少，而道路更通畅了。瓜沥把入镇口建设作为一项重要工作来抓，列入镇政府为民办十件实事之一，抓住八柯线拓宽建设机遇，对公路周边环境大刀阔斧地进行改造，开展了包括搬迁企业、整治路边秩序等诸项内容在内的一系列工作，并按照城市道路6车道标准进行设计建设，三线入地、管网改造、绿化带合理布置、机非隔离，提升瓜沥整体形象，从总体上改善生活环境。

与此同时，瓜沥在发展过程中，通过实施一系列重大工程启动各方投资热情，推进瓜沥镇的基础设施建设和民生领域投资。例如，2011年实施东灵路北伸跨杭甬高速公路立交工程，畅通城镇内外出行通道，这是瓜沥镇政府为民办实事工程中的又一件实事。此外，总投资1800万元的航坞山盘山公路开通，让瓜沥百姓多了一个休闲健身场所的同时，也助推着航坞山的旅游开发驶入快车道。而随着杭甬运河开建，瓜沥又抓住机遇，积极筹建运河码头，为周边企业服务，充分利用瓜沥地处高速公路入口等有利条件，推进组团中心镇的物流业。

截止到目前，瓜沥组团中心镇三年行动计划中的20多个重大工程基本完成。同时，方便快捷的立体交通网络，使瓜沥融入大杭州都市圈、杭州湾板块，立足组团，辐射东片，面向全省，产生了强劲的集聚和辐射效应，进一步聚集了东片地区和萧绍区域的人流、物流、信息流、资金流，使瓜沥作为中心镇的集聚和辐射作用日益显现。瓜沥由此迎来了城乡全面融合发展，不断进入了由中心镇向大都市圈卫星城发展的新阶段。

二、瓜沥融入杭州都市圈之活力

作为萧山乡镇工业的发祥地之一，瓜沥立足工业起步早、基础好的优势，因地制宜，走特色化、差异化发展的道路。经过 20 多年的发展，瓜沥逐步从一个农业乡镇，成长为一个工业强镇。2011 年全镇实现地区生产总值 47.7 亿元，完成财政总收入 5 亿元，再次蝉联萧山经济发展十强镇称号。强大的镇域经济承载着大城市产业转移的新希望，瓜沥镇开始在融入城市发展中扮演着越发重要的角色。目前，瓜沥镇拥有工业企业 673 家，亿元以上产值工业企业 23 家、亿元村 22 个、企业集团 3 个，形成了轻纺印染、信息技术、环保材料、轻工机械、建筑建材和家用电器等六大支柱产业集群。

除了发展得如火如荼的民营经济，瓜沥也是外资来往流通的乐土。占地 3000 亩的瓜沥镇工业园区（临港工业园区）作为萧山经济技术开发区的配套园区，吸引了包括中国台湾、中国香港以及日本等国内外 20 多家知名企业投资落户，“瓜沥制造”这一区域品牌被“雅马哈”钢琴、“不二家”食品、“亚都”艺术蛋糕等市场畅销品牌嵌入式使用。

与此同时，当这里因为工业赢得强劲的发展势头和雄厚的资本实力时，酒店餐饮、房地居住、大型超市等一批高档次、高规格的项目和商业品牌纷纷进驻落户，连锁、代理、配送等现代业态进一步活跃，摩托车、小商品、水果批发等六大专业市场购销两旺。境内还拥有航民宾馆、明日宾馆两家四星级宾馆（高星级宾馆拥有数居省内乡镇第二位）。

此外，作为一个综合实力强劲的镇，瓜沥在稳固好工业这块基石时，亦不忘农业和三产的及时跟进。通过调整农业结构，向适应市场需求的名、特、优品种靠拢，经营方式向集约化、产业化方向发展，瓜沥形成了板块农业、品牌农业、高效农业、休闲农业齐头并进的良好发展态势。对航坞山的旅游和瓜沥文化相结合的开发，也成了这里的工作重点。目前，以航坞听梵景点为主的航坞山旅游整体开发正在加快推进中，“山水旅游”文章不断打响，吸引了越来越多的各地游客前来旅游度假。“龙腾航坞、锦绣瓜沥”的影响力不断扩大，休闲型、生态型、开发型文化强镇正在逐渐走向成熟。

三、瓜沥融入杭州都市圈之实力

“努力把瓜沥建设成为带动组团经济发展的增长极、集聚辐射功能明显增强的中心镇，环境优美、社会和谐的新城区”，这是瓜沥镇“建设三组团、引领新发展”实施三年行动计划的重要发展定位。近年来，瓜沥抓住这千载难逢的跨越式发展契机，以“建设省级一流中心镇、打造现代化锦绣新城”为奋斗目标，着眼打造杭州东南大门、建成大杭州东部新城的发展定位，城市化步伐更加矫健。

2008 年，瓜沥镇修编了中心镇发展总体规划，明确了“做美南部、做精中部、做大北部”的建设方略，先后编制完成旅游发展（南部）、新区 3 平方千米控规（北部）、旧城改造（中部）以及土地利用、污水排放、道路交通、园林绿化、产业发展、村庄整治等专项规划。

作为未来发展重心的镇北新区，瓜沥镇本着树精品、创形象的目标，开发和建设步伐不断加快，特别是新区城市综合体概念建筑项目，以国际化的理念设计方案，规划占地 320 亩，建成后将成为集购物、休闲、文化、餐饮、娱乐等各种业态于一体的大型都市消费体验中心，从而进一步提升瓜沥作为组团中心的辐射带动能力，推动瓜沥打造未来总部经济、房产开发、商贸物流等现代服务业的中心。

目前，瓜沥镇内道路、通讯、电力、供水、排污、绿化等基础设施不断完善，境内工商、税务、社保、公安、交警、城管等各类区级派出机构健全，商业社区服务网点林立，金融、证券、保险机构齐全，中国银行、工商银行、中信银行等 11 家知名金融机构先后入驻瓜沥，城镇的综合服务功能不断增强，营造了良好的投资环境、政策环境、信用环境和人文环境，经济社会各项事业实现了长足的进步和发展。

第二节 瓜沥镇推进城乡全面融合的成功经验

近年来，瓜沥镇全面推进新一轮开发建设，加快经济转型升级和城镇发展方式转变，实现小城市建设“一年一个样，三年大变样”，紧紧围绕发展定位和目标，推进中心镇改革创新与建设，经济社会文化生态建设取得了显著成就，发展定位日益明确，发展特色日益彰显，积累了许多成功的发展经验。

一、瓜沥镇的发展定位

基于对自身的区位条件、经济基础、产业特色、历史文化等要素的认识，结合小城市培育目标，瓜沥镇确定了建设“杭州都市经济圈的工贸卫星城市、环杭州湾地区的现代物流基地、杭州东南部的宜居新城”的功能定位。

（1）杭州都市经济圈工贸卫星城市。巩固提升纺织、机械制造等产业的优势地位，完善主导产业上下游配套，培育有竞争力的产业集群，积极推动产业升级转型；持续扩大专业市场的区域影响力和辐射力，积极发展商贸业，将瓜沥镇建设成为环杭州湾都市圈的区域节点和工贸新城。

（2）环杭州湾地区的现代物流基地。在华瑞等大型物流企业的基础上，依托航空港等区域性交通设施的优势，加快把瓜沥建设成为以仓储、运输、配送为主，集物流、商流和信息流于一体的现代物流基地。

（3）杭州东南部的宜居新城。增强公共服务配套，加快发展社会事业，弘扬传统文化，完善城市绿地体系规划，构筑“航坞山－昭东水乡”于一体的山水空间格局，营造和谐的生态、人文与人居环境，将瓜沥打造成为杭州东南部的宜居新城。

二、瓜沥镇的发展特色与经验①

近年来，瓜沥镇以三年行动计划总体目标为指引，以城市建设提升、人口集聚、产业调整提速、社会事业完善、生态环境改善、体制机制创新为抓手，实现瓜沥由“城镇”向“小城市”的跨越转变。

1. 以加快人口集聚为抓手，着力打造新城

瓜沥镇不断加快城市发展，提升城市生活品质，以吸引人口集聚。截至2011年，瓜沥镇常住人口7万人，其中户籍人口为4.2万人，外来常住人口为2.8万人。

（1）完善城市功能。依托“一心、两轴、五区”的总体空间格局，围绕城镇新区布局行政办公、商贸服务、文化娱乐、体育休闲等功能，瓜沥镇以东灵路为城镇主发展轴布局了城南、城北、东方三个居住区；以建设四路为城镇次发展轴布局了临港、永联两大工业功能区，进一步拉大了城市框架，完善城市功能。

（2）推进住房改革。加快旧城改造、商品房和保障性住房建设，调整住房供应结构。一是深入推进了旧城改造工程。2010年以来，瓜沥镇以城中村改造和旧街区整治为重点，推动城市有机更新。至2011年，改造城中村、城郊村2个，建设新社区2个，农村宅基地置换3年累计转移农户约792户，减少农村居民点2个。二是稳步推进商品房建设。重点建设普通商品房，保证中低价位、中小套型商品房供应。至2012年，共出让普通商品房用地面积共49公顷，新建住宅80万平方米，总投资42亿元。三是大力推进保障性住房工程建设。坚持规划先行，高起点、高标准地建设保障性住房。2010年来，累计投资约2亿元，建设保障性住房2.3万平方米、人才公寓2.9万平方米。

① 资料来源：瓜沥镇人民政府．瓜沥镇“十二五”发展规划，2011.

2. 以加速平台建设为载体，提升特色工业

2010 年以来，瓜沥镇完成工业生产和技术改造投入 22.1 亿元，实现工业总产值 400 亿元，实现利税 40 亿元。

（1）发展新兴产业。依托浙江佳力科技、力源发电、中企实业等优势企业，以发展新能源、新材料、电子信息、节能环保为重点，推进新兴产业的新突破。2011 年，引进和培育新兴产业 1 个，创建省级以上研发机构 2 家，引进和培育专业人才 200 人。

（2）提升传统工业。通过对轻纺印染、花边刺绣等传统产业的改造提升及资源整合，淘汰了高污染的落后产能企业，积极构建了产业链，培育产业集群，提升了产业竞争力。

（3）拓展工业空间。立足临港工业功能区，拓展永联工业功能区，整合企业空间，发挥集聚优势，初步实现了土地资源的集约利用。截至 2011 年，规上企业集聚数量达 91 家。

（4）培育企业梯队。着力打造行业龙头，重点培育骨干企业做大做强，引导成长型企业加快发展。截至 2011 年末，亿元以上产值企业达 50 家，其中 5 亿元以上企业达 15 家，10 亿元以上企业达 5 家，100 亿元以上企业 1 家，新增企业集团 6 家。

（5）实施品牌战略。依托自主品牌的培育，提高企业经济实力和竞争力。至 2011 年，共创建省级以上著名商标 8 个，其中中国驰名商标 3 个；建设省市级以上技术研发中心 3 个，其中国家级 2 个；新增省市级高新企业 2 家。

3. 以壮大第三产业为方向，优化经济结构

近两年来，瓜沥镇适应于经济结构调整的大环境变化，大力发展现代物流、商务休闲、商贸服务、房地产、旅游等第三产业，提高服务业比重。

（1）大力发展现代物流业。瓜沥镇借力空港、高速公路和杭甬运河，依托华瑞物流、航民海运企业基础，加快发展现代物流业，积极推动综合物流基地建设。

（2）积极培育休闲旅游和文化创意产业。依托瓜沥自然、文化、宗

教等方面的优势资源，培育休闲旅游和文化创意产业。2011 年，投资 5000 万元，改扩建了白龙寺景点；投资 2000 万元，建设了任伯年纪念馆及公园。至 2011 年累计投资 5 亿元，以“一山一村一水乡一故里”为特色，建设航坞山旅游度假区。

（3）全力提升商贸服务业。加快现代服务业发展，完善商业网点设施，引进连锁品牌，培育中心商圈和特色商业街区。2010 年，投资 1.6 亿元，建成了一个面积约 5 万平方米的新区创业中心；投资 3000 万元，规范提升了东灵路夜市、商贸路 2 条 3 千米特色商业街；2011 年，投资 4.8 亿元，新建了青六线综合市场和新区农贸市场，年交易额达 3 亿元；截至目前，瓜沥镇拥有金融、保险机构总数为 8 家。

4. 以发展社会事业为根本，增强保障能力

（1）增强社会保障能力。扩大城市职工五大保险、被征地人员养老保险和新型农村合作医疗保险的覆盖面，按照“保基本、广覆盖、有选择、可持续”的原则，全面实施城乡居民社会养老保险制度。截至 2011 年，城镇职工养老、医疗保险参保率为 93%，城乡居民养老、医疗保险参保率为 92%。与此同时，不断完善扶贫帮困、社会救助工作机制，大力发展慈善事业，认真落实帮扶措施，加大对困难群众、弱势群体的关爱力度。落实劳动就业援助政策，推行租赁场地企业工资保证金制度，保护劳动者合法权益。截至 2011 年新增就业岗位 3 万个以上；城镇登记人口失业率为 4% 以内。

（2）优化教育办学质量。多年来，瓜沥镇高度重视教育改革与发展，大幅度增加教育投入，不断提升各类教育水平；推进教育布局优化，合理配置教育资源。支持学校开展品牌建设，加强名优教师培养力度，提高办学层次和水平。截至 2012 年，累计投资 2.37 亿元：投资 3000 万元，新建了新区幼儿园和昭东幼儿园，学前教育普及率达到 99%。投资实施了“二小合一”工程；投资 3300 万元，扩建了三小、大园小学和明德学校；投资改造了曙光学校；投资 6600 万元，扩建了一中和二中；高中入学率达 99%。

（3）提升医疗服务水平。积极推进“健康城市”建设，做好突发公

共卫生事件应急处置、食品药品监管和传染病防控工作，至 2012 年千人医生数达 2.8 个，千人医院床位数 4 张。2012 年，投资 1500 万元，建设六里桥章氏眼科医院。

（4）加快文体设施建设。加快发展文体事业，不断满足群众文化体育生活的需要。通过新建任伯年纪念馆、新区文体中心及市民广场等一批大型文体设施，为居民休闲、娱乐等文化生活提供良好空间。至 2011 年累计投资 1.6 亿元，新建面积约为 4 万平方米的新区文体中心。

5. 以完善基础设施为重点，建设优美城区

近年来，瓜沥镇不断加快路、水、电、气、通讯、绿化亮化等基础设施建设，初步形成了较为完备的市政设施网络。

（1）实施城市道路畅通工程。提升交通通行能力，构建畅通、便捷、安全的现代交通网，增强城市交通服务水平。2012 年，新建城市道路 7 千米，其中进城道路 4.9 千米：一是新区道路延伸。至 2012 年，投资 5 亿元，建设总长 4900 米的建设四路延伸段工程；投资 6000 万元，建设完成东灵路向北延伸至靖江工程；二是工业功能区道路完善。2012 年投资 800 万元，建设临港工业功能区瓜港三路；投资 250 万元，建设永联工业功能区道路；三是城区道路改造。通过实施拓宽、延伸、“上改下”等改造工程，提高城市道路等级，美化城市景观。投资 500 万元，实施永福中心河西直路拓宽改造；投资 300 万元，将航民路向南延伸 300 米。投资 2.5 亿元，实施青六线拓宽工程；投资 3000 万元，完成新区“上改下”工程；四是公共交通优化。在瓜沥公交营运已实现区镇公交一体化的基础上，2011 年投资 1000 万元，新建公共停车场 1 个，新增泊位 500 个，投资 5000 万元，组建出租车（分）公司。

（2）实施水电气油保障工程。依托萧山地区供水、供电一体化的条件，进一步建设管道燃气，截至 2012 年，累计投资 2000 万元，新增和改造 15000 户。投资新建 1 个加油站。

（3）实施现代信息通讯工程。2012 年以来，累计投资 4000 万元，扩大宽带覆盖率，入户率达 100%。2011 年投资 2000 万元，改造数字电视网，入户率达 98%。

（4）实施绿化亮化洁化工程。至 2012 年建成区绿化覆盖率达 20.7%，人均公共绿地面积达 12.6 平方米。2010 年以来，瓜沥镇投资 4500 万元，建设城市西入口公园；投资 500 万元，完成八柯线两侧建筑立面整治工程；投资 2320 万元，完成北环线、东灵北路、南环线、东恩至运河道路等 6 条主要道路两侧的整治及借地绿化工程；投资 2.5 亿元，完成 11 千米主干道、主街道亮化工程；投资 3000 万元，增添和完善市政保洁设施，建立城市环卫整体长效保洁机制。

6. 以强化环境保护为基础，共享品质生活

2010 年以来，瓜沥镇累计投入 6.8 亿元，开展水源保护、河道整治、垃圾污水处理等环境保护工作，形成整洁、优美、舒适、安全的生产生活环境。

（1）推进河道综合整治。实施河道疏通保洁与护坡绿化，规范河道管理，确保河道畅通，排灌便利，河岸牢固，沿河绿化美观，充分体现水乡特质。2012 年，投资 2820 万元，清淤疏浚河道 15 千米，砌石整治河道 17.6 千米。

（2）促进垃圾污水无害化处理。扎实推进截污纳管、工业“三废”治理，目前，工业污水集中处理率达 98%。2012 年，投资 3000 万元，建设生产生活污水收集管网，建成区截污纳管覆盖面达 100%；投资 1500 万元，全面实施户集、村（社）收、城处理的垃圾集中无害化处理模式，实行卫生保洁市场化运行，生活垃圾无害化处理率实现 100%；投资 1400 万元，新建公厕 20 个。

（3）推进“最清洁城乡”工程。多年来，瓜沥镇围绕国家卫生城镇创建，推进最清洁城乡工程，坚持和完善日常保洁、专项整治、明查暗访、责任追究“四位一体”的长效管理机制。2012 年，投资 0.7 亿元，实施老街区、城郊结合部等重点区块的整体美化改造，完成改造面积 0.8 万平方米。

（4）推进应急救灾体系建设。完善灾害预警应急机制，加强应急救灾体系建设，提高抗灾能力。按照 20～50 年一遇的标准，提升改造现有防洪、排涝设施。2012 年，投资 200 万元，强化易灾地区的综合整治，

消除3个灾害隐患点；投资1200万元，建设二级消防站1个，提升消防能力。

7. 以转变政府职能为平台，提高服务水平

（1）完善行政审批服务中心。一直以来，瓜沥镇遵循“高效便民、规范透明”的准则，全力推行阳光审批，不断提升服务水平。按照赋予县级经济社会管理权限的要求，至2012年12月投资500万元成立行政审批服务中心，推动发改、工商、规划、建设、国土、公安、环保、社保8个部门进驻，集中办理40项事项，落实工作人员16名，基本做到办事不出镇。

（2）建立城市综合执法中心。按照职能明确、人员落实、设施配套的要求，至2012年组建了拥有7大项执法职能、10名具有执法资格的人员组成、软硬件设施完备的城市综合执法中心。进一步推进标准化、网络化、规范化管理，规范执法行为，提高执法水平，依法行政、文明执法，多干事、多奉献，为城市居民营造舒适、优美的工作和生活环境。

（3）夯实就业保障服务中心。按照管理、政策、服务、培训、维权、保障等“六到位”的要求，至2012年搭建了由15名工作人员组成的，行使养老保险、企业职工录用备案、农医保报销、失业证（援助证）办理、职业介绍等7项服务职能的就业保障服务中心，积极实施就业援助，拓宽劳动者就业渠道，帮扶就业困难人员、城乡低保户、残疾人实现就业。

（4）加快建立土地储备中心。加强国土资源管理，盘活存量土地，促进节约集约利用土地。至2012年成立了土地储备中心，落实工作人员5名。承担土地征收、收购、储备、土地一级开发、供给等职能，优化资源配置，强化市场管理，保障土地有序供给。

（5）组建完善社会管理中心。按照不断深化社会稳定的要求，在现有瓜沥镇综合治理中心的基础上，进一步完善服务功能，2012年投资150万元组建了由20名编制人员组成的，具有信访维稳、司法调解、治安防范、流动人口管理、安全监督等5项处理职能的城市应急维稳中心。建立健全矛盾纠纷排查调查、处突应急和责任追究等工作机制，积极预防群体性事件；深入实施“六五”普法规划，强化全民法制意识；加强安全生

产监督和管理，全面开展包括生产安全、交通安全、消防安全在内的专项整治，坚决遏制重特大安全事故发生。

8. *以深化体制改革为动力，增强发展潜力*

近年来，瓜沥镇加速推进各项体制改革创新，加快形成了与小城市发展相适应的体制机制。

（1）加快落实一级财政体制。落实萧山区镇级财政体制调整，按照分税制财政体制和财权与事权相匹配的要求，至2012年底建立了一级金库；同时，将2010年以来区及区级以下的地方财政收入可得部分全额归镇使用。

（2）全面推进强镇扩权改革。以《浙江省人民政府办公厅关于开展小城市培育试点的通知》和杭州《市委办公厅市政府办公厅关于推进中心镇扩权强镇工作的实施意见》文件要求为基础，推进强镇扩权改革，赋予瓜沥镇县级政府经济社会管理权限，通过设立分局、延伸机构或委托等方式，直接下放了8个部门40项经济社会管理权限。

（3）着力推进城乡综合配套改革。近年来，瓜沥镇按照宽严有度、分级承接的户籍制度改革原则，适度放宽小城市落户条件，逐步消除城乡户籍待遇差距，并以此为重点推进城乡综合配套改革。出台本地农民以原有村级股份、宅基地、人口田、自留地政策待遇可保留过渡、当地城镇居民就学、失业、养老福利待遇能享受，外来人口以鼓励技工以上高素质人员落户、享受当地就业、就学基本公共服务为主要内容的户籍制度改革政策，加快人口集聚。

（4）积极推进投融资体制改革。按照人民城市人民建的要求，积极推进投融资体制改革。强化基础性、公共性及重点产业的投资，降低准入门槛，拓宽筹资渠道，扩大投融资规模，搭建小城市建设发展融资平台，初步形成了适合小城市的科学高效、可持续发展的多元化投融资体制。

（5）深入开展学前教育体制改革。坚持多元办学的方向，从2011年起，开展了“政府编规划搞建设、教育部门管准入抓管理、社会力量公开竞争办学”的公办民营学前教育体制改革。

（6）稳妥推进行政管理体制和机构改革。按照“促进经济发展、加强社会管理、强化公共服务”的要求，深化机构改革。按照小城市管理的要求和《关于小城市培育试点镇行政管理体制改革的若干意见》，基本形成了与小城市经济社会发展相适应的机构设置、人员配置及社区化的管理体制。

（7）调整行政区划的体制改革。一直以来，瓜沥镇城镇建设规模和人口数量规模相对较小，离小城市建设标准差距较大。在综合考虑环航坞山经济区各镇的基础上，萧山区协同瓜沥镇及周边各镇调整了行政区划，拓展了瓜沥发展空间，优化资源配置，增强集聚辐射能力，提升了小城市集约发展水平，至2011年10月底已完成行政区划调整。

第三节　从中心镇到“去中心化”：体制创新与结构优化

如前所述，瓜沥镇凭借发展的活力、实力和动力，已逐渐开启由中心镇发展的时代向杭州都市圈卫星城的方向发展，其发展过程已经逐步显现了“去中心化”的发展过程特征及其结果。城镇化是经济社会发展的必然趋势，加快卫星城市建设，是当前推进城镇化的重要内容，也是统筹城乡的重要抓手，是转变发展方式的重要载体，对于促进城乡一体化、公共服务均衡化、建设“两型”社会具有十分重要的作用。

发展中小城市，对包括瓜沥镇在内的加快发展卫星城市赋予了新的历史使命，从而需要进一步创新加快卫星城市开发建设的体制机制，以进一步推进瓜沥镇由中心镇真正向去中心化的都市圈卫星城转变。作为以中心城区卫星城为发展导向的瓜沥镇，近年来，不断加大产业转移升级力度，努力培育成为具有综合服务能力又各具特色的城市功能区，主动承接核心城市的产业转移，努力服务于杭州都市区的产业人口布局。在此过程中，瓜沥镇的去中心化主要体现在：

（1）调整优化城乡空间布局，建立科学合理的城镇结构体系。近年来，瓜沥镇按照经济和社会发展的客观规律，顺应城镇规模化发展的内在要求，打破现有行政区划和行政管理体制上的束缚，经过充分的科学论证，重新调整完善市域城镇体系规划，并在此基础上，积极、稳妥地实施行政区划调整，优化城镇空间布局，努力将自身建设成为规模较大、规划合理、功能健全、环境优美、具有较强辐射和带动能力的一定区域的经济文化中心，最终形成中心城市的卫星城，从而进一步强化瓜沥作为杭州都市圈核心卫星城发展的整体性与分工协作。

（2）超前深化完善城镇规划，形成有机结合的城镇规划体系。从2010年以来，瓜沥镇按照提高规划水平、增强规划前瞻性和现实可行性的要求，抓紧调整完善市域城镇体系规划，并在此基础上，进一步深化完善城市总体规划，完成了2013年前的中心城市建成区范围内的各类详细规划和道路、绿化、环卫、排水、公交、停车场等各项专业规划，以及重点地段、重要区块、重大项目的城市设计方案。与此同时，全面开展镇域村镇体系规划的编制，并根据重新明确的村庄体系布局，在2015年前全部编制完成中心村和一般村建设规划，使各项各类规划有机结合，形成全方位、立体型的城镇规划体系，并使之与国民经济和社会发展规划、土地利用总体规划、环境保护规划有机统一、协调一致。

（3）按照集中建设、强化功能的思路，加快卫星城功能建设。“十二五”期间，瓜沥镇将遵循“控制外延，提高内涵，集中建设中心区，重点突出主干线，着力城市整理，搞好街景装修，加大基础设施投入，增强集聚和辐射功能”的城市工作思路，力争通过5年的努力，尽快完善和超前实施一大批市政公用基础设施重大项目。同时组织动员社会各方面力量，新建、筹建一批重大的基础性、公益性和社会服务性建设项目；采取各种措施，建设精品街、精品住宅区、精品广场、精品建筑群等一批城市精品建设区块；基本完成建成区内的人口集聚和基础设施及中心区的综合建设任务，使各项城市化主要指标名列省内前茅，率先形成基本的卫星城经济社会发展功能。

（4）按照“重新整合、集中发展”的思路，积极推进以中心村为重点的卫星城外围区域建设。按照卫星城城镇体系规划和镇域村镇体系规划，进一步明确了作为卫星城外围区域的中心村的规划布点和建设要求，及时作出行政区划调整和有形建设重新整合的总体部署，通过缩并自然村、改造空心村、消化城中村、建设中心村等途径，使村庄建设纳入良性、有序、相对集中发展的轨道。对于一些现有建筑总量不大、密度不高、档次相对较低的中心村，重新进行了适合现代农业发展和现代农民聚居的规划布局，并按照公建配套设施基本完善、房屋建筑重新整理的要求加以全面改造，使中心村成为了道路交通阡陌交错、房屋建筑布局合理、公建配套比较完善、自然环境相对协调的新型村庄。

（5）按照产业集聚、资源共享的要求，加快工业园区的集中建设。根据中心城市和瓜沥镇块状经济发展现状及产业发展趋势，从提高镇区工业化整体水平和增强规模效应的要求出发，在镇域范围内重新确定镇级工业园区的规划布局，通过政策调控，对现有各类镇级工业园区实行了有效整合，逐步撤消了一部分规模较小、聚度较低、配套设施不很完善的镇级工业园区，尽快实现由目前“一镇一点”的工业园区逐步向“一片一点”的工业园区过渡，避免镇镇设工业园区及“小集中、大分散”的低水平重复建设，从而提高了资源的共享程度。同时，逐步消灭了村级工业区块，组织引导和积极鼓励各类工业企业向工业园区集中，逐步把“镇镇设区、村村冒烟、家家办厂”的粗放型生产模式逐步转变为了集中工业基地、集中生产要素、集中环保措施的大配套、集约型生产模式。

第四节　研究小结与经验启示

多年来，瓜沥镇按照统筹城乡区域发展要求，围绕加快培育小城市的目标，通过政府推动、规划促动、创新驱动、投资拉动、产业带动和区域联动，不断促进人口集聚与产业集约，提高公共服务能力和水平，强化自身在统筹城乡区域发展功能，实现中心镇到卫星城的新跨越，加速了区域经济社会发展转型和城乡一体化进程。在此过程中，瓜沥镇努力推进三农建设，以“两新工程”为抓手，着力推进村庄整治，形成村庄布局合理、生产生活条件改善、基本公共服务设施共享的城乡统筹发展格局，逐步积累了比较丰富的城乡一体化建设经验。

一、注重提升发展现代农业，增强城乡一体化内功

近年来，瓜沥镇以农业产业化为核心，积极拓展品牌农业，大力提高农业科技含量，发展现代农业。例如，2011 年投资 1400 万元，建成 800 亩的现代农业园区、5300 亩的粮食功能区、500 亩的设施农业；2010 年以来，投资 850 万元，进一步完善了土地激励政策和流转平台，土地承包经营权流转率每年提高 5 个百分点。

二、扎实推进新农村建设，夯实城乡一体化的空间基础

农村能否真正实现发展是城乡一体化能否实现的基础，城乡一体化的过程是农村本身发展的过程及其结果。近年来，瓜沥镇按照生产发展、生活宽裕、乡风文明、村容整洁、管理民主的要求，以航民村为标杆，以特色村培育为重点，扎实稳步推进美丽乡村建设。2010 年，投资 60 万元，完善中心村村庄建设规划，进一步加快了设施建设，完成 2 个行政村的撤并，行政村从 23 个减少为 21 个，中心村平均人口规模达 5000 人以上，农村的经济社会发展功能不断增强。

三、稳步推进城乡基础设施一体化，联结城乡一体化的纽带

一直以来，瓜沥镇始终以城乡基础设施建设一体化为联结城乡要素流动的重要载体和通道，不断完善各中心村基础设施配套，显现道路硬化、卫生洁化、家庭美化、环境优化、路灯亮化的农村新貌，同时，以环境整治为抓手，积极建设优胜村、卫生村；加强河道疏浚、农田水利设施建设及桥梁改建等工作。

四、着力推动城乡基本服务均等化，实现城乡一体化的利益共享

促进村级公用设施、助学养老、环卫保洁等公益事业发展，推进城乡

融合发展成果由城乡共享，是推进城乡一体化建设的内在要求。2010 年，瓜沥镇投资 1000 万元，建设村级文化中心及文体公园；2011 年，瓜沥镇投资 1000 万元，建设了 14 个规范化的村级社区卫生服务站，农民健康档案建档率 95%，新型农村合作医疗力争实现地域全覆盖，医疗服务质量不断提高，社区卫生服务体系不断完善。

第十一章

城乡包容性发展：寿昌镇的案例

第一节　案例背景

一、历史沿革

寿昌镇是一个古老集镇。三国吴分富春置新昌县，西晋太康元年（280年）更名寿昌县。寿昌之名始此。唐至德年间（756～758年）寿昌县治从白艾里迁万松镇。此后，这里一直为寿昌县治，至1958年并入建德县时止。1990年后，寿昌经历了多轮的乡镇合并，规模不断扩大。1992年4月，寿昌并入陈家、卜家蓬形成新的寿昌镇；2005年3月，与原童家乡合并，成立新寿昌镇。全镇行政区面积增至143平方千米，辖49个行政村，4个社区，现有总人口52133人。

寿昌的工业起步于19世纪末，目前已形成以建材、冶炼、机械、家纺为主的工业布局，基础雄厚，发展潜力极大。寿昌的农业极具特色，蔬菜、山茶油、茶叶、土鸡、板栗具有区域性影响力。此外，该镇旅游资源丰富，温泉旅游正成为新的经济增长点。

二、发展现状[①]

1. 经济实力持续攀升，产业结构快速调整

2008～2013年，全镇农村经济总收入从22.7亿元增长为36.72亿元、国内生产总值从8.5亿元增长为14.18亿元，人均GDP从1.86万元提升到3.1万元，GDP占全市的比重提升了近1个百分点，由7.59%上升为8.54%；财政总收入从7000万元到9376万元。进一步巩固和提升了经济地位和作用。经过持续的努力，寿昌的产业结构日趋优化，到2013年，三次产业结构调整为10.57∶67.67∶21.75，工业的主导优势更加突出，服务业发展的基础更加扎实。

（1）工业块状经济发展迅速。目前寿昌拥有工业生产企业500多家，已基本形成了建材、冶金和家纺等为主导的块状经济。2008～2013年，全镇规上企业从24家发展为42家，规下企业从410家发展为474家。工业总产值、销售产值分别由224615万元、206198万元增长为384123万元和382181万元，2013年分别为全市的7.98%和8.09%。规上企业数量和产值，分别由4.75%提升为5.10%、6.77%提升为9.31%。近年来省级经济开发区的入驻，更是强化了这一产业优势。

（2）农业产业化扎实推进。按照规模化、产业化、标准化、品牌化和生态化发展的要求，寿昌农业经济发展快速，农业总产值达到2.4亿元，目前已形成以蔬菜、有机茶叶、禽蛋、板栗、生猪和獭兔为主导的六大特色产业，以“公司+合作社+基地+农户”和“合作社+农户”为主要方式的农业产业化体系。在农业龙头企业方面，已培育了“建德千岛锦王生态农业发展有限公司”、“杭州双马生物工程有限公司”、“建德天堂食品有限公司”、“杭州源恒生态养殖有限公司”、“天厨莲花生物公司”和“建德市精制米厂”等一批核心企业，其中，“千岛锦王”为“浙江省休闲渔业与产业化示范基地”、“杭州市休闲观光农业示范园”，是浙江省

① 资料来源：寿昌镇人民政府．寿昌镇人民政府工作报告，2014.

最大的观赏鱼网箱养殖基地；“双马生物”为国家功能性红曲行业标准起草单位；“源恒生态”为“浙江省一级种兔场”、“浙江省现代畜牧生态养殖示范场”。在品牌方面，已培育了“绿荷塘”、“千岛渔王”、“奔马”和“天堂”等多个省市知名品牌。在农业专业生产合作社方面，已形成了涉及十八桥果蔬、西红蔬菜、红旺蔬菜、周村水产和寿昌禽蛋等多个带动能力强的农业团体。此外，农家乐和农业新品种、新技术大力引用发展，进一步提升了农业产业链的生成和农业竞争力的提升。

（3）第三产业稳步发展。作为千年古镇，寿昌的传统服务产业一直有较好的发展，随着城镇发展水平和工业集聚能力的快速提升，生产性服务业得到积极的培育和发展，物流、信息、电子商务、检测和金融等服务业都有了长足的发展；医疗、教育和旅游等现代消费性服务业也得到了快速的推进。目前，寿昌已是建德西部的物流中心，已建成四星级酒店一家、“千岛锦王”、楠木林、河南里、温泉体验馆等多处休闲基地。截至2013年底，全镇从事第三产业人员达到3267户，规模较大贸易单位40余家，批发和零售业1300多家，住宿和餐饮179家，其他服务业191家。

2. 城镇建设进程加速，城乡面貌显著改善

依据“整合、提升、建新城带老城、以城带乡”的整体思路，通过规划新城、整治老城、功能分区等方式，2008～2013年，寿昌的城镇风貌明显改善。这五年间，通过城建重大工程建设，全镇累计投入基础设施建设资金达亿元，有效地推进了城镇化进程和城市化水平。其中，通过整治寿昌江、西湖治理、考坑坞水库建设、新安江引水工程和污水处理厂建设等，明显改善了镇域水环境；通过企业搬迁改造、居住小区开发、公园建设和每年250万元的环卫投入等，明显改善了镇域居住环境；通过通用机场建设启用、镇内道路整治、寿童公路、航寿公路等开发区规划建设和物流中心建设，明显改善了镇域通行环境和物流环境；通过市第三医院搬迁扩建、寿昌中学扩建、童家中心小学和幼儿园建设等，明显改善了镇域教育医疗水平；通过商业街区改造、餐饮企业提升、温泉体验馆建设和四星级宾馆建设，明显改善了镇域休闲旅游吸引能力和接待能力，并基本形成了工业板块、新老城居住板块、温泉旅游板块、物流板块和农业板块等5

大镇域功能分区格局。目前，建成区面积已达3.8平方千米，集镇人口突破1万人。与此同时，通过土地整理、标准农田建设、小流域治理、新建和改造机站、排灌渠、排涝水闸等水利设施建设，使农村生产条件和土地、水等资源保障程度得到提高；通过生态村建设、农村饮用水工程、通村公路的建设等，农村生活环境日趋改善，寿昌镇也连续被评为建德市新农村建设先进单位。

3. 社会事业全面发展，人民生活显著提高

经济的发展和城镇水平的提升，带来社会事业的全面发展和人民生活水平的明显改善。2008～2013年，全镇农民人均纯收入从5286元提升为9856元。目前，全镇已形成了较完善的教育医疗卫生体系，设有省级重点中学1所、初中1所、小学3所、成人和职业学校3所和幼儿园多所，建有建德市第三人民医院、第四人民医院、中心卫生院和14个村级卫生室，拥有80床位的敬老院1家，是省级教育强镇和杭州市卫生乡镇。寿昌镇建立健全了多种形式的农村社会保障制度，完善了基本养老保险和失地农民社会保障办法，新型农村合作医疗保险制度得到完善，参保率达到98%。建立了对困难群体的长效救助机制，基本完成困难户危房改造。群众性文化体育活动深入开展，一批优秀作品在省、市比赛中获奖，舞龙队参与了上海世博会、杭州西博会的演出，寿昌龙文化体系初步成型。镇村安全体系不断推进，已形成集基层治保队、村警协勤和电子监控系统等为一体的镇村两级管理网络。

第二节　寿昌镇推进城乡包容性发展的实践路径[①]

从趋势看，以上海为龙头的长江三角洲都市经济区将进一步成长为亚太地区新的发展极，杭州市亦将不断向发达经济体迈进。总体来看，作为浙江西部中心镇节点的寿昌镇，面临着良好的发展环境和发展机遇，也逐

① 资料来源：寿昌镇人民政府．寿昌镇“十二五”发展规划，2011.

步形成了自身发展特色。

一、以省级工业平台推进工业化与城镇化协调发展

经过多年的发展，寿昌镇已初步形成了以经济开发区为中心，呈一体两翼的发展格局。其中，东南部以生态高效农业为主体，西北部童家片区以红狮工业园和生态高效农业为主体。在此发展过程中，寿昌镇着力优化园区布局，着力打造现代制造业集群、现代物流集群、现代服务业集群和现代特色生态农业集群，积极推进现代产业体系建设，强化品牌建设和技术创新工作，从而使自己成为具有长三角知名度的低碳生态开发区、温泉名城和浙西重镇。

在浙江省经济逐步向发达经济体转向的大背景下，作为发达地区的相对欠发达区域，已完成了由“招商引资”向“招商选资”的迈进，从注重增量转向质的提升。寿昌积极利用比较优势与政策优势，严格按照生态、低碳、工业循环、集群的原则，积极利用土地、财税的政策，合理布局功能区块，严格控制在园区外新建工业项目，积极鼓励和引导现有区内外企业向对应功能区集中，以提高基础设施共享水平和集中治污水平。此外，寿昌镇着力推进横钢板块工作，严格限制新企业的进入及搞好现有企业的搬迁工作，以工业化和城镇化推进寿昌发展。

二、以现代化城市综合体建设推进城乡一体化

依托有利发展机遇，寿昌镇以高水平推进城乡统筹为着眼点，以“一中心两枢纽”建设为抓手，完善基础设施，强化城市配套功能，培育发展第三产业，极大地促进了城市、产业和生态的融合发展，寿昌逐步成为基础设施完备、人居环境优良、地方特色鲜明的现代化城市新区、新农村建设和城乡一体化示范区。

1. 造城兴区打造现代化城区

紧紧围绕构筑市“一组四团”的城市发展目标，寿昌镇以新城建设和

老城改造为引擎，以产业功能区和中心村建设为支点，以路网等公共设施建设为轴线，以新型城市综合体和镇村网络体系有机融入全市城镇体系，逐步构筑形成了建德南部副中心。例如，以建设宜居宜业宜游的建德副中心城市为目标，以“三纵（杭新景高速公路、320国道和23省道）、“三横”（开发区横轴线、寿李线、330国道）”为主干路网骨架，初步形成了城市组团框架，着力构建“双城”（新城和老城）、“两带”（寿昌江景观带和金千铁路景观带）。“三区”（工贸功能区、旅游休闲区和特色生态农业园区）和“三延伸”（陈家村、南浦村和西华村）的基本格局，并大力发展居住、商业、医疗、文化等设施，初步形成了建德南部规模最大、配套最佳、特色最鲜明的生活与商务服务基地，培育新型城市综合体建设“风情小镇”。

与此同时，寿昌镇改变原有村镇建设模式，统一配置建设用地，统一设计，以城市小区标准建设农民公寓，为居民生活提供了舒适、便捷、安全的居住环境。此外，充分利用自身的生态环境特点，规划景观轴线、亲水空间，创造人与自然和谐发展的城镇空间。同时，通过推进数字城管，优化社区治理与物业管理，促进城市高效运营，寿昌城区逐渐成为全镇和整个经济开发区生产要素的集聚区、辐射带动的主引擎和公共服务均等化的核心载体。

2. 新农村建设协调推进

寿昌镇以城乡一体化发展为目标，以构建生态高效农业为抓手，按照“生产发展、生活宽裕、乡风文明、村容整洁、管理民主”的要求，依托城镇化推进和大项目带动，积极推动城乡要素自由流动，公共服务向农村覆盖，财政支出向农村倾斜，城市文明向农村传播，大力推进农村住房改造，鼓励引导农民向城镇、中心村集聚，初步实现了农业生产设施化、农业经营规模化、农业服务社会化、农业产品商品化、人居环境现代化的社会主义新农村。与此同时，通过深入开展“联乡结村”活动，积极推进“十百”工程、农村历史建筑保护、下山移民、生态村建设，使农村人口和村庄布局不断优化。

值得一提的是，寿昌镇通过努力消除阻碍农民进城、进镇的体制性因素，创造了有利于农民安居乐业的环境。在此过程中，寿昌镇依法为就业农民办理养老、医疗、失业、工伤、生育等社会保险，以及与城镇居民同等的职业培训、子女就学、计划生育、医疗保健等公共服务。

3. 基础设施建设不断优化

寿昌镇通过采取多元融资的手段，切实加强道路、供电、供水等基础设施的规划和建设，初步构筑形成了以安全、便利、通畅的综合交通网络为主体，供水排水、能源、通讯、灾害防治等相配套的基础设施网络。此外，通过进一步完善园区与集镇、行政村之间，以及与中心城区之间的道路交通，全面完成了连村道路工程。同时，通过实施引水工程，积极推进集镇和工贸功能区水网、污水处理管网建设，综合改造老城水网管道，积极提倡节约用水，强化污水治理，加大水资源重复利用率。逐步改造老城电力线路，使高压线尽量沿主干道铺设。道路建设与小区规划等要同时考虑电力线路的布局需要，预留电力线方位，周围建筑与电力线路应按安全规范要求保持必要的防护距离。坚持“预防为主，防治结合”的原则，建立健全了灾情预警系统和监管应急体系，提高对台风、洪涝、干旱和病虫害的防治水平。寿昌的防洪标准按50～100年一遇标准设防，通过疏浚整治河道、加固防洪堤岸、低洼排涝、完善排水管网降低了洪水威胁。另外，寿昌的信息技术在各行各业中的广泛应用，完善了镇、龙头企业的信息联网，让农民方便地获取广泛的信息资源。政务网功能不断完善，通过引入远程教育网络，鼓励发展电子商务，强化信息化小区建设。

三、以发展循环经济推进生态文明与物质文明协调发展

重视生态环境保护，发展循环经济，是寿昌在推进工业化与城镇化发展过程中的主要特色，其内容主要包括：

1. 积极打造绿色企业

寿昌镇强化节能技术和清洁生产技术的开发与推广应用，深化企业效益管理，引导产业向绿色低碳方向发展。逐步推广清洁生产示范试点和绿色企

业创建工作，推行从原料到加工全过程环保生产，积极开展 ISO14001 认证，发展环境友好型企业。

2. 发展园区循环经济

根据“减量化、资源化、无害化”的原则，寿昌镇不断完善废弃物和再生资源回收利用网络，促进了污染项目集中布点、集中治理，逐步形成循环经济产业链。同时，通过引进与创新，促进了生物、信息和新材料技术在循环经济中的应用。

3. 推广农业循环经济

通过推广节水灌溉技术，降低农业用水量。通过大力推广生物有机肥、鸡茶花生、立体种养等农村生态种养方式，减量使用农药化肥，减少农业源污染。寿昌不断加大对农村生活垃圾、生活污水的收集处理力度，在污水管网覆盖不到的地方进一步推广无动力生活污水净化池，继续加强沼气池建设以改善农业生态环境。

4. 加强生态景观与低碳社会建设

在不同的历史发展时期，寿昌优化了江沿线和铁路沿线生态景观建设，通过加强镇区街道绿化工作，改善了寿昌镇的生态景观布局。通过加快农业生态园区及果树苗木园的建设，深入实施农村“生态家园”建设，优化了村庄绿化和农村景观布局。此外，通过广泛开展生态宣传教育，全面推行健康文明生活方式和消费方式，积极创建绿色单位、绿色社区、绿色家庭，促进了城乡发展与生态环境相和谐。

第三节　研究小结与经验启示

在新的发展阶段，寿昌镇面临平台大提升、空间大拓展、交通设施大改善、环境大优化等重大发展机遇，寿昌镇认真分析并准确把握发展的现实基础和面临的新形势、新任务、新要求，积极推动寿昌从工业强镇向建德副中心城市、浙西重镇和最清洁小城市的跨越式转变。

一、注重深化体制改革和政府能力建设

把握强镇扩权良机，以优化发展环境和提升政府行政能力为主旨，进一步加快经济、行政和社会管理体制改革，提高行政效能，形成行为规范、运转有序、公正透明、廉洁高效的政府管理体制。推进政府职能转变、把政府的管理职能从偏重经济向经济和社会发展并重转变，注重履行生态环境保护、公共设施建设、公共服务等公共职能。注重“掌舵与划桨”、“供应与生产”的区别，进一步实现决策职能与具体执行职能的划分，适度推进事务性外包工作，推动社区企业和行业协会承接政府职能转移。优化政府管理制度建设、加快镇财政管理制度改革步伐，推行机关经费切块包干办法，严格执行政府采购制度。加强对重大项目建设进度的跟踪和协调，加强政府对金融部门贷款投向的引导，加大推介和吸引市外和外资金融机构支持寿昌企业发展的力度。加强政府效能建设和廉政建设、进一步落实改革开放的时代精神，树立抓落实就是求发展的观念，不断提高工作透明度，切实加强对落实工作的督查跟踪和问效问责，加大责任追究力度，形成全力抓落实的氛围。完善干部管理机制，保障干部合法待遇，建立激励和约束机制，充分调动工作积极性，引导和鼓励干部发挥先锋模范作用。

二、注重建设工业平台和产业结构优化升级

调整产业结构，转变增长方式，增强发展质量，构筑以先进制造业为支柱、以温泉旅游为亮点、以生态特色农业为基础的现代产业体系，形成“工业服务业双轮驱动，第一、二、三产业协同发展”的经济发展格局。首先，以功能分区为基点，以招商引资为突破点，以产业集群为重点，着力形成以开发区为核心的寿昌现代产业体系。在工业上，以原有产业基础为依托，以与杭州经济技术开发区合作为动力，着力培育建材冶金、家纺和食品加工等为主体的现代产业集群；在第三产业上，形成以金融、仓

储、物流、培训、会务和广告等为主体的生产性服务业，以商贸、餐饮、休闲、文化等为主体的消费性服务业；在农业方面，形成以特色生态农业为基础的现代农业产业体系，最终实现区内整合、区内外联动、三大产业相互支撑的现代产业体系。其次，作为杭州通向浙西南和江西的西线门户，寿昌集公路、铁路、航空运输为一身，是建德市规划的南线物流中心。积极利用金华黄山快速铁路建设、千岛湖萧山机场分流中心建设和330国道改造的良机，以提升现有铁路货运场和通用机场物流能力为基点，以服务建德货物吞吐为核心目标，构建物流基地与核心板块的快速通道，打造集采购、装载、运输、仓储、配送为一体的现代物流中心和现代物流配送体系。最后，坚持以生态和耕地等资源的有效保护为基础，以发展高效、生态、休闲、观光为特色的特色生态农业为主攻方向，以培育农业龙头组织为主体，以现代农业园区与农业服务网络建设为两翼，继续推进农业区域化布局、设施化生产、规模化经营、标准化管理和生态化发展，进一步完善现代农业体系。

三、坚持实施城乡一体化发展战略

进一步加大与中国联合公司的合作，做好拆迁安置、撤村建居、引农进城和公共服务设施建设等工作，加快新城建设开发进程和寿昌老镇区改造进程，完善城镇功能服务体系。进一步优化村镇布局，完善城镇功能，着力构建以新城和老镇区为核心、以中心村为节点的网络体系，引导产业和资源要素向镇区集中。继续把招商引资作为发展开放型经济的“一号工程”，重点引进产业关联度大、拉动作用强、资源节约和科技含量高的项目，争取在大项目利用外资方面取得突破，推进产业升级。通过引进企业，带入先进技术、管理理念和集聚优秀人才。创新招商方式，以商引商、以民引外，形成上争下筹、内聚外引的多渠道招商格局，吸引更多的资源要素向镇区集聚。同时，以城乡一体化发展为目标，以构建生态高效农业休闲区为抓手，依托城镇化推进和大项目带动，积极推动城乡要素自由流动，公共服务向农村覆盖，财政支出向农村倾斜，城市文明向农村传播，大力推进农村住房改造，鼓励引导农民向城镇、中心村集聚，建设农业经营规模化、农业服务社会化、农业产品商品化、人居环境现代化的社会主义新农村。

四、注重区域合作和镇域外部空间拓展

充分利用杭州经济、金融、贸易功能平台，加强与杭州都市圈各县市区在招商引资、科技合作、信息服务和人才支持等领域的合作，巩固和发展寿昌与杭州经济开发区、中国联合公司和萧山机场资产管理公司等的合作，推进以资引资工作。依托优势区位条件、产业基础和政策优势，继续加强与上海经济圈、杭州经济圈的联系，积极融入“浙江中西部经济圈”，主动承接产业辐射和梯度转移，带动产业升级和对外开放度。此外，抓住西部大开发和中部崛起的有利时机，培育企业外向扩展，引导企业开发西部资源与市场，拓展新的发展空间。鼓励土地资源消耗大、附加值低的企业向中西部梯度转移，腾出更多的资源环境容量服务本地产业升级。

第十二章

空间重组与产业集群的联动推进：柳市镇的案例

第一节 案例背景

一、柳市概况

位于浙江东南沿海乐清湾附近的柳市镇，与著称的国家级风景名胜区——雁荡山相邻。柳市的名称得于五代时期，于北宋时期正式建镇。根据北宋时期的《元丰九域志》和《宋会要辑稿·食货》的相关记述，柳市在北宋时期已成为浙南经济重镇；柳市村落的形成可追溯到西汉惠帝三年（前192年），当时属东海王国管辖。柳市的得名还颇有一段传说佳话。

柳市镇区域面积49.88平方千米，管辖有行政村77个、社区有6个。截止2013年实现工业总产值568.4亿元，财政总收入29.79亿元，城镇居民人均可支配收入和农村居民人均纯收入为47360元和21391元[①]。作为全国城乡一体化发展试验区的柳市镇同时是小城镇综合改革国家级试点镇、小城镇建设全国示范镇、全国唯一的改革开放30周年乡镇先进集体，

① 数据来源：http：//tieba. baidu. com/p/2828886112.

因此被国家有关部门授予“中国经济强镇”称号、“中国百强名镇”、“中国小康建设十佳镇”、“中国新农村建设明星单位”、“中国最具投资潜力城镇”、“中国最具发展优势城镇”，综合实力居温州市第一位连续达16年之久。

二、发展现状

经过改革开放以来几十年的发展，柳市已经形成了以高低压电器、电子、机械、仪表、船舶修造等为主导行业的工业产业体系和便捷的物流体系，工业电器生产占国内市场的近50%。2011年，全镇拥有348家规模以上工业企业，中国民营企业500强企业集团该镇拥有7家。2011年温州市人民政府全面启动行政区划调整后，七里港区和乐海围垦黄华片区进入柳市镇区域范围，为柳市提供了更大的发展空间，带来了更大的发展优势，而“中国民间文化艺术之乡”象阳镇的并入更加丰富了柳市的文化底蕴。

当前，柳市按照“集聚优势、引领发展”的要求，通过合理优化空间布局，明确城市片区功能，提升了柳青路、柳江路、柳翁路等城市主干道的商贸流通功能，积极建设集商业、办公、旅游、餐饮、会议、文娱等为一体的城市综合体服务中心；通过文成楠溪江引水工程，以及加快垃圾焚烧发电、排污管网和文化中心等工程建设，使城市功能进一步得到完善。柳市还通过大力推进“平安柳市”建设，建立健全矛盾纠纷大调解格局；积极打造畅通柳市，缓解城市道路交通压力；加大城市环境卫生整治力度，大面积开展道路、河岸、山体和园林绿化等项目的推进，为市民创造了一个安定舒适的生活环境。

当前，柳市镇正在抢抓省小城市试点培育和柳白新城建设这难得的历史机遇，全镇紧紧围绕社会转型、经济转型和政府转型这三大战略任务，重点实施“投资拉动、创新驱动、城市带动、民生促动、平安推动”五大战略，提出“1225”空间规划布局，加快推进“实力柳市、文化柳市、幸福柳市的建设”，率先全面建成惠及全镇人民的小康社会。柳市的跨越式发展源于低压电器。从20世纪70年代末开始，柳市人民用了短短十余年时间把柳市原来小打小闹为主的家庭作坊式企业为主的小企业集群，提升改造成为“中国电器之都”，其份额占据了全国低压电器市场的1/3强。从1994年开始，柳市连续保持浙南强镇地位18年，树立了温州第一强镇的名号。

如今，柳市这个庞大的电器王国，已经喊响了“打造国际电气城”的口号，中国电器之都的头衔已然是一张日渐过时的标签，而国际化的市场才会是让柳市产业特色更加出彩的宽广舞台。柳市作为“温州模式”公认的发祥地，目前拥有1400多家股份合作制企业和10多家“航空母舰”式的企业集团。柳市镇的改革有自己的路径，它以股份合作制经济发展为起点，以市场化取向为改革路径，走出了一条以民营经济为主体、股份合作制为特点、繁荣市场为依托的柳市格局，这条独具柳市特色的区域经济发展新路子被称为“柳市现象”。

第二节　柳市镇联动推进空间重组与产业集聚的路径探索①

为了实现“四化同步”，柳市镇政府围绕社会转型、经济转型、政府转型三大重点任务，重点实施了“投资拉动、创新驱动、城市带动、民生促动、平安推动”五大战略，突出“1225”空间规划布局，加快推进“实力柳市、文化柳市、幸福柳市”建设，力争率先全面建成惠及全镇人民的小康社会，为打造宜居宜创业的现代化小城市而努力。基于柳市镇的自然条件和区位条件、区域职能和综合实力、产业特色和竞争优势等方面要素分析，结合小城市培育目标，柳市镇把功能定位为：温州大都市经济圈重要城市组团，国家先进电工电气制造业基地，创业投资总部经济示范基地。

---

① 资料来源：柳市镇人民政府．柳市镇“十二五”发展规划，2011．柳市镇人民政府．柳市镇经济社会发展资料汇编，2012.

一、培育发展产业集聚

产业聚集就是在某一特定地理区域范围内相对地集中形成某类企业集群，它是一种“中间性制度组织”，介于企业与市场之间。产业集群对促进中心镇向现代小城市发展和转移农村剩余劳动力具有重要的现实意义，同时也有利于为城市的区域化发展提供新地理空间，进而为区域经济增长提供新物质载体。城镇化建设的加快，中心镇的不断发展和成长有助于打破我国长期存在的城乡二元结构，也是解决我国“三农”问题现实而有效的途径。全国多地的产业集群发展证明，产业集群能更有效地带动依托乡镇的可持续发展。中心镇也是联结城乡的有效结合点，具备向上承接来自于大中城市的扩散辐射，向下接收、集聚周边村镇剩余人口、剩余资源的功能，这些功能的发挥正是依赖于产业集群。

当前，柳市镇虽然已经积聚了相当的同类产业，但集群的程度并不很高、很科学。其产业集聚主要面临着产业结构不合理的问题。具体表现为工业一支独大，服务业相对滞后，并且远远满足不了工业化和城市化提出的需求，公共服务业比较脆弱，物流、金融等生产性服务业规模明显偏小，且服务层级还不够高，这些不足已经对柳市镇区域主导产业集群的综合竞争力提升产生了障碍。因此，柳市镇要完成向新型现代小城市的转变，仍然必须依靠产业集群的发展和推动。

1. 产业集群对产业结构优化的积极作用

柳市镇城的产业类型的形成得益于产业集群的发展，同时产业集群也优化了柳市镇内部的产业结构。柳市镇的产业集群对镇域的产业结构的优化促进主要表现以下 2 个方面：一是柳市镇按照“北工南居”的产业布局要求，通过引导工业制造业向跨越 104 国道的城镇北部工业功能区聚集，最终形成湖头工业区、上五宅工业区、新光工业区为核心的产业集聚区；二是做强自己的特色产业。通过不断努力和调整，建设浙江省工业电气产业集聚转型升级示范区，依托中科院电工所、中科院上海国家技术转移中心乐清办事处等科研院所，推进科技成果的产业化转移的速度。支持和引导龙头企业通过加强技术创新能力，鼓励联合兼并来进一步做大做强低压电器为主导产业的产业集群。

2. 产业集聚促进中心镇新型产业业态生长

从中心镇比较优势出发，协同周边乡村，联合推进城乡产业融合，促进各类新型产业业态生长和农村原有产业转型升级。柳市镇按照现代市场标准，改造、整合、提升和新建一批商品专业市场。按照社区分布，实施超市、便民店、农村放心连锁店的拓展。大力发展连锁经营、配送中心、电子商务、网上购物等新兴业态，促进商业能级和业态的提升。

3. 产业集群对社会结构变迁的促进作用

中心镇产业集群传导到产业结构的变化，进而必然会引起社会结构的变化。这种结构的变化表现为城市化的快速推进，而城市化推进所要求的人口集聚加速了农村人口向城镇转移的速度。中心镇不断集聚的工业和由此带来的对第三产业的依赖带动了劳动力需求的不断上升，从而诱使农村劳动力向工业集聚区集中。工业发展带来的土地稀缺度上升造成的非农用地地价增值而形成的农用土地增值预期，促使乡村组织具备了以提高集体所有土地利用率为理由的推动农村人口向城镇迁移的动力。

4. 产业集群对政策环境的变革作用

产业集群可以形成成本优势、市场开拓优势、技术创新优势和扩张优势。为了防止产业集群的衰退，产业集群区域的管理者必须想方设法增强产业的根植力。目前，柳市镇的做法正是立足这样的一种理论，在现有产业的基础上，突出“优、新、高、特”的产业导向，始终坚持新型工业化与新型城市化互动发展、先进制造业与生产性服务业相互促进的方针，大力改造提升优势主导产业，鼓励培育先进新兴产业，加快现代服务业的发展，构建了“1537”现代产业体系。所谓“1537”产业体系即是：一大核心产业即电工电气；五大优势产业即电线电缆、电子信息、机械装备、船舶配件、工艺美术产业；三大新兴产业即新材料、新能源、海洋新兴产业；七大服务行业即现代物流、总部经济、商务会展、品质房产、商贸服务、文化创意及研发设计服务。

中心镇向现代小城市的转型发展是一项长期、艰巨而又宏伟的系统工程。浙江沿海地区的部分中心镇，由于有产业集群的依托，已经具备了向现代小城市转变的基本条件。柳市镇作为浙江沿海的一个重要的中心镇，产业集群发展状况良好，对乡村的辐射能力、带动效应较好，已经完全具备了向现代小城市演进的经济条件。当前柳市镇要做的就是进一步通过推进完善产业集聚，为小城市建设完善相应的政策支持。

产业集聚对中心镇的发展具有很大的促进作用，同时中心镇的发展一定程度上也促进了产业集聚。按照温州“1650”大都市布局的相关要求，柳市镇政府一直在各个方面做着不懈的努力。在基础设施建设方面，近年来，柳市建成了柳青路、柳黄路、柳江路、柳白路、104 国道改线、柳翁路、城市中心大道、大兴路等城市主干道路，并提升沿新 104 国道线的产业集聚带。

柳市镇以“国际电工电气产业城”为总体目标，全面推进“国家新型工业化示范基地”和“浙江省工业电气产业集群示范区”建设，以“产品高端化、经济集约化、品牌差异化、链条国际化、产出高效化”为导向，着力改造提升电工电气产业，做大做强产业集群。围绕都市型功能区的资源互补、交流合作、联动发展的要求，在总部基地和核心产业功能留驻柳市的前提下，在乐清经济技术开发区拓展区、北白象等区域建立国际电气城的集中生产基地，为柳市经济拓展发展空间，提高优势产能和规模。加快翁垟黄华片的围垦回填和土地功能调整，以具有国际竞争力的工业电气企业集团为主要对象，锁定电气产业高端制造环节，抓好电气重点项目的招商引资工作，并按照政府的要求，积极实施智能配电成套配置、特种（船用）电缆、高压变压器、高压节能型电力金具、远程通信智能控制器等产业化项目。

二、推进城镇空间重组

柳市的发展困境很大程度上在于土地的缺少，因此现在采取的政策是对内，在原有土地上做好规划利用，挖掘土地的利用潜力；对外，通过合并其他地区来扩大土地面积，即七里港区和乐海围垦黄华片区进入柳市镇区域范围，为柳市提供了更大的发展空间，带来了更大的发展优势，而作为“中国民间文化艺术之乡”的象阳镇的并入，进一步丰富了柳市的文化底蕴。作为“温州模式”发源地和代表的柳市镇，更希望能够融入温州大都市圈，最终把柳市镇建设成为“国家新型工业化的示范基地”和“民营经济创业投资总部基地”，进而利用温州中心城市的水运和航空口岸，“参与区域分工、甚至国际分工”，据此，柳市将新增面积 5.2 平方千米，总投资超 132 亿元。

柳市镇土地资源的紧缺，许多企业不得已只能将实体产业安置到外地去，从而导致目前柳市的产业呈现“空心化”趋势。为此，柳市镇政府多方努力，推出力度更重的优惠措施，来促使“乐商回归投资”。而对于在本地的企业，柳市镇政府根据不同的发展状态，采用了分门别类的帮扶措施：对优秀类企业进行了效益激励和重点扶持；对提升类企业进行重点指导；对帮扶类企业进行重点监管，以全面促进柳市实体经济的快速再发展。为了解决土地资源紧缺的问题，2013 年，柳市镇合并了象阳、黄华、七里港等 3 个镇，镇域面积、户籍人口、常住人口分别从 49.88 平方千米、10.8 万人、21.9 万人扩大到 92 平方千米、21.1 万人和 32.6 万人，初步形成了一个集电气、船舶、港口、工艺美术为一体的具有深厚文化底蕴的现代化中等城市的框架。

为应对全球危机、快速城市化和城乡统筹等战略挑战，小城市公共空间的系统建设应体现出三大核心要求：空间价值的独特性、空间拓展的适应性、空间整合的复合性。其建设策略应当以空间价值的提升和核心竞争力的构建为目标，以小城市的空间发展战略为导向，从资源控制、系统整合、功能强化、过程控制、管理支撑等方面进行建构。浙南地区由于普遍经济发达、但人地矛盾突出、城镇建设严重滞后于工业发展需要，柳市镇在其空间演化方面具有很强的代表性。

1. 通过空间组织的无序发展拓展城区面积

柳市镇特殊的地形条件和国家限定的土地指标限制了柳市镇村空间拓展与经济发展不成比例。面对上述制约条件，柳市镇采用了以原镇区为核心，通过旧镇村的改造的方式向外拓展，自动连结成片。这种模式具有很强的自组织能力，又避开了政策限制和规划干预。这种发展模式的结果虽然取得了空间拓展上的成果，但也留下了许多问题—规划干预不足、城镇形态的村型化、城镇建设强度高、社会矛盾多、旧城改造难度大等。柳市镇的工业发展起源于家庭手工业作坊，这种状况使得用地性质复杂而难以统一归类管理。最明显的表现就是居住用、工业用地和商业用地三种不同性质土地混杂在一起，最终造成在物质空间形态上和社会经济领域里的管理混乱，这种混乱还造成城市管理和变革的困难。

由于居住、工业、商业功能的高度混合，还造成了用地结构的严重失衡失调。在柳市镇，居住用地的比例严重过高，而工业用地的比例则普遍过低；这种状况还导致了公共服务设施、基础设施的配置标准偏低，空间分布不均衡；进一步造成突出人地矛盾，按照国家城镇化标准，占比绿地等指标也远远不符合小城市建设标准。

2. 镇村中心与专业市场紧密结合的空间布局

柳市镇的经济发展特点决定了镇村中心与专业市场的密不可分。如果将柳市镇历年城镇空间演变的图底进行叠加，很容易观察到，镇中心是原先工业发达的地区，随着工业的进一步扩张，其镇中心位置优惠不断转移。柳市镇村空间优化沿以下思路推进。

（1）调整用地比例与布局。空间结构与产业结构同步优化是镇村经济社会发展的合理路径。而不合理的镇村空间布局与结构会导致土地经济、社会和环境效益的低下。就两者的关系而言，产业结构优化可为空间结构优化提供推动力，空间结构优化反过来又可以为产业结构优化提供物质载体。第一，柳市镇运用高新技术和先进适用技术改造原来的电器、有色金属、服装、小商品等传统产业，可以提升产业层次；第二，通过拓展镇村中心用地规模，发展集中成片工业园区，推进专业化协作发展，可以形成高水平的产业集群；第三，改变土地要素的分配结构，提高高新技术产业的用地比例，引导劳动密集型产业转型，可以实现产业结构的合理化。

（2）镇村空间密度的优化。保证镇村合理运行的基础是空间密度的合理性布置，容积率是空间密度合理性的关键指标。柳市镇镇村空间密度优化的基本思路是建立“路网容量、车辆保有量和停车位数量”三者之间的平衡。容积率过低，难以满足旧城改造的经济性指标要求。柳市镇的经济容积率的完成可以通过引入市场机制，再结合政府、开发商、公众多方利益均衡机制来达到目标，并找到经济容积率的最佳平衡点。

（3）完善市政基础工程和其他公共基础设施。柳市镇作为小城市来看，在学校、医疗、交通设施、绿地、给排水、电力等市政设施和其他公共设施的建设方面还有较大差距，这种差距制约了镇村未来的发展与演化。因此完善基础设施和其他公共设施不仅是镇村空间优化的必须，也是政府职能向社会管理与服务转变的必须。

（4）建立资源集约利用机制。以新一轮村镇土地利用规划修编为契机，调整存量建设用地，清理、处置闲置土地，优化土地资源配置是柳市镇目前需要急切解决的问题。农村土地的综合整治，城乡集体建设用地增减挂钩机制的探索，耕地保护模式的创新，耕地保护补偿机制试点的开展，都是必须抓紧的核心工作。镇区用地结构的调整，“退二进三”、“退二优二”政策的实施，“地上”和“地下”空间资源的开发，一刻也不能放松。强化对工业区入园企业和项目的资格的严格筛选，制定入区企业投资强度、建筑密度、容积率等强制性指标是园区建设的支点，同时要将每亩工业产值、税收等指标逐步列为入区项目审核条件，确保科学用地、合理用地、集约用地。结合新农村社区建设，科学规划村庄建设布局，提高土地集约利用水平。按照温州市统一部署，柳市将在温州“1650”大都市圈中承担起“国际电工电气产业城和综合性港口物流枢纽”的功能区定位，并设立柳市新区作为这一功能的载体。“1”指的是大都市核心区及其扩展区，即温州中心城区和永嘉原上塘镇，乐清市北白象、柳市，瑞安市塘下等；“6”指的是乐清、瑞安、平阳、苍南、文成、泰顺等 6 个副中心区域；“50”指的是除大都市核心区外全市共培育的约 50 个网络化城镇节点，包括新市区和中心镇，如平阳昆阳新市区、苍南灵溪新市区、洞头县大门等。

近年来，柳市建成了柳青路、柳黄路、柳江路、柳白路、104 国道改线、柳翁路、城市中心大道、大兴路等城市主干道路。通过整合与引导提升了沿新 104 国道线产业集聚带的水平，逐步形成了以生产性服务主导的发展主轴；而已经贯通的中心大道、柳江路和外环线，则形成了柳市镇城市拓展、服务更新的带动轴，最终产生了商贸和生活服务为核心的新兴现代服务业区块。

值得肯定的是，柳市镇已经形成了以高低压电器为代表的产业集群化和规模化体系，它是我国目前规模最大、生产能力最强、市场占有率最高、产业种类最齐全的工业低压电器生产的重要基地，产业辐射周边乡镇及温州部分地区，周边乡镇及外地到柳市镇从事高低压电器行业的人员近20万人，规模以上企业达568家，共有企业集团55家，产值超10亿元的有7家，超1亿元的有40家，5家企业跨入中国企业500强行列，14家企业跻身全国民营企业500强行列。2009年全镇规模以上企业产值占工业总产值的比重达到85.27%。

柳市镇以科学发展观统领全局，以推进经济发展方式转变为主线，贯彻落实浙江省省委“创业富民、创新强省”总战略和温州市委“1650”都市区发展战略，以加快推进实力乐清、魅力乐清、和谐乐清建设为导向，以小城市培育试点和都市型功能区建设为契机，突出片区统筹协调发展，全力推进新型城市化与新型工业化“双提速”，努力培育乐清大城市南翼中心的综合服务功能，率先全面建成惠及全镇人民的小康社会，加快建设宜居宜业现代小城市。

第三节　研究小结与经验启示

依靠现有大中城市的容纳水平将远远不能满足要求，小城市（中心镇）的镇级市建设与改革将是实现城乡一体化的必由之路。《浙江省小城市培育建设标准》（2011）规定，小城市参照基本相似中等城市的标准进行规划建设，按照城市的理念实施服务管理，比照城市经济和人口规模要求，推进集聚集约发展和人口有序集中。具体标准包括5大类45项，要求建成区面积8平方千米以上，户籍人口6万以上或常住人口10万以上，年财政总收入10亿元以上，农村居民人均纯收入2万元以上，第二、三产业从业人员比重90%以上，教育、文化、体育、卫生设施较为完善等。

与中心镇相比，小城市的人口和产业集中度更高，社会管理和公共服务能力更强，政府职能配置和运行管理更有效。结合柳市镇的具体特点，柳市要想发展成为一个辐射能力更强、带动能力更强的中心镇，需要从以下几方面改进：

一、小城市注重调整产业结构

柳市镇目前的三大产业结构比例极不协调——工业独大、第一产业萎缩、第三产业跟不上第二产业的发展速度，无法为第二产业提供良好的服务，这种状况反过来又进一步抑制了第二产业的健康发展。第三产业中的文卫科教等比较脆弱，金融、物流、研发、信息、商务等服务业规模偏小，服务层级较低，这种状况现在已经对区域主导产业集群的综合竞争力提升造成了严重阻碍。小城镇发展的根本是产业的发展。一个区域能不能持续发展，在一定程度上取决于该区域有没有强大的产业支撑。一个镇要取得长足进步，必须依据区位、交通、资源和产业的基础条件，培育、壮大自己的特色产业，推进产业集聚优化，大力发展专业市场和产业集群。根据柳市镇的经验，还要着眼于未来产业竞争，发展低资源消耗、带动系数大、综合效益好的战略性新兴产业。要善于培育发展商贸服务型、农产品加工业、旅游观光业等各具特色各有侧重的产业来建设各型特色经济强镇。同时还要大力发展现代服务业，提升现代服务业在镇域经济中的比重和水平。

二、小城市注重优化资源要素

资源要素瓶颈是制约柳市经济社会发展的主要因素，尤其表现为土地、人才、电力等要素的制约。土地紧缺导致企业外迁现象严重，用地指标落实难带来工业区整合推进缓慢。人才外流的趋势未能很好扭转，同时高层次人才引进乏力，研发平台不健全，给产业转型带来负面影响。电力配套仍不健全，电力缺口现象时有发生。

三、小城市注重改善发展环境

社会事业和公共服务产品的供给总体滞后于人民群众需求，与柳市“中国电器之都”的城市形象不匹配。城镇环境现状不容乐观，道路拥挤、环卫、违章建筑、立面破旧、沿街为市、绿化缺失等专项治理亟待加强。城市管理跟不上城市规模的扩张，社会管理压力较大，城市人文环境塑造不到位。

四、小城市注重培育创新文化

柳市文化底蕴比较单薄，以往的文化只是从柳市人“敢为天下先”精神和电气产业发展形成的优势中，提炼出的柳市城市文化主题。只有商业文化，没有其他特色或传统的文化。底子比较薄。而文化是一个城市的灵魂，柳市培育文化底蕴的具体方法只能是有目的地构建和营造文化，即主动发掘、创建创新文化。

第十三章

中心镇特色化发展的
模式选择：乌镇镇的案例

第一节 案例背景

一、历史沿革

乌镇已具有六千余年悠久历史，是江南六大古镇之一。据《乌青镇志》记载，早在宋朝，乌镇就有进士17位，举人21位，到了清朝，进士37位，举人119位。南朝梁武帝太子萧统曾随老师沈约读书于此，并编有《昭明文选》。《唐宋八大家文抄》编者茅坤、理学家张杨园都曾在乌镇生活。悠悠飘荡的历史文化气息给予了乌镇别具一格的风光，撇开小桥、流水等古镇风貌不说，历来历代的文雅之士就足以让这座古镇充满了儒雅之气：战国时期的遗韵，太平天国的故事，161名举人，包括64名进士，甚至很多达官高士，都来这里建过别墅、园林，就连一代文学巨匠茅盾，也来自这个充满着文化气息的古镇。

经历了几百年的变迁，江南水乡古镇形成了它悠久的民俗风情。这与其独特的风格及生活方式和深厚的文化底蕴息息相关。乌镇、桐乡那一带非常流行“出会”，一年当中要出各种各样的“会”，比如，正月要出灯会、三月出庙会、四月初“青苗会”、五月出“瘟元帅会”、七月出“城隍会”、还有“周仓会”、总管会等等。人们一提到乌镇的民俗，就自然会提到“香市”，有些地方叫做“庙市”或者“庙会”，这是乌镇旧时风俗，据说早在唐代就已经有了。

1950年5月，乌镇划归桐乡县，两镇合一，称乌镇镇。1951年5月，为县直属镇。1958年10月，属乌镇公社乌镇管理区。1959年6月，复为建制镇。“文革”期间，曾改名红镇，不久复称乌镇。1985年6月，乌镇乡并入乌镇镇，实行镇管村体制。1998年10月，撤销民兴乡建制，并入乌镇镇。乌镇镇地域面积71.19平方千米，建城区面积2.5平方千米。辖东苑、银杏、南宫3个社区，白马墩、分水墩、碓坊桥、新翁、浮澜桥、陈庄、虹桥、双塔、南庄桥、西浜、彭家、陈家、渔业、颜家、民合、浙月、五星、横港18个村委会。

1989年，周庄作为水乡古镇代表，首先发展了旅游业，它的发展掀起了江南水乡旅游开发的热潮。乌镇也加入到这一热潮中，1991年乌镇被列入浙江省历史文化名镇，接着又和它周边的5个江南古镇一起被列入世界文化遗产的预备清单。1999年，上海同济大学历史文化名城研究中心制定了《乌镇古镇保护规划》，正式成立了乌镇古镇保护与旅游开发管理委员会，自此，乌镇便正式走上了景区发展道路，并运用了“先规划，后发展”的开发思路。

2001~2003年，乌镇开放了东栅景区，伴随着以乌镇为背景地点的电视连续剧《似水年华》的播出，乌镇的“世外桃源”、“远离世俗”的景象逐渐为人所知，但由于地理因素的限制，随着每年游客的增加，乌镇已经无法给游客提供更完善的服务了，于是，2003年乌镇开始重修西栅景区。为了防止景区修建过度地商业化，西栅景区重修工程中采用了先进的管理理念。

二、发展现状[①]

乌镇地处浙江省桐乡市北端，西临湖州市，北界江苏苏州市吴江区，

① 资料来源：乌镇镇人民政府．乌镇镇统计资料汇编，2012.

为二省三市交界之处。乌镇距桐乡市区 13 千米，距周围嘉兴、湖州、吴江三市分别为 27 千米、45 千米和 60 千米，距杭州、苏州均为 80 千米，距离上海有 140 千米。乌镇是典型的江南水乡古镇，有“鱼米之乡，丝绸之府”之称，十字形的内河水系将全镇划分为四个区块：东栅、南栅、西栅、北栅。其独特地方习俗和文化传统的历史街区真实体现了浓郁水乡风情和深厚文化底蕴，资源品位较高，旅游发展潜力与空间很大。

不断发展的乌镇旅游业对区域经济和社会发展都有着积极的影响。首先，乌镇旅游业的发展带动了当地国民经济的发展。2006～2009 年，乌镇的生产总值由 107313 万元增长至 132355 万元。其次，乌镇旅游业的发展促进了产业结构的优化，2006～2009 年，乌镇第三产业产值从 33533 万元增长到 48318 万元，桐乡市产业结构比重从 7.0∶55.8∶37.2 变为 6.0∶55.7∶38.3。最后，乌镇旅游业的发展促进了区域对外开放，为招商引资、技术创造提供条件的同时，还给本区域带来了社会效益，起到增加就业、提高生活质量等作用。

至此，乌镇镇本着“主攻二产、调优一产、培育三产”的产业发展思路，三个产业齐头并进，全镇经济搭上了旅游飞速发展的“快车”，成为浙北地区一颗璀璨的明珠。随着经济的发展，2010 年，乌镇列入省级中心镇建设，入选省级中心镇后，乌镇更是迈开了脚步，无论是对促进培育旅游特色产业，还是集聚人口，都得到了进一步的发展。2010 年，全镇农民人均收入 13850 元，自来水覆盖率达 100%，有广播电视站及市级医院、精神病专科医院、卫生院及戒毒所等。全镇共有图书馆 16 个文化站，电影放映队各 1 个，共有学校 7 所，在校学生约 6400 多人。占地 50 亩和 15 亩的停车场各 1 个。水上客运码头、汽车站、禽蛋专业市场、小商品市场及垃圾填埋场各 1 个，农贸市场 3 个。

近年来，乌镇工业以农副产品加工和成衣制造、出口为特色，出口商品以蚕茧为首，小湖羊皮、杭白菊亦是享誉中外，不断涌现的“龙头企业”逐步形成主导产业，产业化经营步伐不断加快。其有 6 万余亩农业耕地，积极调整产业结构化，大力发展效益农业，使传统农业重新振作，争取成为全国粮食主产区之一。同时大力发展养殖业，投资 1 亿元用于提升华章生态农业园区服务。两新工程有序推进，全镇“1＋8”布点新村规划进展顺利，把新市镇建设与打造乌镇国际旅游区有机结合，农村和农业经济呈现蓬勃向上的发展态势；乌镇旅游业带动了综合收入，酒店餐饮等综合收入比重上升，带动游客人均消费上升。

第二节　乌镇特色文化旅游产业发展的模式探索①

自1999年6月桐乡市乌镇旅游开发有限公司成立以来，乌镇景区在吸纳就业人员，创造就业岗位等方面有着很大的贡献。截至2008年底，整个乌镇景区内已拥有产业活动单位49个，吸纳就业人员1533人。从全市景区旅游的角度来看，乌镇旅游可谓是“一枝独秀”，2008年乌镇景区实现营业收入2.6亿元，占全市旅游景区营业收入的92.8%。2009年1～11月，乌镇景区共接待游客321万人次，占全市旅游接待总人数的55.65%；其中接待入境游客24.49万元人次，占全市入境游客的74.3%；实现营业收入2.87亿元，门票收入1.54亿元，上缴税金3492万元，利润达到1.18亿元。在乌镇周边至少有六个类似的风格的江南小镇，在激烈的市场竞争中脱颖而出，得到游客的认可。本书认为乌镇从开发之初就找准了自己的定位，始终坚持旅游开发与文化发展同步进行，突出资源特色与市场需求相结合的原则，通过展现江南水乡小镇浓厚的历史人文情怀，赋予乌镇鲜明的文化特色，这一点是乌镇取得成功的关键。

一、保持古镇的历史文化特性

大量科学、详尽的前期调查工作，不同类型、不同功能、不同性质的规划，让乌镇可以在保证历史的真实性的前提下对乌镇进行旅游的开发利用。乌镇有着名人故居（茅盾故居及翰林第、修真观戏台、昭明太子读书处等），有了独特的地方民俗（保留的元宵走桥、分龙彩雨、天贶晒虫等），最重要的是有了深厚的文化积淀，在一般旅游景区中，乌镇彰显了

① 资料来源：乌镇镇人民政府．乌镇镇“十二五”发展规划，2011.

其独特魅力。乌镇在全国古城首创“改厕工程”、“泛光工程”等模式，体现了古镇历史性与现代化的有机结合，乌镇也因此成为了古镇保护的典范，为古镇保护和开发引出了新点子。

二、突出人文特点的规划建设

典型的江南水乡特征，完整的晚清和民国时期的风貌和格局。街、桥、屋、水、镇融为一体，独具江南韵味的水阁、桥梁、石板巷和茅盾故居，无不透露着中国古典民宅“以和为美”的人文思想，乌镇以其自然环境和人文环境融为一体的和谐美，不仅彰显着江南水乡古镇的空间魅力，还体现着南方人的细致和精巧，并且把文化元素巧妙地融入到旅游开发之中。

为了保留的原来的建筑格局与历史风貌，为了保持古镇的整体效果，景区建设选用的石板、石条、木头等建筑材料都是从周边乡镇拆迁中收集和购买回来的，景区几乎没有发现使用钢筋混凝土的痕迹。因此乌镇内的所有建筑很好地保持了原汁原味的古镇特色。

单拿“桥”来说吧，据说最多的时候曾达到了120多座，至今仍有30多座，西栅有仁济桥、通济桥；中市及东栅有太平桥、应家桥、永安桥、仁寿桥、逢源双桥；南栅有浮澜桥和福兴桥；北栅有利济桥和梯云桥。这些桥最早建于南宋，大多始建或重建于明清，有些桥还题有桥联，如通济桥南北各题有：“寒树烟中，尽乌戍六朝旧地；夕阳帆外，是吴兴几点远山”，“通云门开数万家西环浙水；题桥人至三千里北望燕京”。浓重的历史气息，给人十分古老的感觉。

再说“巷”，走在用青石板铺就的狭窄的小街上，看着两边形式各样的民居及居住在里面的人们，亲切感油然而生。沿着小巷有“石帮岸”，可能有些有修饰，比如雕出一个瓶子，里面插上三支戟，意味着“平升三级”，系在船上便可以让你美梦成真，这些，都体现着人文环境和自然环境互相衬托的整体美。

不得不提的还有“人家”。和许多江南水乡的小镇一般，乌镇的民居，街道都是沿着溪、河而建的，正印证了“人家尽枕河”。但乌镇的

“人家”又有什么独特之处呢？乌镇沿着小河的民居有些延伸直到河面，下面用石柱或者木桩打在河床中，上面架着横梁，隔上木板，称之“水阁”，这边是乌镇的独特之处，水阁做到了真正的“枕河”，三面都有窗，透过窗户可以观赏到河上的风光。

乌镇历来人杰地灵，曾游学或寓居于此的有陈与义、昭明太子、夏同善、张杨园、鲍廷博等等，生于斯长于斯的有文坛巨匠茅盾、沈泽民、孔令境等，乌镇的开发始终将文化元素贯穿其中，那一座座具有江南特色的建筑物从外面看俨然是一座江南水乡民居，但是只要一打开门，里面已经除了被改造成一间间供游客住宿的宾馆、餐馆、咖啡馆和商店外，还有巧妙地在建筑物里面新建了不少民俗博物馆、名人故居、纪念馆和戏台，让游客漫步在乌镇内就能真切地感受到厚重的历史文化氛围。

乌镇的魅力，除了占用了自然条件客观优势，更是把主观的能动性发挥到了极致，旅游服务接待到处都贯彻着“以人为本，方便游客”的思想，景区内“吃、住、行、游、购、娱”设施齐全，性价比高，可以满足不同游客的需求。更可贵的是古镇内还建有图书馆、儿童活动中心等配套设施，为游客提供免费服务。

三、旅游发展带动特产营销

乌镇的当地特产和美食非常多。乌锦是精选最优等天然蚕丝为原料织成，有的产品还用纯金线织造，以此原料制成的锦缎质地良好，色泽华贵，当地人称这种提花丝织锦缎为“乌锦”；“乌锦”不但吸收了我国著名的织锦工艺，更融合了本地传统特色；布鞋在中国原生态的生活中是不可或缺的，乌镇布鞋用料实在，手工精湛，如能买上这样一双中国布鞋，走遍江南水乡，将是多么令人惬意的事情！湖笔的制作工艺在乌镇很盛行，湖笔采用山羊、黄鼠狼、山兔等兽毛为原料，经过七十多道手工制作而成，具有尖、齐、圆、健四大特色，书写绘画得心应手。

美食在乌镇也是出了名的，享誉中外的也已经数不胜数了，如三珍斋酱鸡、杭白菊、姑嫂饼、酱鸭系列、三白酒、臭豆干等。清咸丰九年（1859 年），乌镇人陶叙昌以自己名字为号，创立了叙昌酱园，成为了有历史记载以来乌镇最早的酱园。100多年来，叙昌酱园产品的风格与品质始终如一，用手工酱烹制的酱鸭酱鸡系列让人唇齿留香；姑嫂饼，据《乌青镇志》记载，至今已经有100多年的历史；三白酒，由天然原料纯手工酿成，是乌镇人最爱喝的美酒。《乌青镇志》曾报道说："以白米、白面、白水成之，故有是名"，此酒，男女老少皆宜饮用、醇厚清纯、香甜可口。乌镇的臭豆干也独具风味，入口纯正。杭白菊用作泡茶，具有止痢、消炎、明目、降压、降脂、强身的作用，是清凉解渴的好饮料；用作沐浴，则润滑肌肤。

第三节　研究小结与经验启示

乌镇特色文化旅游业在带来经济效益的同时，也为乌镇带来了社会效益和文化效益，旅游开发改善了当地的设施环境、生活质量，为当地的居民和下岗工人提供了再就业的机会；保护性开发的合理性使得古镇的文化得到了更好的传承和发扬。乌镇对古镇保护开发方式做了积极的探索，积累了很多成功的经验。如管线地埋、河道清淤、修旧如故、控制过度商业化等，都是在我国古镇保护开发中首创或成功运作的典范，受到了专家和同行的肯定，被联合国专家考察小组誉为古镇保护之"乌镇模式"。分析乌镇特色文化旅游产业发展模式，可以得到如下经验启示。

（1）拓展旅游空间，建立旅游纵深，开发多元化旅游产品，充分挖掘旅游潜力，确立特色文化旅游品牌，进行个性化、精品化改进，突出差异性，提升自身竞争力，充分获取旅游市场资源。

（2）加强基础设施建设，努力提升基础配套设施，提高自身旅游接待能力，缓解旅游产业快速发展对景区内基础设施造成的破坏和压力，促进旅游和景区的和谐发展。

（3）制定环境保护规章制度，切实做好环境保护责任落实工作，强化景区从业人员的环境意识，明确环境是旅游产业发展的根源，利用旅游产业的发展促进环境保护，协调发展旅游产业与环境保护，实现旅游产业的绿色可持续发展。

（4）秉承人文生态的原真性和旅游景区开发的主旨，在现代化发展的同时加强价值观、道德观、行为方式与文化活动的整体性建设，打造宁静自然祥和的旅游氛围。

（5）建立以当地居民为主体的参与式发展模式，充分利用当地人力资源，提高居民参与程度，使居民生活水平和当地旅游产业共同发展，以旅游带动居民发展，以居民发展促进旅游产业升级，最终使两者形成良性循环。

第十四章

中心镇改革创新的路径选择：姚庄镇的案例

第一节 案例背景①

姚庄镇位于素有“银嘉善”之称的浙江省嘉兴市嘉善县东北部，东与上海市金山区枫泾镇相连，两地边界线长达8千米，是浙江省接轨上海的第一站，东接上海80千米，西依杭州98千米，北靠苏州90千米，全镇区域面积75平方千米，辖18个行政村和3个社区居委会，总人口2.3万人。镇内地势平坦，土地肥沃，气候温和，四季分明，素有“鱼米之乡”美称。

姚庄历史文化悠久，人文景观独特，拥有省级文保单位大往圩遗址，县级文保单位莲花禅寺和净土桥凉亭。姚庄，也称姚庄桥。集镇南面有洪福庵，中间有洪福桥。因当时寺院主人姓姚，集镇周围土地和水港也属姚姓所有，故名姚庄。洪福桥又名姚庄桥。明清时，境属奉贤乡九北区。1931年设姚庄桥镇、清凉庵镇，1947年合并为清姚乡。1949年5月解放，6月建立清姚乡人民政府，属西塘区。1950年5月，分设为姚庄乡、清凉乡，1956年2月合并。1958年10月，与干窑、里泽两乡及干窑镇合

① 资料来源：姚庄镇人民政府．姚庄镇政府工作报告，2012.

并成立干窑公社。1961年4月，调整规模，分别成立公社。1983年，改公社为乡。1994年12月，撤乡建镇，称姚庄镇。

姚庄镇通过发展高效生态农业，渐渐开拓黄桃、蘑菇、大棚蔬菜三大产业。全镇以锦绣黄桃为主的“绿色食品”果树面积达到10000亩，种植面积全国最大，并荣获“浙江省黄桃之乡”称号。姚庄也是“中国蘑菇之乡”，绿色蘑菇栽培面积3333亩，大棚蔬菜栽培面积5000多亩。并且通过大力实施招商引资“百姓致富工程”和“一号工程”，全镇已累计引进外资企业76家，合同利用外资3.74亿美元，实际利用外资2.5亿美元，引进县外内资企业46家，吸收县外资金29.9亿元，实际到位20.35亿元。基本形成了以太阳能源、电子元件、精密机械、汽车配件、复合面料、皮革服装、食品加工、运动器材为主的特色产业。通过新商贸区建设，拓展了镇域规模，新建成市民文化广场、中学、中心幼儿园、中心小学、卫生院综合大楼和商贸中心等公共服务设施。开发建设以“农家乐”为主的休闲生态农业旅游。2011年，全镇实现生产总值50.5亿元（人均GDP2万美元），工农业总产值230亿元，财政总收入5.23亿元，农民人均纯收入1.89万元。

第二节　姚庄镇改革创新的路径探索[①]

在中心镇的发展中，不可能所有的问题解决都有前例可供学习，因此在遇到一些棘手问题时就需要进行制度创新，排除万难，实现突破。姚庄镇能在这么短的时间实现经济社会如此巨大的成就，与姚庄镇政府所遵循的发展路径是分不开的。姚庄镇在发展过程中立足自身实际情况和优势确定了外向型的经济发展道路，即通过提供吸引外部资本进入的软硬件环境，吸引大量外部资本入驻，从而增强自身的经济实力，促进城镇总体发展。

① 资料来源：姚庄镇人民政府．姚庄镇“十二五”发展规划，2011．姚庄镇人民政府．嘉善县姚庄镇小城市试点（2011－2013年）三年行动计划．

一、经济转型，规划先行

中心镇的转型发展不是一蹴而就的，是一个比较长期的过程，因此在发展之前需要立足自身的经济政治文化环境等各方面的情况，制定具有远见性的发展规划，不仅确定长期的发展规划，还要确定具体的分阶段规划。姚庄镇位于嘉善县东北部与上海紧紧相依，姚庄镇在发展之初就根据自己接壤上海的优越地理位置确定了以后的经济发展方向，就是兴建基础设施，引进外部资本的外向型发展战略。早在2000年初，姚庄首期规划了780亩的一个区块，于2001年启动建设。这一块“试验田”成就了6.3平方千米的姚庄工业功能区，优越的地理位置、完善的发展平台、诚信的服务品牌，使得功能区成为外资特别是台商投资的宝地。姚庄镇的发展历程深刻说明了制定一个科学的、前瞻性的规划对地区转型发展的重要性，这个规划的制定需要充分分析自身的优势劣势以及外部面临的机遇挑战。

二、抢抓机遇，“筑巢引凤”

姚庄镇突出招商硬环境和软环境两大重点，努力推进园区规划建设和诚信服务品牌建设，高标准规划工业功能区，进一步拓宽融资管道，共投入8000多万元用以完成贯通6.3平方公里的工业功能区的基础设施建设。目前姚庄工业功能区已成为全县规划最好、设施最全、集聚效应最明显的工业功能区。在招商服务上建立镇招商服务中心，形成了三大服务体系，项目审批过程中的“一条龙”服务、项目建设过程中的全方位服务、企业投产后的经常性服务。这使姚庄镇的开放型经济年年上升一个新台阶。到2004年全镇累计引进外资企业50家，合同利用外资1.4亿美元，实际利用外资4587万美元，连续四年进入嘉兴市利用外资十强镇行列。2013年第一季度，在发展环境日益趋紧的情况下，进一步发挥接轨上海的优势，积极盘活土地存量，招商引资实现开门红，共引进外资项目4个合同，利用外资1721万美元，实际利用外资604万美元，同比分别增长332.4%和155.9%，综合考核得分列嘉兴市各乡镇第一。

凭借良好的区位优势和“千辛万苦把项目引进来”的创业精神，目前姚庄镇已累计引进外资企业91家，合同利用外资5.72亿美元，实际利用外资3.78亿美元，基本形成了以太阳能源、精密机械、汽车配件、电子组件、高档纸制品、运动器材、复合面料、皮革服装、食品加工为主的特色产业。

选择发展光伏产业，让姚庄焕发出更强的生命力。2008年以来，姚庄镇大力规划建设光伏产业园，2013年已投入8000万元，完成一期1.28平方千米的“八通一平”，成为了国内一线的光伏产业发展平台。光伏产业龙头企业浙江昱辉阳光能源有限公司，2008年的销售额达到51.8亿元，已成为国家级高新技术企业和世界第一大单晶硅片生产商。

在中心镇没有自生工业发展能力的前提下，可以利用本地的优势条件，抓住先进地区和外商产业转移的机遇，建设完备的基础设施，并为外来资本的运行提供方便快捷的服务，提供“软环境”保障。在引进项目上要立足自身实际并具有前瞻性，优先选择具有较好发展潜力和科技含量高、产出效益高、地方贡献率高和环境污染低的“三高一低”企业项目。

三、三大产业共同发展

在工业高速发展的情况下，姚庄镇也走出了一条“工业反哺农业”的发展之路，让一颗小小的黄桃也变成了农民的“幸福果”。在传统农业的基础上，大力发展现代农业，把效益作为农民增收的主要渠道，举办姚庄“黄桃节”，大力实施农产品品牌战略，出台奖励措施来发展高效的生态农业，加快农业结构调节。以黄桃、食用菌作为当地的特色农业，努力拓宽特色农业的发展途径。目前，姚庄黄桃的种植面积已升到全省第一，有6500多亩，成为了全国规模最大的黄桃生产基地之一，有着“浙江省黄桃之乡”的美誉。2004年，“锦雪”牌商标被评为浙江省著名商标，“锦雪”黄桃也成为嘉善县首个获得国家级“绿色食品”称号的农产品。食用菌栽培面积全省第二，为2333亩，并且被中国优质农产品开发服务协会评为“中国蘑菇之乡”。效益农业的快速发展极大地增加了农民的积极性，实现了富民强镇的愿望。

姚庄被授予“中国西红柿之乡”称号；国宴黄桃、富硒芦笋、中国名鳖、绿色蘑菇、世博西红柿，已经成为了姚庄农业的五大特色。3333亩的蘑菇栽培面积，成为“中国蘑菇之乡”，并入选“浙江省十大名菇”；荣获“浙江省农业特色优势产业水产强镇”称号。在首届“中国名鳖”评选活动中，“六塔鳖”被评为“中国名鳖”。在三产方面，主要是围绕“小城市”建设，发展现代服务业。先后投入4亿元，建设完善中小学、市民广场、养老中心等一批城市公共服务设施，投入1.15亿元建设文体中心，着力提升城市服务功能，大力发展总部经济、楼宇经济、北部乡村旅游业等现代服务业，2012年以来相继启动和建成20多幢小高层，其中四星级酒店1家。

中心镇的转型发展必须确立一定的主导产业，甚至主要产业群，中心镇的主要资源都围绕主导产业的发展而发展。在主导产业有一定发展，可以为中心镇的总体发展提供资金保障时就要适时发展其它产业。在发展第一产业时应该改变过去传统粗放的经营方式，注重发展效益农业，注重品牌和信誉，提高农业和农民的组织化程度，延长产业链，提升产品价值。第三产业的发展是为第一、二产业的发展和居民的生活提高提供服务保障，当第一、二产业都有一定发展情况下，就要求第三产业也共同发展。

四、城乡协调发展

姚庄镇全面启动小城镇建设，已完成城镇新区规划，并基本完成1平方千米的建成区外环线建设。2005年，姚庄镇被列为嘉善县小城镇建设试点镇，完成了镇村道路硬化。2013年姚庄镇全面深化农村“双整治、双建设”，在全县率先实行生活垃圾桶装化集中收集处理，全面展开城乡供水一体化试点工作。

姚庄镇高度重视城乡社会保障体系的建设，积极安置失土农民，提供医疗、养老保险。不断完善社会保障体系。目前姚庄镇的社会保障覆盖面达到100%，2004年，全镇共安置失土农民2201人，提供就业岗位410个，全镇有16058人参加了农村新型合作医疗，通过积极宣传农村新型合作医疗制度，参保率达到84.73%。同时，高度关心弱势群体，全面落实低保政策。

中心镇就是一个名符其实的“城市”，在该“城市”的建设中不应该再有以往城市发展建设中出现的城乡分割、城乡差距扩大的社会问题，应该在建设之初就在中心镇区域内确保城乡发展一盘棋，城乡一体化。

五、加强文化建设，提高农民素质

姚庄镇始终把提高广大农民的素质，推进农村发展进步，维护社会秩序稳定，全面构建和谐社会作为重点工作，这有力地保证了经济社会又快又好地发展，一是加强精神文明创建，姚庄始终把精神文明创建作为经济发展的重要载体，在完成了省级卫生镇、市级文明镇的基础上，2004 年又成功创造了省级文明镇，目前全镇有县级文明村 4 个，市级 1 个；有县级文明单位 9 个，市级 1 个；有省级卫生村 1 个，市级 2 个。二是开展各种各样的群众文化活动，率先探索文化示范户和党员示范户的建立，目前共有 20 家示范户和电教点。采用“以奖代补”的政策，对行政村新建文化阵地进行奖励，有效激发了各村文化阵地建设的积极性。目前全镇 9 个行政村中有 6 个村建起了老年活动室和灯光球场，人数 200 多人。通过各种各样的文化活动，倡导了文明健康的生活方式，提高了农村的文化文明程度。三是全力维护社会稳定，率先建立起综治司法信访联动中心。2003 年，姚庄镇获“浙江省社会治安综合治理工作先进集体”荣誉称号，加强制度建设，建立完善了机关干部联村联企联户、领导干部值班住夜和夜访、机关干部月度工作报告等制度，推进各项工作扎实有效开展，特别是普遍被认为矛盾多发的征地拆迁中，全镇没有出现一起群体性上访事件。

人是最重要、最具创造力的发展资源，因此提高人力资本的培养和提高对促进以地区经济发展有重要的推动作用，并且人的发展也是经济发展的终极目标，因此在发展过程中应该注重提高居民的综合素质。

六、奋勇争先，制度创新

土地可以说是中心镇建设的最稀缺的资源，姚庄在发展中就首创了

“两分两换”的土地集中方式，得到了姚庄人民的满意，取得了很好的预期效果。2008 年 6 月，嘉善县着手开展“两分两换”试点工作。首先选择姚庄镇开展改善农民居住环境、提高农民生活质量、节约集约利用土地的生动实践和创新探索，基本形成了各界认可的“姚庄模式”，为打造“城乡一体发展先行之地”夯实了基础。

姚庄镇“两分两换”就是宅基地与承包地分离，搬迁与土地流转分离，以土地承包经营权换股、换租、换保障，推进集约经营，转换生产方式；以宅基地换钱、换房、换地方，推进集中居住，转换生活方式。“两分两换”的实质内容是“两换”，其中最核心的是宅基地置换，即以宅基地换钱换房换地方。具体做法：一是农户将原有宅基地作价领取货币补贴后到城镇购置商品房；二是农户搬迁到安置区置换搬迁安置（公寓）房，部分或全部到产业功能区置换标准产业用房；三是积极引导农民按照城镇规划和村庄规划，通过多种形式搬迁建房，逐步向城市和新市镇集聚，实现集中居住。

值得一提的是，这种置换方式与一般的宅基地置换方式不同。第一，它是一种以政府为主导，组织各部门共同推进的置换，跟单纯由国土资源管理部门组织的置换有区别。第二，它采用的是“科学规划、统筹安排”的统一运作模式，有别于零星、分散置换，是一种集中置换，改变了过去相关农村项目、资金“撒胡椒面”式的分散运作模式，大大提升了宅基地置换的整体效果。第三，它除了能起到保护耕地的作用外，还具有很强的资源整合能力，能有效整合其它涉农、涉地项目和资金，发挥资源整合最大效益。

第三节　研究小结与经验启示

中心镇所依托的优势没有固定的标准，有的中心镇同样是依托优越的地理位置，如边境、交通枢纽等等；有的中心镇依托当地丰富的自然资源，如煤炭、石油、水产等等；有的中心镇依托大城市而建立，形成大城市的卫星城；有的中心镇依托当地丰富的自然和历史文化资源，也即旅游型中心镇。当然还有一些中心镇是在一无所有的基础上发展起来的，这些中心镇都有建立自己不可替代的优势，如横店影视城、嘉兴乌镇，进而形成自己的主导产业，实现中心镇经济社会全面发展，促成城乡一体化。姚庄镇的发展得益于接壤上海大平台的优良地理位置和吸引外来资本策略的成功实施，它的发展可以作为我国东部发达地区外向型中心镇发展的一个典型代表。总结姚庄镇的发展模式，可以得到如下促进中心镇发展的经验启示。

（1）发掘自身优势。中心镇能够发展就是充分发挥自身的优势，形成了自己的特色。每个地区都有自身的优势，然而有的地区优势只是没有得到挖掘。中心镇发展就是依托一定的优势，这些优势可能来源于中心镇优越的资源条件和便利的地理位置。在一些中心镇自身优势不太明显的情况下，就会建立起自己独一无二的优势，从而实现发展升级。中心镇的发展是在内外部资源条件共同发挥作用的前提下实现的，内外部资源条件缺一不可，两者还要形成互动机制，共同协作发展，实现中心镇发展升级和经济社会全面发展。

（2）制定合理的规划。中心镇的发展就是在充分挖掘自身优势的基础上，制定合理的规划。这种规划力求全面，包罗经济社会发展的方方面面；力求科学，立足中心镇自身的实际，遵循当代的发展趋势；力求超前，对中心镇的发展能起到前瞻性的带领作用。在制定规划时应注意把短期规划和长期规划有机地相结合，把长期的发展规划分成具体的分阶段规划。而且不管是短期和长期，都要有具体的目标和实施措施，且规划要与时俱进，随着中心镇经济社会发展和当地发展情况适时予以修改。

（3）主导产业的确定。中心镇的发展仅靠挖掘自身优势还不够，还要在挖掘优势的基础上确定自己的主导产业，发挥主导产业的带动作用，形成以主导产业为主，辅助产业共同发展的经济发展格局，从而带动经济社会的全面发展。

（4）以人为本。经济发展的终极目标归根到底还是人的发展，经济发展也是靠人的发展促成的，两者相互促进，形成了经济发展和人的发展的良性循环。当中心镇发展有一定的基础时就要开展社会事业，也就是科教文卫事业的建设，促进人的综合发展，促进居民生活水平的提高。

（5）培养务实高效的领导班子。在中心镇发展中就要建立起务实高效的领导班子，由领导班子带头挖掘中心镇发展的优势，制定发展的长期和近期规划，确定中心镇发展的主导产业，进行经济社会全面建设。

第五篇　改革与对策

第十五章

推进中心镇改革发展的政策设计

中心镇建设是一项长期而重大的工程，在新型城镇化与“四化同步”发展思路指导下，中心镇建设正迎来历史性的发展机遇。新时期的中心镇建设，要在科学发展观的指导下，以统筹城乡发展和建设社会主义新农村为目标，紧紧抓住产业转型升级与空间重组等历史性契机，着力通过政府推动、政策扶持、体制创新、市场运作和社会参与等一系列措施，努力形成集布局合理、特色鲜明、经济发达、生活富裕、功能集成、环境优美、辐射能力强、带动效应好的中心镇体系，使城镇化进程“又好又快”发展。

第一节　中心镇城乡一体化政策设计

在积极推进城镇化、公共服务均等化和社会主义新农村建设等大背景下，我国中心镇的城市化功能不断提升，生产和生活环境日益改善，已经成为集聚力和辐射力较强的县域次中心，极大地推动了乡村工业化、市场化、城市化和信息化进程。进一步把中心镇培育成小城市，不仅是实现大中小城市和小城镇协调发展的必然要求，更是统筹城乡发展、促进城乡一体化的关键载体。它实质上体现了尊重市场配置与更好地发挥政府作用的有效结合，需要在遵循现实的基础上，着力推进基础设施、服务设施和综合保障设施建设，不断提升综合承载和配套能力。

一、强化政策设计的必要性和重要性

1. 完善城镇规模体系的内在要求

合理发展大中小城市，建立等级有序、功能互补的城镇规模体系，是城市化道路选择的重要组成部分。合理的城镇规模体系是高水平、高质量城市化内在要求，也是新型城镇化的必然指向，它不仅以城市群的方式实现了大中小城市的功能集成与竞争力提升，更以系统性的集群功能充分发挥对周边地区的辐射和带动作用。国内外经验表明，随着城市数量的增加和城市等级的更迭，各类生产要素必然根据集聚收益与竞租函数的变化，分别流向特大城市、大城市、中等城市及小城市，进而形成金字塔型的城市规模体系结构，并同时实现城市规模与城市功能的递次升级。

2. 遵循城乡聚落演化规律的必然指向

罗马不是一天建成的，从城乡聚落演变规律的角度来看，城市大多经历了一个由自然、区位、经济、政治、军事等因素综合决定的渐进性发展过程：先是由古代的小村庄或小城堡逐渐演化为小城镇，然后发展成为小城市、中等城市，再进一步成长为大城市、特大城市。纽约、伦敦、北京如此，上海、苏州、杭州亦是如此，即使是以爆炸性发展速度著称的深圳、班加罗尔等也不能例外。当前，进一步扶持与推动那些基础好、功能强、带动力突出的中心镇成长为小城市，完全可以称之为顺势而为，符合城乡聚落向高层次形态结构演变的客观规律。

3. 推进工业经济转型升级的现实选择

工业经济转型升级，无论是以技术革新实现价值链内部的升级、价值链的转换，大力培育高新技术产业，还是退二进三，都存在人才与空间这两个方面的强需求。大城市是高端生产要素集聚的平台，通过不同产业特别是多元高端人才资源在城市的集聚，形成现代产业集群，充分发挥出雅各布外部效应。同一城镇体系中的中小城市则因其空间与经济技术等级的临近性，以及其本身具有的马歇尔外部性，可以更好地接受核心城市的辐射，承接产业转移，进而帮助这个区域实现城市经济的重构与空间重组。以中心镇推动工业经济转型升级，不仅有助于推进中心镇传统优势产业向高附加值产业转型，更有助于夯实城市群经济体的产业基础与产业配套能力，减少因转型而带来的经济冲击。

4. 解决"三农"问题的关键举措

"三农"问题的根本出路，不在"三农"本身，而在于工业化和城市化带动，以产业结构、空间结构和消费结构的调整带动就业结构和社会结构的变革，以资本与技术的深化以及更有效的社会协作，实现农业现代化与新农村建设。从现有情况来看，小城镇所支撑与导向的农业仍然是传统的"农村农业"，而现代农业不仅是表面上规模化的经营，更需要背后的资本支撑、技术支持与营销管理，这些力量，多数来自于城市。因此，农业现代化实际上是一个现代农业产业体系的建构，迫切需要以城带乡、以工助农、以商引农。强化中小镇建设，并进一步将其培育成为小城市，可以更好地促进农村剩余人口的产业转移与空间转移，提高农民收入扩大产业资本积累，加强地方化的技术与人才支撑，推动传统农村农业向现代都市农业的过渡，推动传统乡村向生产发展、生活宽裕、土地节约、环境优美、乡风文明的新型农村社区迈进。

二、政策设计的主要措施

"城乡一体化、农村城镇化、农业现代化、农民市民化"是中心镇建设的必然指向。当前，中心镇建设还普遍存在城镇化水平不高、管理体制不完善、规划与实施脱节、城建资金投入后劲不足等困境，与中心镇应承担的功能及其责任还存在明显的差距，要坚持高规格规划、高标准建设、高效能管理的原则要求，不断开拓创新，着力推动城乡经济发展和城市面貌的巨大改善。

1. 高起点规划，明确小城市节点功能

中心镇的发展，不能千城一面，由于其规模与功能的局限性，必须突出特色化、专业化发展的取向，根据产业基础、历史承载与文化品格，坚持“不求大但求精、不求高但求美、不求快但求好”的基本原则，按“统一规划、合理布局、综合开发、配套建设、功能完善”的要求加快建设特色小城市，让中心镇节点功能首先在城市体系规划中立起来。

中心镇要加强综合规划管理。首先要以国土规划、城市建设总体规划为引领，因地制宜、有针对性地对镇区路网、重点地段、重要节点等进行控制性和修改性的详细规划，完善功能分区；其次，要结合各自的资源特征，编制相应的专项规划，强化集镇建设、产业发展、生活服务、公共服务设施的有机结合，使中心镇既有工业线、生活线，又有生态线、更有特色线。再次，要以美丽乡村建设和乡村旅游为重点，结合村庄自然环境、资源条件与历史文化情况等，精心编制旧村改造规划、精品村建设规划、乡村旅游线路规划，加快发展。最后，加强规划控制，严格规划实施，强化规划评估，防止和杜绝违反规划现象发生。

2. 高标准建设，提升小城市节点功能

根据中心镇总体规划，创新投入机制，拓宽投融资渠道，优化功能分区，不断提升城镇载体功能，让中心镇节点功能在实际运行中立起来。完善镇区内道路交通网络，形成布局合理、快速通畅的交通体系；加强供水、供热、供电、防洪、排污、天然气利用等管网建设，争取与县城形成一体化的设施网络，有条件的中心镇加强污水处理厂、垃圾处理站等设施建设，使公共基础设施有效覆盖全镇各村各社区。不断加强医院、学校、商场、文体场馆、公园绿地等建设，进一步提升公共服务、商业服务能力，切实改善人民群众的生活。要充分挖掘历史、文化、商业资源，积极打造特色街区与特色乡村，提升旅游吸纳能力。积极推进绿化、亮化、美化、硬化、景观化镇域环境优化工程，按“建园添绿、沿路造绿、拆墙透绿、见缝插绿”的方针，将公路、水路改造成为绿色长廊与景观线，实现宜居、宜业与宜游的有机结合。

3. 高效能管理，完善中心镇节点功能

中心镇的节点功能，重建更重管。只有通过高效能的管理，其节点功能才能有效地夯实，并在此基础上真正发挥“上引下联”的作用，向更高的城镇功能与城乡一体化水平迈进。以镇区为中心，进一步发挥公共财政的作用，完善医疗、教育、养老、文化等公共服务机构与设施的布局，加强运营监管，努力实现公共服务的高水平全覆盖。在社会治理上，要加强传统村庄向城镇社区转型的研究，在丰富日常文化生活的同时，更要注重调适邻里关系、社区与政府的关系，实现政府引导与社会自治的有机互动；同时，要注重外来人口的管理，积极研究、落实适宜的落户政策；推动社区组织、志愿者组织等社会组织的建设发展，以慈善关怀与活动参与加强社会融入。在环境治理上，要加强城管、环卫、绿化等部门与机构的综合能力，杜绝占道经营、乱搭乱建、乱停乱放、垃圾乱倒等不良现象的发生。

第二节　中心镇产业集聚政策设计

产业是中心镇建设的支柱，要始终坚持“产业兴镇”的指导原则不动摇，把强化特色产业支撑放在城镇化的首要位置，实现“以城带产，以产带城”的良性互动，进一步提升产业集聚水平，推进产业转型升级和城镇功能优化。尽管中心镇在产业发展上已经有了一定的基础，但产业集聚能力、集聚规模与集聚水平仍存在相当的不足，主要表现在：第一，禀赋结构差，本地企业经营者多是农民，企业的研发投入不足，有时甚至是“忽略不计”，受中心镇自身的能力限制，也难以引进高层的技术、管理、营销人才；第二，产业层次低，多数企业集中于传统劳动密集型或高能耗、高染污产业，产品结构单一，科技含量、附加值低、市场竞争激烈，环境治理压力大；第三，企业规模小，规模以上企业不多，缺乏行业骨干龙头企业；第四，产业链不完备，现有的集聚通常不过是各类企业在空间的聚集，产业间的关联、配套、协同缺乏；第五，公共服务平台能力不足，既缺乏主导产业与支柱产业长远发展规划，也缺乏技术、管理、金融、产权等方面的支撑能力。

要促进中心镇经济更好更快地发展，就必须把中心镇作为重点培育对象，加强政策性扶持力度，一方面把推动镇域工业向园区集中，另一方面要把园区作为承接中心城市产业转移的关键节点，积极推进园区经济向产业集群转化，探索园区循环经济改造。具体而言，相关的政策设计就是要在坚持“两个结合”的基础上，聚焦“两个重点”，实现“两大目标”。

一、坚持“两个结合”

1. 坚持主导产业与配套产业相结合，提升产业协同力、体系竞争力

中心镇，特别是有一定产业基础的中心镇，发展产业必须要有定力，要在挖掘优势的基础上进一步做大做强主业，同时积极按照培育与壮大区域产业集群的理念，拉长产业链，扩大配套体系，提高企业间协作水平，防止产业类型的盲目扩散。工业经济强的中心镇，要积极发展服务业尤其是生产性服务业的发展，通过培育、引进或建立网络联系等方式，争取在人才培训、研发设计、物流配送、信息交流、资源共享、金融服务、广告支持等方面，促进制造业与服务业的优势互补，携手共进。

2. 坚持创业经济与承接产业转移相结合，内促外联，做强主业，培育新力

中心镇联城接村，是城市经济与乡村经济的复合体，既要充分利用本土资源、产业与综合成本较低的优势，充分鼓励本土创业；又要积极利用中心城市产业转移的优势，有选择性地重点引进促进镇域可持续发展的项目。通过内促外联，以内部优势吸引外部资源与产业，以外部引进进一步激发内部创新，夯实镇域创业创新与产业发展基石。其中，在激励创业方面，要充分结合新的经济技术条件，充分结合省、市、县对小微企业与创业经济的扶持政策，争取设立县级创业园区、孵化楼宇和创业实验室等，鼓励产业链创业、电子商务创业和来料加工转型升级等，积极推动青年创

业创新。

二、聚焦“两个重点”

1. 注重培育特色产业

受地域范围、资源条件与政策支持等综合因素的制约，中心镇的产业聚集，必须紧密围绕中心镇的产业特色与功能定位，切忌盲目扩张、处处开花。工业型强镇，要坚持“一镇一业”的特色发展理念，积极通过引进、培育新企业，鼓励企业技术改造和行业协会治理的作用，进一步优化产品结构、延伸产业链，推动产业升级。要制定科学的产业发展规划，将产业发展规划纳入城镇总体规划，以工业园区为载体，推进企业聚集和产业聚集，形成规模和聚集效应。旅游型强镇，要进一步加强旅游综合体建设，优化旅游环境、挖掘历史文化资源、完善配套服务实施、丰富旅游体验、借助微信等社交、自媒体等强化旅游推广。传统型中心镇，既要通过深化改革，创新招商引资，大力发展工业经济；也要通过鼓励创业，加强农业合作化与电子商务化支持力度，积极培育生态农业、设施农业、休闲农业、观光农业等都市农业项目，进一步推进农业现代化进程和农民增收。

2. 重点扶持龙头企业

镇域产业的发展，既要充分发挥小企业多、活力强的优势，更要发挥龙头企业的带动作用，形成具有统分结合的区域产业竞争体系。在中心镇企业普遍存在“低、小、散”的条件下，要通过积极措施，着力培育规上企业和小巨人企业，积极发挥它们在管理革新、技术改造、产品创新、人才培育、市场开拓等方面的引领与扩散作用，形成规范、有序的市场竞争秩序，促进区域产业的转型升级和竞争力提升，防止和克服产业活动低端锁定。

三、实现“两大目标”

1. 提升镇域经济集聚率与县域经济贡献率

防止和杜绝新生企业布点的随意化，进一步推动工业经济向园区集中，园区经济向中心镇产业功能区集中，到2020年，使园区集中率达到100%，产业功能区集中率达到85%以上。进一步发挥集聚优势，稳步提升中心镇经济在县域经济中的贡献度，使GDP贡献率、税收贡献率和就业贡献率等走在全县前列，起到引领作用。

2. 提升区域产业集群竞争力

通过优化布局，延伸产业链、发展配套体系等，形成以优势特色产业为主导的区域产业集群，借助集群体系的力量，提升区域创新能力、扩展企业营销能力，强化中小企业的生存与发展能力，为中心镇的持续发展夯实产业基础。

第三节　中心镇人口集中政策设计

人口集聚具有供给与需求的双重效应，一方面它丰富了劳动力资源，另一方面又创造了本地生活需求与关联产业需求，是经济扩张与功能提升的基础与前提。推进人口向中心镇集中，不仅是构建合理有序的城镇体系的需要，亦是推进城乡统筹发展、实现城乡一体化的必然要求，更是实现中心镇竞争力提升的先决条件。因此，从区域竞争的角度看，中心镇的人口集聚具有双重指向：一是促进本地农村人口向中心镇集中，二是吸引外来人口到中心镇的就业、创业与落户。要加强人口向中心镇的集聚，就要积极创新体制机制，加快推进乡村人口向中心镇转移、辖区人口向建成区集中；推进农业人口向非农产业转移；加快推进外地人口由暂住向常住转移、常住向户籍转移，最终推动产城联动，以集聚促进集约。

一、积极推进户籍制度改革

实行按居住地登记户口的户籍管理制度。凡在中心镇建成区内拥有合法固定住所，拥有稳定职业和生活来源的本地农民及其直系亲属，均可根据本人意愿办理城镇居民户口，在就学、就业等方面享受城镇居民同等权利和义务。为鼓励本地农民入户，可保留其承包土地经营权，享受原所在村的村级集体资产权益及承担相应义务。

放宽外来人员落户条件，鼓励与吸引外来专业技术人员落户。外来人员及其直系亲属符合以下条件之一者，允许在实际居住地登记为居民户口：（1）在中心镇投资兴办实业和公益事业；（2）在中心镇拥有合法产权房屋并实际居住；（3）租住在中心镇，从业一年以上并有稳定生活来源，按规定交纳社会保险。本科及以上外来人口、具有中级以上技术职称人员，只要签约在中心镇工作，本人及其直系亲属，就可申请入户。

二、积极推进住房制度改革

积极推进城镇新型社区和农村大社区建设。结合土地整理、旧村改造、村庄合并和中心村建设等，强化建设规划与管理，加快建成区内撤村建居改造步伐，进一步推进农村居民向中心镇集聚。以旧村改造为农村大社区建设为契机，大力推进农村住房改造建设，采取集中居住模式，加快中心镇农民公寓建设、积极推进农村宅基地置换。有条件的中心镇，要强化高层、多层住宅小区建设，鼓励农民在集中居住区内或作价领取货币补贴等多种置换方式，向中心区集中。积极解决外来从业人员住房问题。鼓励企业适度建造职工宿舍设置夫妻房，解决外来务工人员住房难题。加强廉租房建设，开发一批针对外来务工人员的小面积、低租价公寓，吸引和鼓励外来务工人员在当地购房落户。根据人才政策，对外来专业人才给予一定的购房优惠。

三、大力完善公共服务体系

中心镇要进一步创新机制，加大教育、医疗、文化、体育等社会公共设施投入，重点推进就业、社保和教育三项工作，进一步完善城镇新型社区组织和公共服务体系，增强中心镇对人口集聚的承载力和辐射力。就业方面，要取消针对农村和外来劳动力的各种歧视性就业政策，劳动力在求职、考试、招聘、录用、签订劳动合同、工资分配等方面实行统一的劳动就业政策。社保方面，首先要继续扩大医疗保险覆盖范围，对已落户中心镇的居民，允许其自主选择参加城镇居民基本医疗保险或新型农村合作医疗等方式；其次要通过创新进一步加强社会保险的覆盖范围与财政支持力度。教育方面，对已在中心镇落户的人员，其子女按相关规定在辖区内各类学校就近就读，各学校不得收取政策规定之外的其他任何费用。发挥政府财力引导作用、鼓励社会力量创办基础教育与继续教育机构，为外来务工人员的学业提升与子女教育提供帮助。

四、不断优化行政区划

稳妥推进中心镇行政区划调整。对发展空间严重不足的中心镇，要积极创造条件，加快中心镇与周边乡镇的区划调整和撤并步伐，把一些地缘相近、产业类同、人文相亲的乡镇，调整合并到现有中心镇，进一步扩大中心镇空间集聚能力和经济引领能力。同时，要进一步扩大中心镇建成区范围，加快周边人口向中心镇区集聚，加快形成中小城市发展格局。充分利用中心镇区划调整的政策机遇与空间集聚的潜能，鼓励欠发达山区乡镇农民整村搬迁、下山移民到中心镇。对整村搬迁的要采取优惠政策，把异地移民小区建设纳入中心镇建设规划，优先安排用地指标和扶持资金，使困难群众也能移民下山。

第四节 中心镇要素集约政策设计

要充分运用各类政策手段和措施，探索资本、土地、劳动力等要素的集聚使用机制，进一步激发社会活力，让所有的经济主体迸发出创业热情，让所有的创业者转化为真正的创新者，让所有的创新者获得应有的市场价值与社会认同，使创业创新、建设活力城镇成为中心镇发展的活力之基、动力之源。

一、着力加强投融资制度创新

中心镇政府要在城镇规划和城镇基础设施建设中发挥主体作用，充分挖掘市场与社会潜力，不断推动投融资及管理机制创新。突出政府和财政投资导向作用，鼓励和引导各类社会资金参与中心镇建设，积极探索公用设施投资、建设和管理的社会化、市场化发展路径，以投资主体多元化、资本来源多渠道和投资方式的多样化进一步加快中心镇的建设与发展。

加强“城投公司”、“国资经营公司”等投融资平台建设，借助BOT、特许经营、信托等方式着力推动投融资方法创新，进一步拓宽投融资渠道，完善多元化融资机制。优化资产管理与运营。着力盘活中心镇各种有形和无形资产，通过特许经营权、运营权、收益权、冠名权等手段以及出让股权、拍卖、租赁、承包经营等形式，鼓励有实力的投资者参与中心镇公共设施的建设和经营。积极发挥社会声望、政治待遇等引导功能，通过冠名、立功德碑、列入文化礼堂（村志、镇志）、典范工程等方式，积极引导社会资金投入地方公益事业建设。

二、积极推动土地管理制度创新

对多数中心镇而言，用地管理普遍存在闲置与短缺并存的局面。因而，优化土地管理的中心任务是盘活土地资源、推动土地流转和优化土地配置效率。

（1）盘活土地资源。县级政府要创设条件，使中心镇盘活的建设用地指标，可以保留在镇使用，全县新增建设用地指标向中心镇倾斜。中心镇政府要积极利用新村建设、大社区建设等，推动农村住房集聚工程，实现以“空间换地”；积极推动旧村、旧城、旧厂房、下山移民村改造，进一步盘活存量建设用地；积极推动农田整理、低产田改造、建设用地复耕置换等方式，优化土地占补平衡结构。

（2）促进土地流转。以“明确所有权、确保承包权、搞活使用权”为指针，加强农地确权改革，探索农地使用市场化道路。积极推进农村宅基地使用权市场化改革，为农民进镇提供启动资本。允许农村集体土地使用权采取协议出让、转让、公开拍卖、租用、作价投资入股等方式进行流转，推动规模经营；允许农村专业经济合作社以土地抵押等方式获得贷款。探索城中村、城郊村以集体土地作价入股的方式参与中心镇开发建设的新路子。

（3）优化土地配置效率。中心镇特别是其中的经济重镇，要积极实施亩产倍增计划，鼓励零增地技改，推广精益化生产，加强土地利用率和单位产出效益考核。积极探索产权交易、承租、转借等形式，引导在原有企业的既有空间内注入更多的企业或者车间，从而形成单位面积的产值和税收等考核指标的规模化效益化发展，逐步淘汰落后的生产工艺和设备，不断优化产业结构，提升产业层次。

三、进一步完善人才政策

人是万物的尺度，是创业创新的主体，亦是发展的起点与归宿，是中心镇持续发展的根本动力。中心镇的人才政策，要在培养、培训的基础上加大人才引进力度。

（1）进一步加强劳动力培训工作。结合县域产业发展与社会生活需求，统筹劳动人事、农业、经信、妇联、团委等部门的作用，采取各项优惠措施，吸引有就业愿望的农村富余劳动力参加缝纫、焊接、电子装配、电脑、来料加工、电子商务等培训，不断提高农村劳动力综合素质和就业竞争力。积极发挥财政杠杆作用，鼓励镇域企业拿出专项资金开展安全生产、职业技能、文化教育等培训工作，提升员工科学文化水平、规范操作能力和科技创新水平。

（2）进一步发展职业教育与继续教育。继续发挥中等职业技术学校的作用，加强校企合作能力，提升办学层次。引进外部知名职业技术学校与培训机构，加快生产服务一线急需的技能型人才培养，特别是现代制造业、现代服务业紧缺的高素质技能专门人才。进一步培育发展社区学校、成人教育、老年大学等，提升居民文化层次与生活水平。鼓励农村专业合作社与农业院校、农业科研机构合作，不定期根据生产、管理与营销需求，开展专题培训。

（3）多渠道吸引优秀人才。中心镇要在妥善结合全县人才工作的基础上，根据产业发展需求与政府财政能力，利用“以事业引人”、“以人引人”、“以环境引人”等方式，创造性地推进人才计划，积极引进具有中高级职称与专业技能的经营管理人才和科技人才，来中心镇创业与就业，使他们成为推动中心镇产业创新、企业经营和社会治理的有生力量。此外，也要积极重视返乡创业人员的需求，积极发挥“大学生村官”在推进青年创业创新中的带动作用。

第五节　中心镇功能集成政策设计

产城融合、功能一体是以人为中心的新型城镇化的内在要求，是进一步推进人口集中、产业集聚和要素集约的必要条件。从发展趋势看，中心镇的发展，在功能上既要满足居民生活的基本要求，又要满足企业运营的基本需求；既要满足常住人口的基本需求，又要满足流动人口的差异化需求；既要实现政府公共服务的基本覆盖，又要实现商业服务、社会服务的渗透发展；既要突出政府管理职能，又要充分体现社区自治、社会治理；立足发展需求，还要保持一定的开放性，让现时未能有效提供的各类服务能在空间与机能上有机嵌入，推动中心镇在现代农业、工业、商贸、物流、旅游、居住、教育、社会服务及生态环境保护等方面的功能集成。

一、加强中心镇扩权赋能工作

作为单一制国家，地方的权力来自于中央的授权，基层的权能源于省级政府的主张。一方面，不少中心镇无论是经济规模还是人口规模，都已接近、达到、甚至超越县城，但受传统体制的约束，中心镇权能不足，无法应实践的需求作出突破；另一方面，在新型城镇化的过程中，中心镇往往被寄于发展的厚望，但受权能不足的影响，无论是经常被做为一号工程的招商引资，还是社会建设，中心镇倍感制约、动力不足。因此，无论是顺势而为助推强镇进一步发展为小城市，还是进一步发挥与提升中心镇的“中心性”功能，都需要加强体制机制的改革，赋予中心镇更多的经济社会管理权限。建议采用浙江、江苏、广东等省强镇扩权的做法，赋予更多的中心镇以县级管理权。

（1）中心镇的赋权改革要同县级政府的权力清单改革相结合。以县级政府为行政单元，有序推进权力清单改革与审批制改革，进一步明确县级政府以及下设各职能部门的经济管理与社会管理权能，以简政放权为社会创新创业松绑。以此为基础，明确中心镇扩权的幅度与范围。借助扩权改革，在发挥制度创新及其扩散的“同城效应”的同时，更好地发挥中心镇就近服务、便利服务与高效服务的功能。

（2）注重体制机制创新。以扩权强镇改革为基础，进一步强化政策到位、领导到位、放权到位与管理到位。明确时间节点，强化扩权强镇的时间表与路线图，加强相关工作的评估工作。以强化集聚、再造发展极为指针，进一步出台配套措施，加强在用地、用电、税收等方面的政策倾斜力度，强化公共服务平台建设。进一步理顺派住机关与中心镇的关系、经济开发区与中心镇的关系，努力推动政府合力，提升服务能力与水平。确立经营城市理念，创新中心镇管理方式，探索新型城镇管理体制和运行机制，优化社区治理，建立和完善中心镇发展综合决策机制，全面推进依法治镇，不断增强民主法治建设，提升城镇安居乐业水平。

二、统筹城乡发展规划

高度重视规划的导向功能与约束作用，以提升县域空间开发、财政资金使用效率与促进持续健康快速发展的视界，通盘考虑县市城镇体系、城乡一体化和国土规划，进一步优化产业发展、交通、农田水利、旅游和社会发展等专项规划，充分发挥中心镇的战略节点功能与辐射带动作用，着力克服“撒胡椒面”和“摊大饼”式的乱发展行为，防止和杜绝以开发的名义实施破坏历史文脉、文化景观、生态系统等竭泽而渔式的破坏性发展行为。

城市功能集成，由县城向中心镇扩散，将中心镇打造成县域副中心和省级特色小城市，无论是否推行强镇扩权或扩权强镇，首先要为中心镇发展留好空间，做出用地政策的倾斜。从沿海发达地区的基本操作经验看，要有效为中心镇拓展发展空间，往往需要乡镇合并与建设用地指标优先两大措施的结合。乡镇合并，一方面有利于中心镇做大人口规模、经济规模和城镇规模，提升中心镇的自主能力；另一方面，也有助于行政体制改革，逐步减少职数，降低财政供养负担系数。建设用地指标优先，一是建设用地指标要向中心镇集中，二是中心镇通过旧城改造、村庄整理、迁村并点、退厂还田等新增建设用地指标留镇使用。

三、统筹城乡经济社会发展布局

权能扩展，土地、能源、财政等向中心镇倾斜，以此促成中心镇的产业发展与经济发达，必然要求中心镇在基本公共服务、商业服务、就业创业、居住生活等方面承担起更大的责任。相关设施的建设布局，特别是基本公共服务设施与办事机构，必须向中心镇集中，让中心镇的服务功能有效覆盖整个片区。

要充分利用不少中心镇作为历史古镇的优势，充分发挥计划年代留下“第＊人民医院”、“卫生院”等公共服务设施的作用，进一步充实提升教育、就业服务、社会保障、文化体育、医疗卫生、环境保护、社会治理等能力，以中心镇为中心，构筑与完善片区公共服务体系。特别是教育、医疗服务、社会保障、就业服务、社会治理等，更要通过优化政策设计，就近便利提供优质服务，着力克服“县城公共服务机构压力过大”而“乡镇公共服务机构吃不饱”并存的困境，提升财政支出的可持续性。重点推进风情小镇、美丽乡村建设。要积极通过鼓励垃圾分类、设置垃圾处理阳光房等措施，着力推动生活垃圾资源化与减量化，并以此培育乡镇环境保护和乡风文明的长效机制。进一步激活社会活力。鼓励社会资本参与城镇基础设施建设，鼓励社会力量兴办商业服务机构和养老院、民办医院、民办博物馆、民间艺术团体等社会服务设施，完善中心镇服务体系，提升中心镇服务能力与水平。进一步加强社区建设，积极发挥社区组织、社区志愿者、专业社工的力量，鼓励更多的社区居民参与社区与中心镇公共事务，打造生活共同体。

第十六章

中心镇改革发展的政策协调与体制机制创新

中心镇的改革发展是一项系统的经济社会改革工程，需要各个层面的改革利益相关主体协调各方利益，突破利益阻隔藩篱，协调推进有利于中心镇改革发展的体制机制创新，优化中心镇改革发展的政策组合，进而协同推进中心镇改革发展，从而使中心镇切实成为推进城乡一体化的战略节点。

第一节 中央与地方之间的政策协调

中心镇的各项发展政策、方针必须在国家、省、市发展框架之内，不可能逾越，同时，国家、省级与市级政策要有效协调，防止相关主管部门之间的职能交叉。中心镇改革发展是从国家、省到市乃至镇的各级政府协调推进的工程，所以，一方面，中心镇要推进改革实践的过程，从实践中积累经验，并不断上升到各级政府的政策；另一方面，中央、省级与市级政府应注重对中心镇改革实践的调查研究，通过制度创新与机构改革，加强领导与规划，有效指导和推进中心镇改革与发展。

一、注重顶层设计，推进制度创新

中心镇发展的前身是小城镇，所以中央对中心镇改革发展的政策支持首先体现在对小城镇发展的政策支持上。党中央对小城镇的发展问题十分重视，特别是在中央提出“建设社会主义新农村”战略以后，更是将小城镇建设和新农村建设进行了统筹考虑。2003 年 1 月胡锦涛同志在中央农村工作会议上的讲话及 2003 年 12 月 31 日《中共中央、国务院关于促进农民增加收入若干政策的意见》中指出，要加快小城镇建设步伐，以现有的县城和少数在建制的中心镇为重点，要把发展乡镇企业和农村服务业同发展小城镇有机结合起来，引导和鼓励乡镇企业向小城镇集中，鼓励多渠道、多样化投资兴办小城镇基础设施和公用事业，完善小城镇的功能。国家固定资产投资要继续支持小城镇建设，引导金融机构按市场经济规律支持小城镇发展。

国家“十二五”规划在分类引导人口城镇化、健全城镇化发展的体制机制等方面都提出了一些具体的政策措施，尤其是财税、征地、行政管理和公共服务等制度创新稳步推进。这些都为小城镇的发展指明了方向。然而，由于中央政府对城镇发展的支持主要是通过支持小城镇发展来实现的，所以近些年中央政府对中心镇发展的支持仍处于起步阶段。然而，正如本书前面各章所论述的，在新的发展条件下，中心镇对于推进城乡一体化具有了越来越重要的战略定位和作用，因此，在中央层面加大对中心镇改革发展的政策支持，组织协调推进各级政府在中心镇改革发展上的政策支持，对于进一步释放中心镇对我国新型城镇化道路以及对城乡一体化的战略的推进力都具有十分重要的作用和意义。

（1）设立专门的中心镇改革发展组织领导机构。进一步解放思想，积极创造条件，建立健全中央层面的组织领导制度，加强上下联动和配合，采取有力措施，积极支持和指导中心镇的发展与改革。建议成立以国务院相关部门主要领导为组长的协调小组和以国务院其他部门主要领导为副组长的实施小组，共同推进中心镇的改革发展工作。

（2）从国家层面推进中心镇改革发展各项制度创新，督查各省市积极推进中心镇改革发展。针对各省级单位，建立目标考核制度，落实责任，将加快发展中心镇改革发展工作任务列入各有关单位年度考核工作目标。上述领导机构研究提出加强中心镇省级相关党政主要领导配备管理的措施，加强对各类机构设置的指导、协调。同时注重研究，为下放权限的依法行使提供法制保障。

二、创新省级支持政策，推行省级相关部门领导制

省级相关单位应当加大宣传和教育力度，让有决策权的部门和领导进一步了解中央的战略意图和相关政策。同时，省内各级政府、各个部门都要步调一致，才有望取得突破。中心镇改革发展势必催生了县镇政府之间的利益博弈，其切实有效解决需要谋划建立机构和部门协同机制，制定相关配套措施。中心镇政府管理体制改革权限如何下放、下放程度如何，是改革的关键和中心所在。中心镇行政管理体制改革是系统工程，涉及面广、综合性强，因此省级领导部门要充分协调省、市、县、镇四级政府联动，切实建立联动机制；同时，要协调各级政府部门，从各自职责出发，相互配合，相互协调。具体而言，一是强化政策协调，落实中心镇培育工程，按照普惠制的原则，加强政策资源整合，突出政策协同配套，做强做大中心镇。二是中心镇与县城镇、周边镇之间协调发展，督促省、市、县、镇四级地方政府理顺关系，创新体制机制，促进中心镇与周边小城镇的协调发展。在协同机制的构建上，分别建立政府间纵向协同工作制度和政府间横向协同工作制度。政府间纵向协同工作制度一般应由省直部门、省辖市、县政府和中心镇组成，定期举行工作通报和协调议事会议，及时妥善将中心镇改革发展中的问题解决在萌芽状态。政府间横向协同工作制度由中心镇、县城镇和周边镇组成，定期举行各镇主要领导、职能部门协商议事会议，探讨合作开发、共建公共设施、共同采购、跨镇工程、信息共享等方面的事宜，切实解决镇镇之间的利益冲突。

三、创新县级领导管理机制，推进扩权强镇优镇

中心镇改革发展的直接领导机构是市级相关主管部门，因此，县市级政府要在中央、省级等相关领导部门的领导下，积极有序地推进中心镇强镇扩权与改革事项设计，全面协助省级部门下放中心镇改革管理的垂直部门派出机构，以切实解决垂直部门定位模糊的问题。目前，中心镇的垂直部门派出机构主要推行县直部门管理或镇县共管，因而存在管辖范围界定

不清晰的问题。垂直部门在中心镇的派出机构全面下放给中心镇进行统筹管理，可以有效避免垂直部门派出机构架空中心镇和派出机构面临双层管理带来的矛盾与摩擦。因此，要彻底厘清中心镇权力关系，力图避免中心镇和县直部门在镇域辖区的双重管理，彻底实现把中心镇政府构建为一级完备的基层地方政府，从而实施镇域范围的全面有效治理。县直部门派出机构的下放，决不是简单的人员和管辖权限下放，而是扩权基础上的权力下放。工商、税务、规划、土地、公安等垂直部门在中心镇的派出机构下放后，能够提升管理权限，促进机构升格，并被赋予县级经济社会管理权。

此外，市级相关部门要加大对中心镇主管领导的任职审查和离职审计。中心镇扩权改革后，中心镇主要领导权力也随之增加，权力寻租的机会增大。因此，首先必须加强对中心镇主要领导的职前职后审计工作，加大干部任用制度的公开化、透明化，从制度上保持惩治腐败的高压态势，通过严厉警示，使得权力的操控者明辨利害关系，树立正确的权力观。其次，要完善举报审查制度建设。举报揭发是官员腐败案件揭开面纱的重要形式，在扩权改革后要进一步在中心镇加强举报审查制度建设。举报审查制度建设中充分保障举报人的合法权益，并对举报人员进行相关奖励，使得人们敢于举报、踊跃举报，逐步杜绝权力扩张腐败的可能。最后，应建立市级相关部门对中心镇的巡回巡查机制。上级政法部门要安排专职人员做好巡回巡查监督建设，在巡回巡查中发现问题，解决问题，防止官员腐败问题长期隐匿，切实将腐败现象处理在萌芽状态。

第二节　中心镇改革发展与发展小城市的政策优化

在新的历史发展阶段下，随着我国城乡一体化的推进和区域协调发展战略的进一步实施，我国迫切需要从传统城市化道路走向新型城镇化发展道路，重视发展中心镇和小城市，构建以小城市为次中心的区域新型城镇化发展格局。

一、明确小城市的功能定位

通过城镇空间规划来合理布局生产力，通过规划来突出小城市的空间特点和产业特色，为将来城市产业发展和居民生活预留空间，这是中心镇改革发展的最终方向。因此，要紧密结合城镇化趋势和小城市发展实际，按照小城市发展要求，高起点、高标准地规划中心镇，从加强对周边镇（乡）的集聚辐射功能入手来考虑中心镇的空间结构。在此过程中，要不断完善土地规划，合理地利用土地资源，有序拓展城镇空间，明确功能定位。此外，要加快中心镇的总体规划、村庄建设规划、基础设施建设规划和产业发展规划的制定和修编，合理定位，有序科学地安排房地产、产业平台、商贸设施、文教等公用设施，充分把握自然要素赋予城镇的特色，体现现代特征。注重与区域相关规划的衔接，充分发挥规划在促进产业发展、自然生态、历史文化、人居环境有机融合中的作用。

二、加快产业集聚，分级分类构建特色化小城市产业体系

小城市发展的关键是产业集聚。当前，各个中心镇相对于上位大城市、中等城市及小城市，产业发展水平相对较低，因此，首先，各个中心镇应根据自身产业基础和发展条件，积极探索转移先进地区产业的长效机制与方式，大力引进与自身比较优势相符合的各类产业，以产业转移促进产业集聚，以产业集群推动人口和劳动力向中心镇集聚。其次，各个中心镇应结合自身已有产业基础，充分发挥自身资源优势，通过财政、金融、产业等政策积极培育现有产业，不断扩大现有产业的发展规模，引导企业向园区集中，以企业集群推动现有产业新集聚，以园区产业集中引导劳动力向中心镇集聚。最后，要探索现有产业转型升级新机制。各中心镇要紧密结合浙江省现代产业集群试点以及产业集聚区建设的统一部署，通过劳动力素质提升、技术改造、技术创新、管理创新、引进高端资本与大型企业集团等途径推动传统优势产业集中向现代产业集群转型升级，以现代化、创新化、国际化、信息化超前带动实力型中心镇的产业高端集聚，建

设新型中心镇产业体系。

向小城市发展的中心镇更要积极探索切实可行的产业集聚机制与模式，有的放矢地推进产业的差异化集聚。着力加快工业转型，打造高端制造基础，改造提升机械工业园，打造产业集聚平台，大力发展特色旅游业，提升城市服务经济；立足工业功能区，加速平台建设，发展新能源新材料等新兴产业，提升传统产业，大力发展现代物流、商务休闲、商贸服务、房地产、旅游等第三产业；以构建具有比较优势的现代产业体系为目标，壮大特色产业，推动经济转型，以文化产业示范园区和休闲旅游度假综合体为依托，优化第三产业，提升综合功能。

三、培育多样化的人口集聚新主体，加快人口的多层次分类集聚

人口集聚是城镇化发展的主要组成部分，决定了城镇的大小，人口集聚有利于减少经济活动成本，促进块状经济形成，降低社会管理与服务的成本，并有利于环境保护。小城市是人口集聚的重要平台。加快人口集聚要与农村土地综合整治结合起来，与农村住宅置换城镇产权住房、土地承包经营权置换城镇社会保障、促进公共服务均等化结合起来。鼓励和引导通过周边村庄人口“上移”、地域外人口“内移”和城市人口“下移”三种方式聚集人口，不断扩大中心镇人口集聚规模和优化人口分布结构。

1. 积极探索“上移”举措，吸引农村人口进镇务工、经商与定居

对于“上移”人口，要通过优化产业劳动环境、社区管理服务、子女教育服务、医疗服务、养老服务等项目增强人口吸纳能力与吸引力，引导农村人口向中心镇集中；同时，鼓励富裕农民与农村个体工商户进入中心镇投资创业，购买住宅，充分发挥农民“造镇”与“造城”的作用。

2. 超前引导“下移”趋势，优化中心镇人口结构

对于面向大城市或特大城市的人口“下移”趋势，中心镇应结合自身产业特色，深入开展创建绿色家园活动，加强中心镇环境建设，增强上位

城市人口移居中心镇的吸引力。将中心镇建设成为宜居、宜业、宜游的田园城市，成为城市白领休闲好去处和和谐社会的新区域。以人居环境优美、社区服务完备、邻里关系和睦为目标，以高标准的绿化、美化、净化提升生态环境质量，逐步形成绿色低碳的生产方式、生活方式和消费模式，营造和美家园建设与和谐社会建设互促共进的机制和氛围，不断提升城市居民下移中心镇的生活舒适感。

3. 拓展思路，大力推进地域外人口“内移进镇”，将外来劳动力集聚内化

对于“内移”的地域外人口，要积极谋划异地劳动力培训，通过订单式方式引入高素质劳动力，并在一定阶段将劳动力集聚转化为人口长期生活式集聚。同时，积极创新用人机制，吸引区外高层次人才向中心镇集聚。一方面，可以在中心镇推行“政府雇员制”，以市场化方式解决中心镇高层次管理人才不足的问题，以此吸引更多人才进驻中心镇。另一方面，在中心镇镇域范围内，实行大学生村官晋升制度，鼓励优秀大学生村官工作在基层、成长在中心镇，留住优秀大学生，参与中心镇建设和发展，由此进一步吸引更多更高层次的人才集聚中心镇。

四、加快基础设施联动建设，构建现代化的小城市基础设施网络

1. 完善交通基础设施，构建一体化小城市交通网络

以主城区多维交通网络为内核，以各中心镇为主要节点，贯通各主要中心镇的交通连线，联合建设其他镇级交通线路，从而构建一体化交通环线。

2. 实施邻近中心镇“快速路连镇工程”，强化中心镇区域中心的地位与作用

以各县（市）为连结点，以国道高速公路、高速公路和一级公路为中

心镇发展主轴，以县级公路为城镇发展次轴，形成并不断优化点轴交通基础设施空间结构。沿各中心镇，加快镇区快速通道建设，增强中心镇向周边的辐射能力，发挥中心镇域对区域经济的整体带动作用。

3. 建设智能化信息平台，提高小城市和中心镇的网络化、信息化建设和发展水平

加强中心镇政府之间的协调与扶持，引入社会力量，运用市场化方式，积极建设中心镇共享信息平台，形成以公用网为主体、与专用网互联、地面网与空中网互为支撑、多网融合的区域性的小城市信息网络共享平台。与此同时，通过媒体、广告、规划展示、互联网等平台，发布中心镇建设发展的相关信息、规划与政策，构建政府与公众之间的信息交流机制，加快形成合力建设和培育小城市的外部环境与氛围。

五、注重历史文化资源环境保护和小城市的特色化培育和建设

各小城市培育试点镇在文化资源上各具特色和优势，培育发展小城市是中心镇的历史文化与现实有机结合、保护与科学利用、历史人文价值与商业元素融合发展的过程。为此，应加强特色中心镇的历史遗存保护，复兴古镇形态和意境，充分利用生态景观资源，打造特色景观保护发展综合体，建成集生态、休闲、观光、探险、漂流、考察等于一体的综合性旅游景区；以纪念馆及公园为重点，培育休闲旅游和文化创意产业；有序开展古城保护工作，以创建省级历史文化名镇为载体，以保护修缮文物、开发保护非物质文化遗产等工作为重点，建设有古韵、有活力的中心镇新城，使中心镇在求新求变的同时，保留自身特色。

此外，要注重生态环境建设，切实贯彻可持续发展战略。要大力发展绿色产业、会所经济、养老养生经济、体验经济等新型经济业态，试点实施“品质中心镇工程”，为小城市培育奠定良好的现代经济基础。此外，加强生态环境建设，建设特殊化的生态型城镇，努力促进人与自然的和谐发展。

六、注重社会事业发展，构建高效公平的社会事业建设运营体系

加大中心镇社会事业发展，努力实现公共服务均等化，全面改善城镇居民的生存环境、社会保障、教育水平与素质提升及个人发展条件，促进全面发展。小城市培育试点镇肩负着农村变社区、农民变市民的历史使命。进一步完善中心镇人口集聚政策，完善就业政策，建立和健全社会保障制度，推进现代城镇文明建设。同时要积极引导各类社会组织参与中心镇社会管理，运用现代网络通信技术，构建“属地管理、以（社）区为主，职责分明、社区主导”的中心镇社会管理体系，形成科学化、高效化的小城市社会管理方式。

第三节 中心镇改革发展与城乡一体化的政策融合

以往的城乡一体化发展道路及政策将重点放在了城市与农村，注重城市与农村之间的协调发展，而在一定程度上忽视了联结城市与农村两者的城镇的纽带作用，因而未能从政策上充分支持和发挥城镇作为推动城乡一体化发展的战略节点作用。本书的前面内容已经充分论证了中心镇在未来我国城乡一体化发展过程中的重要战略节点作用，中心镇将通过产业集聚、人口集中、要素集约、功能集成等推动城乡一体化。因此，今后在制定城乡一体化发展的政策过程中，要充分考虑到中心镇的特殊地位和作用，将中心镇作为有效实施城乡一体化各项政策的平台，从而实现中心镇改革发展与城乡一体化的政策融合。

一、推进规划一体化，强化中心镇实施平台作用

规划是一项全局性、综合性、战略性的工作，是政府引导、调控城乡

一体化建设的主要手段。要按照城乡一体化发展的思路，编制好包含中心镇改革与发展在内的城乡一体化发展规划，通过科学的规划，消除行政区划对生产要素流动的阻碍，引导市场合理配置资源。通过考虑中心镇改革与发展的城乡一体化发展规划的制定，调动方方面面的积极性，吸取各方面有益的、建设性的意见，最终形成一个适当超前的、能充分反映一体化发展要求的、能起到指导作用的城乡一体化发展总体规划。在此过程中，特别是各城乡的功能定位、发展方向、重大基础设施和跨区域公益性项目的布局等问题，在充分调研认证的基础上加以明确。在完善城乡一体化总体发展规划的同时，抓紧编制专项规划。在已经编制了城乡一体化布局规划、交通规划、生态建设和环境保护规划等的基础上，抓紧编制教育文化发展、其它基础设施及人居等专项规划。牢固树立全局观念，坚持以城乡一体化的总体规划统揽各城镇的发展规划，坚持小规划服从大规划。同时，在修编总体规划和专项规划时，要以中心镇改革发展为重要任务，充分考虑中心镇的实际需要，以切实发挥中心镇的战略节点作用制定各类规划。为此，各地、各部门都应在开展五年规划编制工作的基础上，以城乡一体化总体发展规划为指导，互相衔接，充分体现城乡一体化与中心镇改革发展之间的内在要求。

二、推进基础设施一体化，构筑以中心镇为战略节点的空间框架

加快城乡一体化发展，基础设施一体化十分重要，特别是城市间快速便捷的交通网络，是城乡一体化形成、发展的关键。城乡一体化发展的第一个目标就是要在尽可能短的时间内加快以交通为重点的基础设施建设，基本形成城乡一体化发展的基础设施框架。为此，首先要加快各城市间、城乡之间的快速干道建设，实现交通便捷化。基础先行，构筑发展框架，除了交通外，还要重视加强电力、通讯、能源、水利、公共服务等基础设施建设。

（1）构建大城市组团交通网络。以主城区多维交通网络为内核，以各中心镇为主要节点，建设贯通各中心镇的主要交通连线，联合建设城市

大组团交通网。

（2）实施“快速路连镇”工程。以各县（市）为连结点，以高速公路为主轴，以各等级公路为次轴，加快镇际快速通道建设，形成并不断优化点轴交通基础设施空间结构，增强中心镇向周边的辐射能力，发挥中心镇对周边区域的整体带动作用。

（3）共建旅游基础设施长廊。沿主要江河干道，串联沿线中心镇旅游资源和设施，共建区际旅游交通基础设施和游客资源信息网络，实现城乡区域旅游设施和资源的大集结与大联结。

（4）积极建设镇域基础设施。以政府为主导，积极动员社会资本，合力建设和优化镇域交通、给水、排污、电力、电信等基础设施布局，推动交通联结成网，加强水陆航空多种方式联运，并与中心镇布局相协调。

（5）建设现代信息网络平台。加强中心镇政府之间的协调与扶持，引入社会力量，运用市场化方式，积极建设中心镇共享信息平台，形成以公用网为主体、与专用网互联、地面网与空中网互为支撑、多网融合的区域性的中心镇信息网络共享平台；利用媒体、广告、规划展示、互联网等平台，发布中心镇建设发展的相关信息、规划与政策，构建政府与公众之间的信息交流机制，加快形成合力建设中心镇的良好环境与氛围。

然而，加快基础设施一体化建设，尽快构筑城乡一体化框架，必须创新共建基础设施的机制。城乡一体化的重大基础设施都是跨县（市）、区的，在一定时期内存在利益差别，但又需要各城市联手共建，因此必须以市场化为原则，创新机制。建议建立城乡一体化发展基金，主要用于跨地区重大基础设施项目建设，也可以以现有政府性投资公司为依托，组建跨县（市）、区的股份制区域性投资公司，统筹运作城乡一体化重大基础设施项目的投资、建设和经营。

三、推进区划调整，完善与优化城市、中心镇与农村布局

行政区划既有一定的历史继承性和相对稳定性，又具动态可变性，需要随着经济和社会的发展和区域经济格局的变化适时做出调整。目前，我国城乡一体化发展还比较松散、城乡一体化协同发展比较滞后。因此，随

着城镇发展，要促进城乡分工协作、内核壮大、形成优势互补、功能完善的中心城市，就有必要适时调整行政区划，使行政区划和体制更加适应城乡一体化发展的要求。此外，行政区划调整，应遵循总体规划、分步实施的原则，以科学、务实的态度做好区划调整的总体方案和分步实施办法，条件相对能够进入操作层面的，要尽快实施调整。本书的第三章分析已经表明，在调整过程中，要充分考虑到中心镇协调推进行政区划调整的模式特点，根据中心镇空间重组模式特点推进区域空间优化，从而为城乡一体化发展奠定空间基础。为此：

（1）推进行政体制创新，为中心镇重组提供组织保障。无论对于以各种形式成立的新市镇（乡镇合并、县辖区、县辖市），还是对于中心镇功能区或共同体模式，都应成立一定的管理机构，并赋予部分县（市、区）级经济社会管理权限。例如，对于乡镇合并、县辖市模式，可以直接给予副县级待遇；对于新市镇管委会、镇镇合作、中心镇功能区则可继续保留原有的乡镇行政管理机构，成立由市领导、相关部门负责人及各乡镇领导组成的领导协调机构。

（2）实施规划管理体制创新，发挥中心镇群协调规划在重组中的龙头作用。中心镇重组规划是实施重组的龙头，尤其是在重组的早期，规划的作用就更为重要。因此，可以协调各方力量，突破行政限制，协调编制重组规划，从而进一步明确区域发展战略、区域产业、土地利用、交通系统和基础设施系统的统一布局和发展，进而为构建层次清晰、结构合理的中心镇空间体系奠定工作基础和思路。

（3）加强信息平台建设，引导市场主体适时介入中心镇重组发展。本节的理论分析表明，市场力量是中心镇改革发展的重要力量，在不同的发展阶段发挥了各自不同的重要作用。因此，要通过媒体、广告、网络、规划展示等信息传播手段，发布中心镇重组的有关信息及规划，让众多市场主体及时掌握中心镇重组改革发展的趋势和动态，构建中心镇改革发展信息平台。

四、强化服务一体化，建设城乡互补、城镇互助、镇村共织的多级服务网

在推进城乡一体化发展的过程中，城、镇政府与农村集体经济组织等应该强化协调，加强服务，紧紧围绕城乡一体化这一目标，大力研究解决各县（市、区）、城乡之间、城镇之间因利益矛盾冲突需要市里协调解决的问题，帮助解决相互之间在经济发展中的重大制约矛盾问题。目前，城乡一体化过程中的问题不少，如水资源的统筹规划利用，道路交通等重大基础设施的衔接，跨中心镇的公益性项目的合理布局和统筹安排，生态环境保护中的矛盾冲突，等等，对这些问题有的需要认真研究，拿出规划方案，予以协调解决。同时，要逐步建立城乡统一的就业和社会保障服务体系，形成有利于城乡一体化发展的软环境，真正充分发挥中心镇作为城乡一体化发展的战略节点功能。

（1）强化中心镇的综合公共服务功能。筹集财政建设资金和动员社会资金，运用现代网络信息技术，推进服务型行政机构与体系建设，加快社区服务中心和中介服务组织建设，逐步形成中心镇域的公共交通体系、商贸流通体系、供水供电体系、邮政通信体系以及环境处理设施体系，推动中心镇功能集成。

（2）强化中心镇生态文明建设功能。不断增加对工业型中心镇污水处理、管网设施的资金投入，完善中心镇生态环保基础设施；大力支持生态旅游型中心镇循环经济试点，总结经验推广试点范围，逐步形成各具特色的循环经济发展模式；充分发挥中心镇生态文明建设的节点作用，推动水源水质共保、产业升级共兴、基础设施共建、人文旅游共促、两岸环境共治、岸线生态共护，将中心镇发展与生态文明建设有机融合，共建中心镇群的生态旅游线。

（3）强化中心镇生活品质提升功能。交通优势、生态旅游资源优势明显的中心镇，应积极建设发展生活型服务业，以特色的风情小镇、大都市生活圈的外围休闲基地建设发展中心镇；此外，大力支持有条件的中心镇积极发展生活性服务业、改善消费环境、引入养老养生、体验经济等新

型经济业态，努力将中心镇建设成为“生活品质提升示范镇”，并适时推广。

五、推进城乡体制改革一体化，充分发挥中心镇改革创新新阵地的作用

推进城乡一体化，必须涉及各城市、城镇、乡村不同利益主体的利益关系，处理好这种利益关系，就能加快推进城乡一体化发展。如何处理这种利益关系，既要重视发挥政府协调作用，又要重视发挥市场机制的作用，就是深化改革，引入市场机制，用市场机制调节各利益主体之间的利益冲突，政府协调和市场机制双管齐下，许多问题能得到更有效解决。

深化改革，发挥市场机制的作用，推进城乡一体化，我们认为要重点在以下3个方面积极探索，大胆创新：一是在以中心镇为共享载体，促进城乡资源共享方面；二是以中心镇为空间平台，促进基础设施和公共服务设施共建共享；三是以中心镇为载体，促进资本、人才等生产要素流动。土地、水等资源，是许多地方发展的突出问题，推进共享又很敏感，实际是利益关系在作怪；基础设施、公共服务设施建设也涉及各利益主体之间的利益，像基础设施建设和公共服务设施不协调的问题症结也是在利益关系。对此，要在政府统筹规划协调的基础上，重视研究利用市场机制调整各利益主体之间的利益关系，平衡有关各方的经济利益。

此外，要拓宽以经济利益为纽带的市场运作通道，建立以市场一体化为核心的城乡一体化商品物流、产权交易、科技成果、人力资源、旅游文化等共同市场，通过市场机制把城市、中心镇、乡村串为一体，同时研究财政体制改革，加大财政转移支付力度，在建立中心镇之间的生态补偿机制等方面进行有效的探索。

第四节　中心镇改革发展中的体制机制创新

本书的第五章已经论述了中心镇作为我国新型城镇化道路上改革创新

新阵地的现实可能性、必要性，论述了通过中心镇的体制机制创新推进中心镇改革发展的可行性，论证了通过中心镇改革创新推动城乡一体化发展的重要性。因此，在推进新型城镇化的发展新阶段，中心镇体制机制的改革创新有可能成为启动我国城乡经济社会新一轮发展的激发器。

一、推进行政管理体制改革

通过政府职能转变和理顺县镇职责关系、优化镇政府组织结构，进一步扩大中心镇和小城市培育试点镇经济社会管理权限，在工作机构配备、人员编制、工作机制等方面实现创新；加强社会管理创新，建立健全社会事业管理体系；推进行政执法重心下移，在小城市培育试点镇开展城市管理综合执法；增强和完善公共服务功能，加快综合服务平台建设，形成以中心镇和小城市培育试点镇为基本平台和关键载体的基本公共服务均等化建设模式，发挥公共服务功能。

二、深化户籍管理制度改革

按照自愿原则，在中心镇有固定住所、稳定职业的农村居民，申报登记为城镇户口。登记为城镇户口的进镇农民在就学、就业、社会保障等方面享受城镇居民同等待遇，并可继续保留原集体经济组织成员的权益。逐步实行中心镇户口自由迁移政策和优惠政策。对外来务工人员实行户籍积分制，合理设置各项加分值，分值达到一定标准，优先转化为城镇户口。

三、深化就业和社会保障制度改革

将农业转移人口纳入中心镇居民就业政策范围，切实解决农民的社会保障问题。加快建设城乡一体化的就业服务平台，完善劳动力就业服务网络。积极创新人才培养和引入新机制，市和各区、县（市）给予专项资金支持，并在职称评定、社保、入户、住房保障、子女就学等方面创新政策。加强农民技能和职业培训。建立健全保障房制度。改革社区管理机制和服务体系，大力培育发展各类社区社会组织，积极探索市场化的社区服务机制，以社区发展为抓手推进中心镇社会建设。

四、加快推进土地利用制度改革

单列市级统筹土地指标，以专项用于中心镇的项目建设。各地用地指标向中心镇倾斜，对符合条件的项目优先予以解决。优先支持中心镇实施农村土地综合整治，整治而得的复垦指标和占补平衡指标全部留镇使用，中心镇非农建设项目占用耕地不能实现占补平衡的，在本县（市、区）域范围内实行异地补充。推进土地承包经营权依法流转，鼓励农村宅基地和住房置换城镇产权住房，引导农村集体非农建设用地以股权形式共同参与开发经营，建立健全土地增值的城乡共享机制。

五、稳步推进投融资体制改革

中心镇要积极争取省级专项建设资金，逐年加大对城镇基础设施建设的投入力度。鼓励民间资本参与中心镇公用设施建设，鼓励村集体经济组织以土地使用权入股等形式参与中心镇建设；强化金融机制创新，鼓励金融机构在中心镇设立相当于区、县（市）一级的分支机构，在中心镇设立村镇银行、小额贷款公司等农村金融机构。有效整合筹资渠道，以区县（市）名义或直接入股成立城镇投资公司。支持开展林权、农村住房、土地承包经营权抵押融资，组建农民专业合作社、资金互助社；市级财政每年预算投入3亿元支持中心镇基础设施建设、产业升级、社会民生事业和公益事业发展，各区县（市）要给予资金配套。

六、加快推进财政体制改革

逐步建立稳定、规范的区、县（市）与镇的财政分配关系。考虑区、县（市）与镇的财政分配，地方财政分成收入超基数部分，区、县（市）留成部分大部分留镇，小城市培育试点镇全额留镇。在镇范围内收取的规费和土地出让金，区、县（市）留成部分大部分留镇，小城市培育试点镇全额留镇。除区、县（市）以上部门代收和特别规定外，区县（市）属部门驻镇单位在镇内的各种收费统一纳入镇财政专户管理。市级有关部门和区、县（市）在有关专项资金安排、国债资金申报等方面，应优先向中心镇倾斜。按照“一级政府、一级财政”的要求，支持中心镇设立与财政管理体制、税费征管体制相配套的镇级金库，具体负责中心镇财政收入的收纳、退库、划解和库款的支拨。

七、着力创新社会管理体制

按照城市管理要求，创新中心镇社区建设和管理模式及其机制。加快社区管理服务体系创新；强化社区服务功能，加快建立卫生计生、文体、社会救助、老年福利、法律援助、劳动保障、社会治安等社区服务管理新机制。大力培育发展中心镇社区民间组织、中介服务组织和经合组织，积极探索市场化的社区服务机制；创新投入保障机制，鼓励引导社会力量参与社区公共服务，建立多渠道、多样化社区建设投入和运行机制。

八、推进改革考核体系

将加快发展中心镇培育小城市工作任务列入各有关单位年度考核工作目标。加强对中心镇党政主要领导配备的管理，加强对各类机构设置的指导、协调。市级有关部门要很好地落实市对中心镇的各项扶持政策，中心镇建设工作推进领导小组办公室牵头制定评价考核办法，建立工作信息交流和统计公布制度，对中心镇的年度经济社会发展总体情况、改革发展情况进行全面、客观、公正、动态的综合评价和考核，并对评价考核与排名情况进行通报。同时，做好督促检查工作，确保中心镇发展小城市培育工作的各项举措落到实处。

参考文献

[1] Bunnell, T., Barter, S., Morshidi, K. Purmetropolitan city-region [J]. Cities, 2002, 19 (5): 357 -370.

[2] Davies, R. W, C. R. Lewis. Regional structures in Walesawo studies of connectivity [J]. Urban Essays: Studies in the Geography of Wales [M]. 1970: 22 -48.

[3] Doxiadis, C. A. Man's movement and his settlements [J]. Ekistrics, 1970, 29 (1): 173 -175.

[4] Fei, C. H., Ranis, G. A Theory of economie development [J]. American Eeonomic Review, 1961 (9): 45 -78.

[5] Fujjta, M., Krugman, P., Venables, A. J. The Spatial economy: Cites, regions, and international trade [M]. MIT Press, Cambridge MA, 1999.

[6] Gustavo, G. Global economy, metropolitan dynamics and urban policies in Mefico [J]. Cities, 1999, 16 (3): 149 -170.

[7] Hirschman, A. O. The Strategy of economic development [M]. Yale University Press, 1958: 212 -235.

[8] Hymer, S. International operations of national firms: A study of direct foreign investment [M]. MIT Press, Cambridge, MA, 1960.

[9] Joel G. Edge cityaife on the new frontier [M]. New York: Doubleday, 1991.

[10] McGee, T. G. Evolving patterns of urbanization in Asia [A]. In Costa, F., DUttak, J, Mal, J. C, Noble A. G, eds. Urbanization in Asia: Spatial dimensions and policy issues [C]. Honolulu: University of Hawaii

Press, 1989. 93 - 108.

[11] Mulgan, G. Communication and control: Networks and the new economics of communication [M]. Oxford: PolityPress, 1991.

[12] Myrdal, G. Economic Theory and undeveloped regions [M]. Duckworth, 1967: 134 - 158.

[13] Poncet, S. A. Fragmented China: Measure and determinants of Chinese domestic market disintegration [J]. Review of International Economics 2005, (13): 409 - 430.

[14] Porter, M. E. Clusters and the new economics of competition [J]. Harvard Business Review, 1998, 23 (12): 77 - 79.

[15] Pred, A. City systems in advanced societies [M]. London: Hutchinson, 1977.

[16] Stohr, W. B., Taylor, F. Spatial equity: Some antitheses to current regional development strategy [A]. In: Folmer, H. and Ooster, H. J, eds. Spatial inequalities and regional development [C]. Leiden: Nijhoff, 1978: 1917 - 1919.

[17] Venables, A. Equilibrium locations of vertically linked industries [J]. International Economic Review, 1996, 37 (2): 341 - 359.

[18] 埃比尼泽·霍华德. 金经元，译. 明日的田园城市 [M]. 北京：商务印书馆，2006.

[19] 蔡昉. 城乡收入差距与制度变革的临界点 [J]. 中国社会科学，2003 (5).

[20] 曹传新，董黎明. 我国小城镇发展演化特征、问题及规划调控类型体系 [J]. 农业经济问题，2005 (3).

[21] 曾菊新. 现代城乡网络化发展模式 [M]. 北京：科学出版社，2001.

[22] 陈峰齐. 关于中心镇城乡一体化发展的探索与思考 [J]. 新农村，2006 (4).

[23] 陈海滨，刘晶昊，黎军，等. 小城镇环境卫生专业规划中若干问题的研究 [J]. 环境卫生工程，2002 (3).

［24］陈建军，陈国亮，崔春梅，等．“十二五”期间浙江在长三角区域一体化发展中的战略研究［J］．江淮论坛，2010（2）．

［25］陈锡文．关于建设社会主义新农村的若干问题［J］．理论前沿，2007（1）．

［26］陈甬军，徐强．产业集聚的稳定性与演变机制研究［J］．东南学术，2003（5）．

［27］陈忠．城镇化与城市科学研究十年回顾［M］．哈尔滨：黑龙江人民出版社，2010．

［28］仇保兴．我国小城镇建设的问题与对策［J］．小城镇建设，2012（2）．

［29］董嘉明，庞亚君，王琳．准确把握新型城市化的内涵与特征——浙江新型城市化评价体系研究［EB/OL］．www. zjeco. com. cn/zjzz/sanji. asp? id = 001371，2008．

［30］杜宁，赵民．发达地区乡镇产业集群与小城镇互动发展研究［J］．国际城市规划，2011（2）．

［31］樊纲．加快城市化进程的步伐，促进国民经济稳步发展［N］．中国经济信息，2003．

［32］费孝通．小城镇再探索［N］．新华日报，1984（5）．

［33］冯刚．中心镇发展力研究［M］．北京：中国建材工业出版社，2003．

［34］工业化与城市化协调发展研究课题组．工业化与城市化关系的经济学分析［J］．中国社会科学，2002（2）．

［35］顾益康．统筹城乡经济社会发展加快农村全面小康建设［J］．农业经济问题，2003（4）．

［36］郭杰忠，黎康．关于社会主义新农村建设的理论研究综述［J］．江西社会科学，2006（6）．

［37］国家统计局．中国统计年鉴2003［M］．北京：中国统计出版社，2003．

［38］国家统计局国民经济综合统计司．新中国五十年统计资料汇编［M］．北京：中国统计出版社，1999．

[39] 韩俊. 建立和完善社会主义新农村建设的投入保障机制 [J]. 宏观经济研究, 2006 (3).

[40] 杭州市余杭区人民政府. 关于加快中心镇改革试点若干政策的意见 [EB/OL]. http://xxgk.yuhang.gov.cn/infomationshow.aspx? infomationID=32269, 2002-08-27.

[41] 何锐源. 探讨与研究中心镇规划与建设的发展战略 [J]. 建材与装饰, 2007 (11).

[42] 洪银兴. 工业和城市反哺农业、农村的路径研究—长三角地区实践的理论思考 [J]. 经济研究, 2007 (8).

[43] 胡厚国, 徐涛松. 中心镇培育为小城市的途径与对策 [J]. 小城镇建设, 2008 (1).

[44] 胡税根, 叶安丽. 浙江省公共基础设施均等化的实证研究 [J]. 中共浙江省委党校学报, 2011 (4).

[45] 黄小晶. 城市化进程中的政府行为 [M]. 中国财政经济出版社, 2006.

[46] 纪晓岚. 城市化与小城镇社会管理研究 [M]. 上海: 华东理工大学出版社, 2011: 94-95.

[47] 金舜. 罗店中心镇环境卫生专业规划 [D]. 上海: 同济大学硕士学位论文, 2005.

[48] 景普秋. 中国工业化与城镇化互动发展研究 [M]. 北京: 经济科学出版社, 2003.

[49] 李杰义, 郑文哲, 郑小碧. 新型城镇化与新农村建设协调推进的路径与对策——背景、现状与研究框架 [J]. 农村经济, 2013 (3).

[50] 李长江. 城乡差距的现状、根源及解决对策 [J]. 理论探索, 2004 (3).

[51] 厉以宁. 以新改革红利撬动中国经济 [N]. 中国经济时报, 2013-06-05.

[52] 丽水市发展和改革委员会. 注重统筹谋划 积极探索创新景宁畲族自治县加快中心镇改革和发展 [EB/OL]. http://jhw.lishui.gov.cn/fzgg/tgyj/tgyj/t20111209_774582.htm, 2011.

[53] 丽水市莲都区政府. 关于加强庇护中心镇基础设施建设与管理的提案 [EB/OL]. http：//www. liandu. gov. cn/hdjl/jyta/t20091210_633283. htm，2009.

[54] 林华桂. 中心镇规划和建设的实践与思考 [J]. 广东科技，2008 (7).

[55] 林毅夫. 落实社会主义新农村建设的五点建议 [J]. 金融经济，2006 (7).

[56] 刘洁. “三农”发展是构建社会主义和谐社会的关键 [J]. 现代农业，2007 (2).

[57] 刘亭. “十二五”空间结构优化的重点与建议 [J]. 政策瞭望，2010 (6).

[58] 刘易斯. 周师铭，沈丙杰，等译. 经济增长理论 [M]. 北京：商务印书馆，2009.

[59] 刘云. 谈农村农业产业化经营发展现状及对策 [J]. 农业经济，2012 (1).

[60] 龙兴海，付曾秋. 农村公共服务研究 [M]. 长沙：湖南人民出版社，2009.

[61] 隆少秋. 中心镇发展研究 [M]. 广州：华南理工大学出版社，2006.

[62] 鲁开垠，李文辉. 促进广东省中心镇建设科学发展的政策建议 [J]. 广东省社会主义学院学报，2011 (1).

[63] 吕少良. 国内外小城镇发展的理论比较和反思 [J]. 开放论坛，2009 (3).

[64] 马庆斌. 城乡一体化 [M]. 北京：社会科学文献出版社，2011.

[65] 马骁. 中心镇建设存在的主要问题及对策 [J]. 小城镇建设，2008 (1).

[66] 马晓河. 新农村建设的重点内容与政策建议 [J]. 经济研究参考，2006 (31).

[67] 千岛湖新闻网. 关于加快中心镇培育与发展的实施意见 [EB/

OL]. http://www.qdh.gov.cn/issue/root/sub/cztc_cztc/cztc_cztc_zcjd/2011 0309/8ac77f232e95ff1e012e986202fb291c/index.shtml，2011 - 03 - 09.

[68] 青岛市人民政府办公厅．关于进一步加快重点中心镇发展的意见[EB/OL]. http://www.qingdao.gov.cn/n172/n68422/n68424/n16185733/18102097.html，2011.

[69] 衢州市"加快中心镇建设 推进城乡统筹发展"课题组．关于加快中心镇建设 推进城乡统筹发展的调查报告[EB/OL]. http://sdc.zjdx.cn/quyjj/ShowArticle.asp？ArticleID = 1983，2012 - 06 - 25.

[70] 任兴东．河北省迁安市：强化中心镇建设，引领城乡协调发展[J]. 城乡建设，2011（3）.

[71] 绍兴市机构编制委员会办公室．绍兴市中心镇行政管理体制建设思考[EB/OL]. http://jgbz.sx.gov.cn/art/2012/2/27/art_5793_222087.html，2012.

[72] 绍兴政协．加快中心镇建设 促进城乡统筹发展[EB/OL]. http://www.zjsxzx.gov.cn/art/2011/7/27/art_6966_236290.html，2011.

[73] 沈正平，邵明哲，曹勇．我国新旧城区联动发展中的问题及其对策探讨[J]. 人文地理，2009（3）.

[74] 石忆邵．小城镇发展若干问题[J]. 城市规划汇刊，2000（1）.

[75] 史小红．强县扩权促进城乡一体化发展的机理与效应研究[D]. 河南：河南大学博士学位论文，2009.

[76] 苏薇．湖南省新型城市化推进机理研究[D]. 长沙：湖南师范大学硕士学位论文，2007.

[77] 台州日报．关于加快推进蓬街中心镇建设的思考[EB/OL]. http://taizhou.house.sina.com.cn，2010.

[78] 天台县建设规划局．天台加快中心镇基础设施建设和社会事业发展[EB/OL]. http://www.zjjs.com.cn/Data/HTMLFile/2010 - 05/dc88bbe3 - 90e2 - 4f75 - 94da - c7737fb60a7b/1f7c7754 - a750 - 49b4 - b024 - aa731f3e2f9d.html，2010.

[79] 完世伟．区域城乡一体化测度与评价研究——以河南省为例[D]. 天津：天津大学博士学位论文，2006.

[80] 王发明，蔡宁．工业发展与生态建设协调进行的对策研究：以浙江为例［J］．工业技术经济，2008（8）．

[81] 王放．中国城市化与可持续发展［M］．北京：科学出版社，2000.

[82] 王卫华，陈家芹．国外小城镇的发展模式［J］．中国农村科技，2007（5）．

[83] 王兴平，李志刚．略论县域规划的中心镇战略与选择——以南京市江宁县为例［J］．经济地理，2001（1）．

[84] 王亚男，冯奎，郑明媚．中国城镇化未来发展趋势——2012年中国城镇化高层国际论坛会议综述［J］．城市发展研究，2012（6）．

[85] 王永杰，景东旭．咸阳市坚持优先战略推动教育科学发展［EB/OL］. http：//sn. ifeng. com/shanxidifangzixun/xianyang/detail_2012_10/09/368937_0. shtml，2012.

[86] 王志强．小城镇发展研究［M］．南京：东南大学出版社，2007.

[87] 吴康，方创琳．新中国60年来小城镇的发展历程与新态势［J］．经济地理，2009（10）．

[88] 伍子悠，肖翎，张涌．以中心镇建设为突破口统筹城乡发展——广州市解决“三农”问题新思路［J］．中国经贸导刊，2005（19）．

[89] 象山县人民政府．关于加快贤庠镇中心镇建设步伐的思考与对策［EB/OL］. http：//www. xiangshan. gov. cn/art/2006/10/10/art_36_76067. html，2006.

[90] 谢慧明，沈满洪．生态经济化制度和区域发展协调性［J］．浙江社会科学，2011（8）．

[91] 熊剑平，刘承良，袁俊，等．国外城市群经济联系空间研究进展［J］．世界地理研究，2006（3）．

[92] 徐进科．金华大力培育发展中心镇［EB/OL］. http：//www. jhnews. com. cn/jhrb/2012－07/16/content_2381824. htm，2012.

[93] 徐同文．城乡一体化体制对策研究［M］．北京：人民出版社，2011.

［94］亚当·斯密，杨敬年译．国富论［M］．西安：陕西人民出版社，1999.

［95］晏群．关于“中心镇”的认识［J］．小城镇建设，2008（1）.

［96］杨宏翔．中心镇：新农村建设的发展极［J］．广西社会科学，2007（11）.

［97］杨玲．国内外城乡一体化理论探讨与思考［J］．生产力研究，2005（9）.

［98］杨仲辉，俞鸿，骆敏．中心镇发展与小城市培育研究——以绍兴县钱清镇为个案［J］．当代社科视野，2012（2）.

［99］叶裕民．中国城市化之路——经济支持与制度创新［M］．北京：商务印书馆，2001.

［100］佚名．弘扬古镇历史 构筑文化高地——石龙镇构筑现代化中心镇文化体系发展思路［EB/OL］．http：//www. diyifanwen. com/fanwen/huiyifayan/140837689. html，2011.

［101］佚名．中心镇在推进城乡一体化中的思考［EB/OL］．http：//www. zjagri. gov. cn/programs/database/agriInformation/view. jsp？id = 109727，2006.

［102］袁中金，刘君德．中国中心镇镇区人口规模研究［J］．城市规划，2004（6）.

［103］袁中金．中国小城镇发展战略［M］．南京：东南大学出版社，2007.

［104］张华，梁进社．产业空间集聚及其效应的研究进展［J］．地理科学进展，2007，26（2）.

［105］张俊．集聚发展——城市化进程中的小城镇发展之路［M］．北京：中国电力出版社，2008.

［106］张丽蓉，谢天祯．广州中心镇科技创新推动产业结构优化发展的现状、问题与对策［J］．广州城市职业学院学报，2007（12）.

［107］张玲．城乡一体化的制度障碍及对策［J］．改革发展，2010（1）.

［108］张晓山，胡必亮．小城镇与区域一体化［M］．太原：山西人民出版社，2002.

[109] 张晓山．建设社会主义新农村——任重道远 [J]. 前线，2006 (3).

[110] 浙江省建设厅．强化规划引导 加快基础设施建设 推进我省中心镇快速发展 [EB/OL]. http：//www. doc88. com/p－613602891253. html，2007.

[111] 浙委办．关于进一步加快中心镇发展和改革的若干意见 [EB/OL]. http：//wenku. baidu. com/view/97f4221a964bcf84b9d57bb9. html，2010.

[112] 郑文哲，郑小碧．中心镇空间重组的动力机制及主导因素 [J]. 城市问题，2013 (9).

[113] 郑文哲，郑小碧．中心镇推进城乡一体化的时空演进模式研究：理论与实证 [J]. 经济地理，2013 (6).

[114] 郑文哲．中心镇：城乡一体化的战略节点 [N]. 光明日报，2012－07－04.

[115] 中共中央马克思恩格斯列宁斯大林著作编译局．马克思恩格斯选集（第三卷）[M]. 北京：人民出版社，1995.

[116] 中共诸暨市委，市人民政府．优化城镇体系框架，加快中心镇建设发展 [EB/OL]. http：//www. zjjs. com. cn/wwsjwh/Magazine/data/zjjs/2006－8/new_page_10. html，2012.

[117] 中共淄川区委党校，淄川区政府调研室．关于推进实际中心镇发展的调查与思考——以淄博市淄川区昆仑镇为例 [J]. 山东经济战略研究，2012 (4).

[118] 中国台州网—台州日报．台州市加快推进中心镇科技进步 [EB/OL]. http：//2008hb. taizhou. com. cn/news/2012－09/04/content_696544. htm，2012.

[119] 朱党其．进一步加快中心镇建设发展的对策建议 [EB/OL]. http：//www. hangzhou. gov. cn/main/tszf/dcyj/gyfz/T22236. shtml，2004.

[120] 朱建芬，汪先良，蒋书明．择优培育小城镇的探索——江苏省重点中心镇发展调研报告 [J]. 小城镇建设，2005 (12).